Embryonenforschung und Embryonenschutz

Studien zum Öffentlichen Recht, Völker- und Europarecht

Herausgegeben von Prof. Dr. Eckart Klein

Band 14

PETER LANG
Frankfurt am Main · Berlin · Bern · Bruxelles · New York · Oxford · Wien

Franca Fülle

Embryonenforschung und Embryonenschutz

Rechtliche Rahmenbedingungen sowie nationale, regionale und internationale Standards der pränatalen Biomedizin

PETER LANG
Internationaler Verlag der Wissenschaften

Bibliografische Information der Deutschen Nationalbibliothek
Die Deutsche Nationalbibliothek verzeichnet diese Publikation in der Deutschen Nationalbibliografie; detaillierte bibliografische Daten sind im Internet über <http://www.d-nb.de> abrufbar.

Zugl.: Potsdam, Univ., Diss., 2007

517
ISSN 1437-2037
ISBN 978-3-631-57342-6

www.peterlang.de

Für meine Familie

Vorwort

Die Problematik der Embryonenforschung beschäftigt seit mehr als 40 Jahren Rechtswissenschaft und Praxis. Auch derzeit steht die Forschung mit menschlichen embryonalen Stammzellen aufgrund der Diskussionen um das deutsche Stammzellengesetz wieder im öffentlichen Interesse.
Die vorliegende Arbeit, die im Herbst 2006 von der Universität Potsdam als Dissertation angenommen wurde, ist während meiner Tätigkeiten als wissenschaftliche Hilfskraft am Lehrstuhl für Öffentliches Recht, Europa- und Völkerrecht sowie als wissenschaftliche Mitarbeiterin am Lehrstuhl für Europäisches Wirtschaftsrecht der Universität Potsdam entstanden. Nach Juli 2006 erschienene Literatur konnte nur vereinzelt berücksichtigt werden.
Die Anregung zur Beschäftigung mit dem Thema des Embryonenschutzes gab mein Doktorvater Prof. Dr. Klein, dem mein herzlicher Dank gilt. Herrn Prof. Dr. Krajewski danke ich für die Erstellung des Zweitgutachtens.
Besonders danke ich meinen Eltern, Sigrid und Bernd-Uwe Fülle, für ihre stete Unterstützung und das Vertrauen, das sie mir in all den Jahren von Studium, Referendariat und Dissertation entgegengebracht haben. Auch allen Freunden, die mir in dieser Zeit eine große Stütze waren, möchte ich danken.

Berlin, im Juli 2007

Franca Fülle

Inhaltsverzeichnis

Abkürzungsverzeichnis

a.A.	andere Ansicht
a.a.O.	am angegebenen Ort
a.E.	am Ende
a.F.	alte Fassung
Abl.	Amtsblatt
Abs.	Absatz
AöR	Archiv des öffentlichen Rechts
Art.	Artikel
Aufl.	Auflage
AVR	Archiv des Völkerrechts
Bd.	Band
BR-Drs.	Bundesratsdrucksache
bzw.	beziehungsweise
DÄBl.	Deutsches Ärzteblatt
d.h.	das heißt
DFG	Deutsche Forschungsgesellschaft
DÖV	Die öffentliche Verwaltung
DRiZ	Deutsche Richter Zeitung
DVBl.	Deutsches Verwaltungsblatt
EG	EG-Vertrag in der Fassung nach Inkrafttreten des Vertrages von Amsterdam
EGE	European Group on Ethics in Science and New Technologies
EGV	EG-Vertrag in der Fassung vor Inkrafttreten des Vertrages von Amsterdam
endg.	endgültig
EP	Europäisches Parlament
EU	EU-Vertrag in der Fassung nach Inkrafttreten des Vertrages von Amsterdam
EuGH	Europäischer Gerichtshof
EuGRZ	Europäische Grundrechtszeitung
EuR	Europarecht
EUV	EU-Vertrag in der Fassung vor Inkrafttreten des Vertrages von Amsterdam
EuZW	Europäische Zeitung für Wirtschaftsrecht
EWS	Europäisches Wirtschafts- und Steuerrecht
f.	folgende
FAZ	Frankfurter Allgemeine Zeitung
ff.	fortfolgende
FN	Fußnote
GG	Grundgesetz

GRUR Int.	Gewerblicher Rechtsschutz und Urheberrecht, Internationaler Teil
h.M.	herrschende Meinung
Harv.Int'lL.J.	Harvard International Law Journal
HdBStR	Handbuch des Staatsrechts
Hrsg.	Herausgeber
iSd.	im Sinne des
i.Ü.	im Übrigen
iVm.	in Verbindung mit
JbWissEthik	Jahrbuch für Wissenschaft und Ethik
JuS	Juristische Schulung
JZ	Juristische Zeitung
KritV	Kritische Vierteljahresschrift für Gesetzgebung und Rechtswissenschaft
lit.	Buchstabe
MedR	Medizinrecht
n.F.	neue Fassung
NJW	Neue Juristische Wochenschrift
Nr.	Nummer
NVwZ	Neue Zeitschrift für Verwaltungsrecht
PID	Präimplantationsdiagnostik
PND	Pränataldiagnostik
RIW	Recht der Internationalen Wirtschaft
RL	Richtlinie
Rdnr.	Randnummer
Rs.	Rechtssache
S.	Seite
s.	siehe
s.o.	siehe oben
SaThZ	Salzburger Theologische Zeitschrift
Uabs.	Unterabsatz
VersR	Versicherungsrecht
vgl.	vergleiche
VO	Verordnung
WissR	Wissenschaftsrecht
z.B.	zum Beispiel
ZG	Zeitschrift für Gesetzgebung
ZRP	Zeitschrift für Rechtspolitik

EINFÜHRUNG

"Die Zukunft mit Methoden der Vergangenheit bewältigen zu wollen, hieße, die Gegenwart falsch einzuschätzen". (Richard v. Weizsäcker)

Embryonale Stammzellforschung, In-vitro-Fertilisation und der Transfer von Embryonen haben sich durchgesetzt. Jedoch haben solche Errungenschaften ihren Preis: Bis das erste im Reagenzglas befruchtete Ei schließlich als Kind lebend zur Welt kam, mussten der Entwicklung und Erprobung dieser Methode zahlreiche Versuche vorausgehen, bei denen andere Embryonen, man spricht von rund 200, zwangsläufig geopfert wurden, weshalb von „verbrauchenden" Experimenten die Rede ist[1].

Auf die neuen medizinischen Möglichkciten und die Gefahren ihres Missbrauchs hat in Deutschland der Gesetzgeber nach langen Entwürfen, Diskussionen und Anträgen mit dem Embryonenschutzgesetz reagiert, welches am 01.01.1991 in Kraft trat und mit strafrechtlichen Maßnahmen z.B. verbrauchende Embryonenforschung, künstliche Befruchtung ohne beabsichtigte Schwangerschaft, Keimbahnveränderung, Klonen und vorgeburtliche Geschlechtsuntersuchung sanktioniert.

Diese Arbeit will zunächst den wissenschaftlichen Sachstand aufzeigen, da Grundbegriffe und Grundkenntnisse der Stammzellforschung und ihre Forschungsmethoden für die Debatte unverzichtbar sind. Anschließend werden die ethischen Bedenken und juristischen Probleme erläutert. Zunächst wird der nationale Stand der Gesetzgebung dargestellt, dann die regionale und internationale Ebene beleuchtet.
Die Arbeit konzentriert sich dabei auf die Forschung an und mit menschlichen Stammzellen und Embryonen. Sie geht am Rande auf die zivilrechtliche Dogmatik ein, welche zwar einige Erklärungs- und Lösungsmodelle anbietet, die in je unterschiedlich ausgeprägter Intensität einmal stärker den eigentumsrechtlichen Aspekt betont, das andere Mal eine eher persönlichkeitsrechtliche Perspektive einnimmt, jedoch die Problematik letztlich nicht zu fassen vermag[2]. Diese einfachrechtliche Ebene ist freilich von der verfassungsrechtlichen zu unterscheiden, die hier im Zentrum der rechtsgutachtlichen Überlegungen steht[3]. Auch bilden die Grundaussagen der beiden Urteile des Bundesverfassungsgerichts zum Schwangerschaftsabbruch einen Schwerpunkt der Betrachtungen. Es wird deutlich, dass bereits diese Entwicklung den Grundstein für die nun einset-

---

1 *Albin Eser*, Neuartige Bedrohungen ungeborenen Lebens, S. 7.
2 Siehe Teil I, 4. Kap., B.Einfachgesetzliche Grundlagen der Embryonenforschung, S. 69 ff.
3 Siehe Teil I, 4. Kap., A.GG - verfassungsrechtliche Aspekte der Embryonenforschung, S. 46 ff.

zende pränatale Biomedizin bildete, so dass für die Diskussion um die Verbote der Stammzell- und Embryonenforschung bereits hier anzusetzen ist.
Im Anschluss wird der Status des Embryo diskutiert, unter Berücksichtigung der aufgezeigten Regelungstatbestände sowie darüber hinausgehender Aspekte, Gefahren und Bewertungen. Auch sind mögliche Grenzen staatlicher oder regionaler und internationaler Regelungsfähigkeit sowie konkrete Regelungsmöglichkeiten zu beleuchten. Im Rahmen einer abschließenden Betrachtung wird die Problematik zusammengefasst und auf wesentliche Schlussfolgerungen heruntergebrochen.

Teil I - Grundlagen: Forschungs- und Anwendungsgebiete der pränatalen Biomedizin sowie deren rechtliche Manifestation

1. Kapitel : Historische Entwicklung der Embryonenforschung

A. Einleitung

„Dominus membrorum suorum nemo videtur.“ (frei übersetzt: An Körperteilen gibt es kein Eigentum), so heißt es - mit Blick auf den freien Menschen - schon in den Digesten (Ulpian, D. 9, 2, 13 pr.)[4]. In früheren Zeiten waren die Möglichkeiten der Medizin und somit das Interesse am menschlichen Körper noch nicht ausgeprägt. Wichtig waren vor allen Dingen eigentumsrechtliche Fragen, und es war eindeutig, dass so wenig wie der ganze Leib im Eigentum einer Person stand, es Eigentum an Teilen des Leibes gab. Der Körper gehörte zur Person, war nicht Sache. Das Recht am Körper gewährleistet die Unversehrtheit, zugleich aber auch in bestimmten Grenzen ein Selbstbestimmungsrecht. Insoweit gab es auch kaum ein bedeutsames rechtspraktisches Bedürfnis. Wirklich periphere Bestandteile, wie die Haare, erweckten gelegentlich ein stärkeres Interesse. Insoweit nahm man noch um 1900 die Möglichkeit von Verpflichtungsgeschäften vor der Trennung an, doch verfügen, etwa Eigentum übertragen, konnte man nicht[5]. Auch das medizinische Interesse, vom lebenden Menschen abgetrennte Teile zur Erforschung oder für die Ausbildung zu erhalten, spielte für die Rechtsdogmatik und Rechtspraxis keine nennenswerte Rolle. Überwiegend wurde angenommen, dass nach der Trennung das betreffende Körperteil in das Eigentum dessen fiel, von dem es stammte, dieser jedoch gemeinhin keinen Wert auf eine solche Position legte.

Eine aktuelle Bestandsaufnahme gelangt indes zu einem gänzlich anderen Ergebnis. Der menschliche Körper ist in vielfältiger Weise Gegenstand von Verfügungen und Nutzungen, sowohl die Substanzen des lebenden menschlichen Organismus als auch die des toten Menschen: Die moderne Biowissenschaft hat inzwischen mannigfaltige Formen der Eigen- und Fremdkommerzialisierung, der Erst- wie der Sekundärverwendung hervorgebracht[6].

---

[4] *Wolfram Höfling*, Verfassungsrechtliche Aspekte der Verfügung über menschliche Embryonen und humanbiologisches Material“, Gutachten für die Enquete-Kommission des Deutschen Bundestages „Recht und Ethik der modernen Medizin“, Mai 2001, S. 95.

[5] *Hans Forkel*, Verfügungen über Teile des menschlichen Körpers, JZ 1974, S. 593, der in Fn. 8 auf die damals allgemeine Auffassung verweist, dass eine Frau den Friseur nicht zum Eigentümer ihrer noch nicht abgeschnittenen Haare machen konnte.

[6] Siehe dazu die Überblicke bei *Michael Schröder / Jochen Taupitz*, Menschliches Blut: verwendbar nach Belieben des Arztes?, 1991; *Jochen Taupitz*, Das Recht im Tod: freie Verfügbarkeit der Leiche, Berliner Medizinethische Schriften, Heft 10, 1996; *Rolf Müller*, Kommerzielle Nutzung menschlicher Körpersubstanzen, S. 19 ff.; *Erwin Deutsch*, Medizinrecht, S. 355 ff.

B. Die Entwicklung der Biotechnologie

Abgesehen von diesen sehr frühen Betrachtungen ist für die Entwicklung der Biotechnologie insbesondere die Freigabe der In-vitro-Fertilisation für die rasante und bedenkliche Entwicklung der Embryonenforschung von Bedeutung. Als In-vitro-Fertilisation wird die künstliche Befruchtung bezeichnet, d.h. die Verschmelzung von Ei und Samenzelle im Reagenzglas[7]. Dazu ist die Entnahme von 5 bis 20 Eibläschen aus den Eierstöcken der zukünftigen Mutter nach Hormonbehandlung erforderlich, weiterhin die Befruchtung außerhalb des Mutterleibes und zudem das Einsetzen von ein bis drei befruchteten Eizellen in die mütterliche Gebärmutter[8]. Fraglich, und im Folgenden zu betrachten bleibt die Frage, ob nicht schon mit dieser Entwicklung eine erste moralische Grenze durchbrochen wurde, gefolgt von einer nicht mehr aufhaltbaren Weiterentwicklung.

Der Retortenbabypionier *Robert Edwards* hatte seit 1960 experimentiert, um menschliche Eizellen in-vitro zu befruchten und schließlich in den Uterus der Frau zu transferieren. Dies führte 1978 zur Geburt des ersten Retortenbabys in England: Luise Brown[9]. Zum ersten Mal in der menschlichen Geschichte erfolgte somit die Verschmelzung von Ei- und Samenzelle nicht natürlich, sondern außerhalb des menschlichen Körpers. In Deutschland kam 1982 das erste außerhalb des Körpers gezeugte Kind auf die Welt. Im März 1986 kam es schließlich, wie zuvor im englischsprachigen Ausland, auch in der Bundesrepublik zu der Geburt eines Kindes, das einige Zeit in der Phase zwischen Befruchtung und Nidation in flüssigem Stickstoff bei -196 °C tiefgefroren war[10].

1990 wurde Baby Zoe nach zwei Monaten Tiefkühltruhenruhe in den USA als in-vitro erzeugter Embryo der Mutter transferiert. Sie war das erste Kind, an dem man eine Präimplantationsdiagnostik durchgeführt hatte[11].

1991 verfeinerte der Belgier *André Van Steirteghem* die Behandlungsmethode durch die gezielte Injektion eines einzigen Spermiums direkt in eine zuvor entnommene Eizelle - die intrazytoplasmatische Spermieninjektion (ICSI). Derartig gezeugte Kinder gibt es bereits über 10.000[12].

---

7 *Willibald Pschyrembel*, Medizinisches Wörterbuch, 260. Auflage, 2005, in-vitro: im Reagenzglas, d.h. außerhalb des lebenden Körpers, In-vitro-Fertilisation: extrakorporale Befruchtung von entnommenen Eizellen mit anschließendem Embryonentransfer.

8 Ausführlich dazu siehe: Teil I, 2. Kap., IV.,1. In-vitro-Fertilisation, S. 33 ff.

9 *Eser*, Fn. 1, S. 6.

10 *Rainer Beckmann*, Embryonenschutz und Grundgesetz, ZRP 1987, S. 80.

11 Siehe dazu ausführlich: Teil I, 2. Kap., IV., 2. Präimplantationsdiagnostik, S. 34 ff.

12 Siehe weiterführend: *Jürgen Simon*, Medizintechnik/Embryonenschutz - die europäische Dimension, in: Winter / Fenger / Schreiber, Genmedizin und Recht, S. 117, Rdnr. 268 ff.

1993 stellte *Jerry Hall* in den USA genetisch identische Zwillinge durch Teilung eines durch künstliche Befruchtung außerhalb des Mutterleibes erzeugten Embryo her. Die beiden sich weiterentwickelnden Embryonen wurden allerdings nicht in eine Gebärmutter eingepflanzt, sondern vernichtet. Damit war der erste embryonale, menschliche Klon erzeugt.

1997 gelang es schottischen Forschern um *Ian Wilmut* erstmals, aus Euterzellen eines erwachsenen Schafes durch Injektion des Zellkerns in eine befruchtete, aber daraufhin entkernte, Eizelle einen lebensfähigen Klon eines erwachsenen Tieres zu erzeugen - das Klonschaf Dolly. Es waren 227 Schafeizellen und 13 Schafe zur Einpflanzung von Embryonen nötig, um am Ende ein doch nicht ganz gesundes Lamm zu erzeugen. Dieses reproduzierende Klonen ist zwischenzeitlich bei verschiedenen Tieren gelungen, allerdings teilweise mit Missbildungen und dem frühen Tod der Klone.
Im Sommer 2001 kamen Meldungen aus Australien, nach denen es einer Fortpflanzungsmedizinerin gelungen war, eine nicht entkernte Mäusezelle mit einem Chromosomensatz mit einer gewöhnlichen Körperzelle mit zwei Chromosomensätzen zu verschmelzen. Der Embryo wurde jedoch nicht eingepflanzt, so dass nicht klar wurde, ob die Befruchtung von Eizellen mit Körperzellen statt Samen- bzw. Keimzellen funktioniert[13]. Auch ein privates US-Unternehmen aus dem Bundesstaat Massachusetts verkündete, einen menschlichen Embryo zum Zwekke der Stammzellgewinnung geklont zu haben[14].

2002 wird das therapeutische Klonen gesetzlich in Großbritannien zugelassen. Deutschland verabschiedete das Stammzellgesetz, und nach Angaben der Raelianer-Sekte wurde Ende des Jahres das erste geklonte Kind - Klon seiner Mutter - geboren.

2003 scheitert erstmals ein UN-Klonverbot. Im Jahre 2004 genehmigt Großbritannien das Klonen eines menschlichen Embryo für medizinische Zwecke.
In den Jahren 2004 und 2005 gab es erneut Meldungen amerikanischer sowie südkoreanischer Forscher, welche angeblich erstaunliche Ergebnisse im Bereich der embryonalen Stammzellforschung erzielt hatten.

Mit dieser raschen Entwicklung sind komplexe Rechtsfragen aufgeworfen, die es zu bewältigen gilt.

---

13 *Jürgen Ruff*, Eine populärwissenschaftliche Facheinführung in ein aktuelles und kontroverses biomedizinisches Thema, vom 16.10.2001, S. 2.

14 Siehe dazu: Bericht des online-Journals: „E-biomed verfügbar unter: www.learnline.nrw.de/angebote/agenda21/thema/es-chronik.htm.......Bericht.

2. Kapitel: Forschung an Stammzellen und Embryonen - naturwissenschaftliche Grundlagen

Die Forschung mit humanen Stammzellen befindet sich gegenwärtig noch im Stadium der Grundlagenforschung. Wissenschaftler und Forscher sind überzeugt vom immensen Potential humaner Stammzellen. Insbesondere durch die Forschung an embryonalen Stammzellen besteht derzeit die Erwartung, Krankheiten wie z.B. Morbus Parkinson und Diabetes in einigen Jahren erfolgreich zu behandeln[15].

A. Begriffsklärung

Die Biotechnologie umfasst alle Techniken, die organische Veränderungen bei einem biologischen Material - wie etwa bei Tierzellen, Zelllinien, Enzymen, Plasmiden und Viren - Mikroorganismen, Pflanzen und Tieren nutzen oder verursachen. Im modernen Erscheinungsbild der Biotechnologie geht es um Methoden wie DNA[16]-Rekombination, Genübertragung, Embryonenmanipulation und Embryonenübertragung, Pflanzenregeneration, Zellkulturen, monoklone Antikörper und Bioprozesstechnik[17].

I. Embryonen

Als Embryo wird üblicherweise die sich aus der befruchteten Eizelle entwickelnde Frucht bis zum Abschluss der Organentwicklung (8. Schwangerschaftswoche) bezeichnet. Im Anschluss an diese Embryonalperiode wird vom Fötus oder auch Fetus (9. - 38. Schwangerschaftswoche) gesprochen[18].

1. Die biologische Entwicklung des Menschen

Bei der Vorbereitung auf die Befruchtung durchlaufen die männlichen und die weiblichen Keimzellen eine Reihe von Entwicklungsstadien:
In einem ersten Schritt reduziert sich die Anzahl der jeweiligen Chromosomen auf die Hälfte, von 46 auf 23. Dies geschieht in zwei spezialisierten Zellteilungen, den Reifeteilungen. Dabei wird zum einen die äußere Form der Keimzellen (Ei- und Samenzellen bzw. Gameten) für die Befruchtung verändert.
Die Eizellen werden dann zur Vollendung der zweiten Reifeteilung angeregt, welche mit der Bildung eines weiblichen haploiden, d.h. einen einfachen Chromosomensatz enthaltenden, Vorkerns abgeschlossen ist.
Während der Reifeteilung der Eizelle dringt die Samenzelle weiter vor, bis sie in die Nähe des weiblichen Vorkerns zu liegen kommt. Der Kern der Samenzelle schwillt an und bildet den entsprechenden männlichen Vorkern. Vor der Ver-

---

[15] *Claudia Binkhoff / Marina Sindram*, Die Stammzellendebatte: Aktuelle Optionen und Konflikte, Segbers / Lullies (Hrsg.), Die politische Dimension der Biotechnologie, S. 7.

[16] DNA ist der sog. chemische Grundbaustein der Erbsubstanz.

[17] Siehe: Begründung zum RL-Vorschlag KOM (88) 496 endg./SYN 159 21.10.1988, Ziff. 16.

[18] Zur Definition des Embryo siehe auch unter: *Pschyrembel*, FN 7, Stichwort: Embryo; http://www.bundesregierung.de/dokumente/Schwerpunkte/Gentechnik/ix5703_31848.htm.

schmelzung der beiden haploiden Vorkerne reduplizieren sie ihre Chromosomensätze. Die Befruchtung beginnt mit der Gametenverschmelzung, d.h. dem Eindringen der Samenzelle in die Eizelle. Nach der Verschmelzung ordnen sich die reduplizierten 23 mütterlichen und die 23 väterlichen Chromosomensätze auf einer Teilungsspindel an (DNA) und werden wie bei einer mitotischen Teilung aufgespaltet. Der Zeitpunkt der Vereinigung der Vorkerne und damit der weiblichen und männlichen Chromosomensätze wird als Kernverschmelzung bezeichnet. Mit der Verschmelzung des männlichen und weiblichen Vorkerns zur ersten Zellteilung (Konjugation) ist der Befruchtungsprozess abgeschlossen[19].
Findet die Befruchtung im Körper der Frau statt, so spricht man von einer Fertilisation in-vivo. Werden die Keimzellen außerhalb des Körpers der Frau zur Verschmelzung gebracht, so handelt es sich um eine Fertilisation in-vitro[20].

2. Entwicklungsstadien des Embryo

Mit der oben dargestellten Kernverschmelzung ist die vollständige Anlage der Entwicklung zu einem Individuum entstanden. Damit beginnt der Prozess der Zellteilung. Die Zellen des Embryo teilen sich ungefähr alle 12 Stunden.
Etwa am vierten Entwicklungstag erreicht der frühe Embryo das sog. „Morula"-Stadium mit 12 bis 16 Zellen. Aus der Morula entwickelt sich der frühe Embryo, auch Blastozyste genannt, mit einer äußeren Zellschicht, sog. Trophoblast, und einer inneren Zellschicht, dem Embryoplast. Der frühe Embryo wandert während dieser Zellteilungsvorgänge durch den Eileiter in den Uterus und nistet sich sechs bis sieben Tage nach der Befruchtung in die Gebärmutterschleimhaut ein, sog. Nidation. Er entwickelt sich im Inneren der Blastozyste weiter.
Nach 11 bis 12 Tagen hat sich der frühe Embryo vollständig in die Uterusschleimhaut eingenistet, sog. vollständige Nidation. Der Trophoblast dringt weiter in die Uterusschleimhaut ein und findet so Anschluss an die mütterlichen Bluträume. Damit beginnt der uteroplazentare Kreislauf. Bis zum Ende der zweiten Woche folgen weitere Entwicklungsschritte. Es bilden sich die Anlagen zur künftigen Nabelschnur und zum definitiven Dottersack. Der Embryo differenziert sich weiter aus.
Am Anfang der 3. Woche bildet sich die Anlage des Zentralnervensystems heraus. Nach 15 bis 18 Tagen ist der sog. Primitivstreifen entstanden.
In der vierten Entwicklungswoche beginnt das Herz zu schlagen. Nun sind die Zotten in der Lage, den Embryo mit den notwendigen Nahrungsstoffen und mit Sauerstoff zu versorgen.
Ab der 4. Woche beginnt die eigentliche Embryonalperiode. Schon zu Beginn der 5. Woche treten die oberen und unteren Gliedmassen als paddelförmige

[19] Siehe dazu ausführlich: *Monica Koechlin Büttiker*, Schranken der Forschungsfreiheit bei der Forschung an menschlichen Embryonen, S. 44 ff.
[20] *Pschyrembel*, FN 7, S. 734, Stichwort: in-vitro, in-vivo.

Knospen auf. Da alle größeren Organe oder Organsysteme zu diesem Zeitpunkt angelegt werden, spricht man auch von Organogenese. Sie ist mit der 8. Entwicklungswoche abgeschlossen.
Am Ende des zweiten Entwicklungsmonats wird die endgültige Körperform in ihren Hauptzügen sichtbar. Zu dieser Zeit sind auch die Strukturen für die Entstehung von Ohren, Nase und Augen wie auch das Anlagematerial für die Wirbelsäule entwickelt.
Der Beginn des dritten Monats bis zur Geburt wird als Fetalperiode bezeichnet. Diese Periode zeichnet sich durch schnelles Wachstum des Körpers aus. In den dritten Monat fällt der Zeitpunkt der ersten wahrnehmbaren Körperbewegungen.

II. Stammzellen

Stammzellen finden sich in Embryonen und Föten und wurden bislang ebenfalls in 20 Organen des menschlichen Körpers nachgewiesen. Sie sind Vorläufer ausdifferenzierter und damit spezialisierter Zellen. Sie sind eine Art Ursprungszellen, die sich unbegrenzt vermehren und alle Zelltypen des Körpers bilden können, zum Beispiel Muskelzellen, Nervenzellen und Blutzellen. Im Wesentlichen zeichnen sich Stammzellen durch zwei Eigenschaften aus: Einerseits die grundsätzlich nahezu unbegrenzte Proliferation, d.h. Teilungsfähigkeit, andererseits die Fähigkeit sich selbst oder ihre Tochterzellen zu Zellen unterschiedlicher Spezialisierung zu entwickeln, sog. Differenzierung in verschiedene Gewebezellen[21]. Stammzellen sind folglich teilungsfähige, nicht ausdifferenzierte Zellen eines Embryo, Fötus oder geborenen Menschen[22].

Sie weisen einen unterschiedlichen Differenzierungsgrad auf. Sie können über die Fähigkeit verfügen, sich zu einem kompletten, neuen Organismus zu entwickeln oder zu beliebigen Zelltypen oder auch nur zu bestimmten Zelltypen - abhängig von dem Stadium ihrer embryonalen Entwicklung[23]. Hinsichtlich dieses Potentials, sich in verschiedene Gewebezellen zu entwickeln, unterscheidet man totipotente und pluripotente Stammzellen.

Als *totipotent* gelten Zellen, welche die Fähigkeit besitzen, einen ganzen Organismus zu bilden, das heißt, dass sich aus jeder einzelnen Zelle dieses Embryo durch Teilung ein eigenständiges Lebewesen entwickeln kann. In der Natur geschieht dies spontan, wenn sich ein Embryo zu so genannten eineiigen Zwillingen teilt. Nur Zellen von sehr frühen Embryonen sind totipotent. Diese Fä-

---

21 *Pschyrembel*, FN 7, S. 1453, Stichwort: Stammzellen; siehe auch: European Group on Ethics in Science and New technologies, Adoption of an Opinion of Ethical Aspects of Human Stem Cell Research and Use, 2. überarbeitete Ausgabe, Paris 2001, S. 39 (41), Internet URL: http://europa.eu.int/comm/european_group_ethics/docs/dp15.pdf.

22 *Simon*, FN 12, S. 120, Rdnr. 281.

23 http://www.bundesregierung.de/dokumente/Schwerpunkte/Gentechnik/ix5703_31848.htm.

higkeit haben die befruchtete Eizelle (Zygote) und die ersten aus ihr durch Zellteilung hervorgegangenen Zellen bis zum 8-Zellstadium. Sie stehen gem. § 8 ESchG Embryonen gleich[24].

Als *pluripotent* werden Zellen bezeichnet welche die Fähigkeit besitzen, sich in viele Gewebearten zu differenzieren, jedoch keinen vollständigen Organismus, d.h. kein selbständiges lebensfähiges Individuum, mehr zu bilden. Pluripotent sind z.B. embryonale Stammzellen und embryonale Keimzellen. Dies bedeutet, in der weiteren Entwicklung verfügen embryonale Stammzellen nur noch über die Pluripotenz unterschiedlicher Ausprägung. Sie können sich zu spezifischen Geweben oder Funktionen entwickeln, wie zum Beispiel Leber, Niere oder Gehirn. Es wächst jedoch kein ganzer Mensch mehr aus ihnen.

Stammzellen lassen sich künstlich unbegrenzt vermehren.
Je nach Herkunftsort der Stammzellen unterscheidet man embryonale bzw. fetale (aus dem Embryo oder Fötus stammende) und adulte (von Säuglingen, Kindern und Erwachsenen stammende) Stammzellen.

1. Adulte Stammzellen
Adulte (sog. gewebespezifische) Stammzellen sind teilungsfähige Zellen sehr niedrigen Reifegrades, die in bislang 20 Organen des Körpers nachgewiesen wurden. Sie befinden sich, wenn auch in sehr geringer Zahl, in Geweben des erwachsenen Menschen wie der Leber, der Niere, des Gehirns oder auch im Nabelschnurblut des Neugeborenen. Sie sind dort lebenslang vorhanden. Im Knochenmark beispielsweise befinden sich Stammzellen für die im Blut vorkommenden Zellen wie Lymphozyten, Granulozyten und Thrombozyten. Sie haben die Aufgabe, die unterschiedlichsten Arten von Ersatzzellen zu bilden. Sie werden aus dem Menschen gewonnen, dem sie helfen sollen, so dass es zu keiner Immunabwehr kommt. Das bedeutet, sie werden bereits geborenen Menschen entnommen, es wird also kein Embryo „verbraucht“.

2. Embryonale Stammzellen
Embryonale Stammzellen verfügen über die Fähigkeit, sich unbegrenzt zu teilen und sich unter entsprechenden Bedingungen in einen ganzen Organismus oder in nahezu alle verschiedenen Typen von Körperzellen zu entwickeln. Dies macht sie so interessant für die Forschung.
Embryonale Stammzellen werden aus dem Inneren weniger Tage alter in-vitro befruchteter Embryonen entnommen. Die sich rasch teilenden Zellen verfügen zunächst (bis zur 3. Zellteilung) über Totipotenz, nach weiteren Zellteilungen können aus der inneren Zellmasse nur noch pluripotente embryonale Stamm-

---

24 Enquete-Kommission des Deutschen Bundestages „Recht und Ethik der modernen Medizin“, Forschung an importierten embryonalen Stammzellen, Kurzfassung vom 12.11.01, S. 2.

zellen entnommen werden[25]. Problematisch ist, dass die Gewinnung embryonaler Stammzellen den Tod des Embryo zur Folge hat. Dies hat den Begriff der „verbrauchenden Embryonenforschung" geprägt[26].

a. Gewinnung embryonaler Stammzellen

Die Herstellung und Verwendung menschlicher Embryonen zu Forschungszwecken wird sowohl innerhalb der Wissenschaft als auch in der Öffentlichkeit heftig diskutiert. Dies ist der Fall, da - wie noch darzustellen sein wird - Entwicklungen und Zukunftsperspektiven der Gentechnik die Grundfesten des menschlichen Lebens berühren. Zur Zeit gibt es vier Möglichkeiten der Gewinnung embryonaler Stammzellen[27].

aa. Sog. „überzählige" Embryonen

Menschliche Embryonen, die nach einer In-vitro-Behandlung wegen Unfruchtbarkeit eines Paares entstanden sind, aber nicht mehr für eine Schwangerschaft benötigt werden, z.B. aufgrund Sinneswandel, Erkrankung oder Tod der Frau, werden als „überzählige Embryonen" bezeichnet. Auch da die Anzahl der Embryonen, welche in den Uterus implantiert werden dürfen, auf drei beschränkt ist (§ 1 Abs. 1 Nr. 3 ESchG), kann es zu einem „Überschuss" kommen.

Eine rechtsgültige Definition, ab wann (Zeitdauer der Lagerung) und unter welchen Voraussetzungen (Verfügungsberechtigung, Aufklärung der Spenderin) ein Embryo als überzählig anzusehen ist, besteht bisher nicht.

Im Umgang mit diesen Embryonen sind drei Handlungsweisen möglich - das Absterbenlassen durch sog. Verwerfen, das Austragen durch Implantation in die Gebärmutter sowie die Nutzung zu Forschungszwecken, z.B. zur Herstellung embryonaler Stammzelllinien. Weiterhin ist die Kryokonservierung[28] möglich, welche die anderen Handlungsalternativen jedoch nur aufschiebt. In Deutschland lässt das Embryonenschutzgesetz, nach welchem die Verwendung von Embryonen zu anderen als ihrer Erhaltung dienenden Zwecken ausgeschlossen ist (§ 2 ESchG), nur zwei Möglichkeiten zu - das Absterbenlassen oder die Kryokonservierung[29].

---

[25] Siehe dazu schon oben, Teil I, 2. Kap., II. Stammzellen S. 26; sowie vertiefend unter: http://www.dfg.de/aktuell/das_neueste/wissenschaftsgespraech_hintergrund.html.

[26] *Binkhoff / Sindram*, FN 15, S. 8.

[27] BT-Drs. 14/7546 Zweiter Zwischenbericht der Enquete-Kommission „Recht und Ethik der modernen Medizin" - Teilbericht Stammzellenforschung, S. 68 ff.

[28] Kryokonservierung ist die bei -196 °C erfolgende Kälte- oder Tiefgefrierkonservierung regenerationsfähiger organischer Gewebe, Spermien und Eizellen.

[29] BT-Drs. 14/7546, FN 27, S. 70.

bb. Eigens zur Gewinnung von embryonalen Stammzellen in-vitro hergestellte Embryonen

Des weiteren gibt es die Möglichkeit, menschliche Embryonen allein zu Forschungszwecken durch In-vitro-Behandlung zu erzeugen. Die Intention gründet sich darauf, dass entweder ein Mangel an anderen Ressourcen der embryonalen Stammzellgewinnung besteht, oder das embryonale Stammzellen aus anderen Ressourcen für bestimmte Forschungsziele nicht die notwendigen qualitativen Voraussetzungen erfüllen. Die Erzeugung von Embryonen zu Forschungszwekken ist u.a. in Deutschland, Österreich, Schweiz, Kanada und Frankreich verboten[30]. In Großbritannien wurden von 1990 bis 1998 eigens zu Forschungszwecken 118 Embryonen hergestellt[31].

cc. Durch therapeutisches Klonen

Eine gespendete Eizelle wird entkernt und mit dem Kern einer Körperzelle des Patienten, z.B. einer Hautzelle, angefüllt. Der Zellkern der Körperzelle wird durch Übertragung in die Eizelle reprogrammiert, das heißt, in eine Art Urzustand versetzt. Mit einem kurzen elektrischen Impuls wird die Eizelle stimuliert, worauf sie sich zu vermehren beginnt. Hierbei entsteht eine neue totipotente Zelle, die sich analog einer befruchteten Eizelle zur Blastozyste entwickelt. Aus ihrer inneren Zellmasse können pluripotente Stammzellen entnommen werden. Diese Methode wurde auch beim Klonschaf Dolly angewandt. Wissenschaftler glauben, dass die Qualität der auf diese Art gewonnenen Stammzellen am Besten sei. Darüber hinaus birgt dieses Klonverfahren den Vorteil, dass das mit der Körperzelle eines Patienten gewonnene Material mit dem Patienten genetisch identisch ist und deshalb später nicht abgestoßen wird[32].

dd. Aus abgetriebenen Föten / aus kryokonservierten Vorkernstadien

Stammzellen können auch aus fünf- bis neunwöchigen abgetriebenen Föten gewonnen werden. Diese fetalen Stammzellen, auch primordiale Keimzellen genannt, sind die Vorläufer von Ei- oder Samenzellen und lassen sich im Labor zu pluripotenten embryonalen Keimzellen weiterentwickeln[33]. Sie unterscheiden sich nicht von den embryonalen Stammzellen, die aus einer Blastozyste gewonnen werden[34].

---

[30] Siehe dazu ausführlich: Teil I, 4. Kap., B. II. Embryonenschutzgesetz (S. 69 ff.) sowie 5. Kap.: Embryonenforschung im europäischen Vergleich, S. 81 ff.

[31] *Bericht des Department of Health*, Medical Progress with Responsibility, 2000, S. 6 (bezogen auf jegliche in GB legale Forschung, nicht ausschließlich Stammzellenforschung).

[32] http://www.dfg.de/aktuell/das_neueste/wissenschaftsgespraech_hintergrund.html.

[33] *Andreas Jahn*, Erklärung der Fachbegriffe: Was sind Stammzellen? Handout des Arbeitskreises Bioethik zur Mitgliederversammlung des Kreisverbandes Heidelberg zum Thema Stammzellenforschung, 22.01.2002, S. 3.

[34] http://www.dfg.de/aktuell/das_neueste/wissenschaftsgespraech_hintergrund.html.

Ebenfalls ist es möglich, embryonale Stammzellen aus Vorkernstadien, die im Rahmen der In-vitro-Fertilisation kryokonserviert wurden und aufgrund der Definition des § 8 ESchG noch keine Embryonen sind, zu solchen in kurzer Zeit aber entwickelt werden könnten, und die aus den o.g. Gründen oder wegen erfüllter Familienplanung nicht zur Herbeiführung einer Schwangerschaft verwendet werden sollen, zu entwickeln[35].

b. Unterschiede embryonaler und adulter Stammzellen

Adulte Stammzellen haben - nach dem gegenwärtigen Forschungsstand - gegenüber embryonalen Stammzellen ein reduziertes Entwicklungspotential. Aber auch sie können mit Hilfe von Wachstumsfaktoren im Labor dazu angeregt werden, sich in einen spezialisierten Zelltyp zu entwickeln. Im Gegensatz zu embryonalen Stammzellen ist ihre Vermehrbarkeit limitiert und ihre Lebensdauer somit begrenzt. Ihr unbestreitbarer Vorteil liegt darin, dass sie dem Patienten entnommen werden können; dadurch unterbleiben Abstoßungsreaktionen. Ethische Probleme treten bei der Gewinnung adulter Stammzellen nicht auf, denn es werden hier keine Embryonen benutzt[36].

III. Klonierung

Ein wichtiger und vieldiskutierter Bereich der Gentechnik ist das Klonen. Das Wort „Klon“ ist griechischen Ursprungs und leitet sich ab von dem Wort für Zweig, Sprössling.

Als Klone werden eine Gruppe von genetisch identischen Zellen oder Organismen verstanden, die durch Teilung, d.h. ungeschlechtliche Fortpflanzung, aus einer einzigen Zelle oder einem einzelnen Organismus hervorgegangen sind[37]. Unter Klonen versteht man also das Kopieren und künstliche Herstellen genetisch identischer Lebewesen, d.h. vorerst die Aufzucht einer Zellkultur, die sich von einer einzelnen, genotypisch definierten Zelle herleitet. Die Vervielfachung führt dann zu identischen Organismen[38].

Klonen bildet den Oberbegriff für eine Reihe verschiedener Klontechniken, die der Entwicklung neuer Therapieverfahren dienen sollen. Klonierungsverfahren können dazu dienen, menschliche Gewebe- und Organreservoirs zum Zwecke einer späteren Transplantation anzulegen. Weiterhin können die Möglichkeiten in der Infertilitätsbehandlung und bei der Diagnose von genetischen Aberratio-

---

35 *Linus S. Geisler*, Stammzellen - Rechtliche Aspekte, Vortrag anlässlich der Tagung „Deutscher Arzt Recht Tag 2002“ am 09.03.2002 in Frankfurt / Main.

36 http://www.dfg.de/aktuell/das_neueste/wissenschaftsgespraech_hintergrund.html.

37 Natürlicherweise genetisch identisch sind beispielsweise alle Bakterien einer Kolonie, beim Menschen als Sonderfall die eineiigen Zwillinge, siehe dazu: http://www.bundesregierung.de/dokumente/Schwerpunkte/Gentechnik/ix5703_31848.htm.

38 *Christa Runterberger / Johannes S. Ach* , Lasst uns (k)einen Menschen Klonen, in: Ach / Bedenbecker-Busch / Kayß (Hrsg.) Grenzen des Lebens - Grenzen der Medizin, S. 123; *Pschyrembel*, FN 7, S. 785, Stichwort: Klonierung.

nen, z.B. innerhalb der PID, verbessert werden. Auch kann die Möglichkeit der Geschlechtswahl bei der Geburt eines Kindes erweitert oder die Herstellung von Zwillingen ermöglicht werden. Des weiteren ist die Replikation von Menschen theoretisch möglich, sowie die Erweiterung der Möglichkeiten wissenschaftlicher Forschung an Embryonen[39].

1. Techniken: Zellspaltung und Kerntransplantation

Es stehen im Wesentlichen zwei Klontechniken zur Verfügung:

Erstens können Körperzellen gespalten werden, wodurch der in ihnen enthaltene doppelte Chromosomensatz geteilt wird und in jeweils einer neuen Zelle sich abermals dupliziert. Somit wird die in der Natur ständig vorexerzierte Zellteilung nachgeahmt[40]. Bei diesem sog. *Embryonensplitting*, also dem Aufteilen der Zellaggregate in frühesten Stadien der Embryonalentwicklung, können dann auch Stammzellen abgetrennt werden.

Zweitens kann man auf die Methode der *Kerntransplantation* zurückgreifen. Dies bedeutet, einer befruchteten Eizelle den Zellkern, der etwa 97% des Erbmaterials enthält, zu entnehmen und ihn gegen den diploiden Kern einer beliebigen Zelle beliebiger Herkunft auszutauschen. Dessen Erbinformationen werden mit der mitochondrialen Erbsubstanz aus der ursprünglichen Zelle verschmolzen. Der Zellkern wird somit durch die Übertragung einer Körperzelle reprogrammiert. Ein kurzer elektrischer Impuls stimuliert die Eizelle, sich gemäß der genetischen Information der Spenderzelle zu einer totipotente Blastozyste weiterzuentwickeln. Damit liegen, wie nach der Befruchtung, die Voraussetzungen dafür vor, dass sich aus der Eizelle ein Embryo oder schließlich ein fertiger Organismus entwickelt[41]. Die Blastozyste kann entweder in den Uterus implantiert oder zur Gewinnung von Zellen zu medizinischen Zwecken genutzt werden. Wird die Blastozyste in den Uterus implantiert, so kann ein Embryo heranwachsen und letztlich ein Lebewesen geboren werden, das die selben genetischen Merkmale aufweist, wie jenes, dem die Ursprungskörperzelle entnommen worden ist[42]. Die medizinischen und nicht zuletzt die wirtschaftlichen Chancen dieser Technik ergeben sich daraus, dass auf diese Weise neues menschliches Gewebe erzeugt werden kann[43]. Das bekannteste Ergebnis dieses Vorgehens ist das Schaf „Dolly".

2. Arten des Klonens

In der Forschung unterscheidet man zwei Zielrichtungen des Klonens: das therapeutische und das reproduktive Klonen.

---

39 *Runterberger / Ach,* FN 38, S. 127.

40 *Stefan Schulz*, Die Biomedizin im Europa- und Völkerrecht, S. 66.

41 http://www.bundesregierung.de/dokumente/Schwerpunkte/Gentechnik/ix5703_31848.htm.

42 *Schulz*, FN 40, S. 66.

43 *Maximilian Haedicke*, Kein Patent auf Leben? - Grundlagen des Patentrechts und der Schutz biotechnologischer Erfindungen, JuS 2002, S. 114.

a. Reproduzierendes Klonen

Inhalt des reproduktiven Klonens ist es, genetisch identische Lebewesen zu erzeugen. Es dient dem Zweck der Fortpflanzung.

b. Therapeutisches Klonen

Therapeutisches Klonen bedeutet Klonen zu Heileingriffen. Zweck des therapeutischen Klonens ist es, für Patienten Ersatzgewebe wie Herzmuskelzellen oder Nervenzellen aus körpereigenem Material herzustellen, welches nicht abgestoßen wird. Somit wären keine Medikamente zur Unterdrückung der immunologischen Abwehrreaktion notwendig und ein langfristiges Überleben des Implantats vorstellbar[44].

Das therapeutische Klonen hat mit dem reproduktiven Klonen die verwendete Klontechnik gemeinsam, nämlich die zumeist verwendete Technik des Kerntransfers, bei welcher durch Übertragung des Zellkerns einer Körperzelle des Patienten auf eine zuvor entkernte Eizelle ein kleiner, zeitversetzter Zwillingsembryo des Patienten hergestellt wird[45].
Anders als beim reproduktiven Klonen wird der künstlich durch Kerntransfer geschaffene Embryo nicht in die Gebärmutter übertragen, sondern es werden im Blastoszystenstadium die inneren Zellen des Embryo entnommen. Der Embryo wird dadurch zerstört. Die entnommenen Stammzellen sind Ausgangsmaterial für die Entwicklung der benötigten Zell- oder Gewebetypen. Diese Gewebe oder Organe könnten zur Transplantation und auch zum Testen und Entwickeln von Medikamenten eingesetzt werden.
Ein Unterschied zum reproduzierenden Klonen besteht somit lediglich im Zweck der mit Hilfe dieser Technik gezeugten Embryonen. Ziel ist es hier, embryonale Stammzellen zu kultivieren und zu bestimmten Körperzellen wachsen zu lassen. Beide Verfahren sind in Deutschland verboten.

IV. Exkurs: Andere Verfahren der Embryonenforschung - kurze Darstellung

Neben dem Verfahren des Klonens gibt es noch andere - teilweise umstrittene - Forschungsmethoden, deren Vorgehensweisen und rechtliche Problematiken hier kurz genannt, jedoch nicht vertieft werden sollen.

---

44 Siehe dazu: *Peter Gruss*, Stammzellen: Stammkapital einer neuen Medizin?, Magazin der Max-Planck Gesellschaft 2/2001, S. 69; *Schulz*, FN 40, S. 69 f.; DFG - Veröffentlichung, Mensch nach Maß - Fragen an die Medizin der Zukunft, Internet URL: http://www.dfg.de/aktuell/das_neueste/wissenschaftsgespraech_hintergrund.html#2d.

45 Siehe oben: Teil I, 2. Kap., III., 1.Techniken: Zellspaltung und Kerntransplantation, S. 31 f.

1. In-vitro-Fertilisation

a. Verfahren

Als In-vitro-Fertilisation (IVF) wird die Verschmelzung von Ei- und Samenzelle außerhalb des menschlichen Körpers, d.h. im Reagenzglas, mit anschließendem Embryonentransfer bezeichnet[46], welches Grundvoraussetzung für alle weiteren Forschungsbemühungen ist. Im allgemeinen Sprachgebrauch wird hier der Begriff „künstliche Befruchtung“ verwendet. Dieser Ausdruck ist letztlich nicht richtig, denn es ist nicht die Befruchtung selbst, sondern nur ihr Ort „künstlich“. Die Eizellen werden aus dem Körper der Frau entnommen und in einem Reagenzglas mit den Spermien des Mannes zusammengebracht. Die so entstandenen Embryonen werden in die Gebärmutter zurückgegeben. Dort wachsen sie im Idealfall heran und es resultiert eine Schwangerschaft. In den letzten 20 Jahren fand diese Methode große Verbreitung.

b. Entwicklung

Die Reagenzglasbefruchtung wird seit 1978 in der Behandlung des unerfüllten Kinderwunsches, ursprünglich aufgrund funktionsunfähiger Eileiter, eingesetzt. Da die Eizellen über den Umweg des Reagenzglases direkt in die Gebärmutter gebracht werden, werden die Eileiter nicht benötigt. Mittlerweile werden nur noch die Hälfte aller IVF-Behandlungen wegen eines Eileiterschadens durchgeführt[47]. Die Erfolgsrate liegt zur Zeit bei ca. 15-23 % pro durchgeführtem Embryonentransfer.

c. Rechtliche Zulässigkeit

Entscheidend ist, dass die In-vitro-Fertilisation ohne verbrauchende Embryonenforschung undenkbar ist. Die künstliche Befruchtung hat den menschlichen Embryo zu einem verfügbaren Objekt gemacht.

aa. Deutschland

In Deutschland erfolgt eine Regelung -und außerordentliche Einschränkung[48]- durch die Richtlinien der Bundesärztekammer[49]. Diese stützen sich auf das Sozialgesetzbuch V und regeln die Voraussetzungen zur Durchführung ärztlicherseits sowie die Kostenerstattung. Es ist notwendig, dass medizinische Indikationen für die IVF vorliegen und von elterlichen Voraussetzungen begleitet werden. Die fachlichen, personellen und technischen Mindestanforderungen sind erheblich.

---

46 *Pschyrembel*, FN 7, In-vitro-Fertilisation, S. 734.
47 *Carmen Kaminsky*, Embryonen, Ethik und Verantwortung, S. 25.
48 Beispielsweise nur statthaft zur Sterilitätstherapie, siehe dazu: *Deutsch*, FN 6, Rdnr. 437.
49 Richtlinien zur Durchführung von IVF und ET als Behandlungsmethode der menschlichen Sterilität, siehe dazu: DÄBl. 94, B-44.

Strafrechtlich relevant ist das Embryonenschutzgesetz. § 1 Abs. 1 Nr. 3, 4 und 5 ESchG regeln, dass maximal 3 Embryonen pro Zyklus übertragen werden dürfen. Es besteht ein Verbot, mehr Eizellen zu befruchten.

bb. Andere europäische Staaten

Die In-vitro-Fertilisation und der Embryonentransfer sind in Dänemark (Gesetz Nr. 460 vom 10.6.1997 sowie Verordnung Nr. 728 vom 17.9.1997), in Frankreich (Gesetz Nr. 94-653 vom 29.7.1994), in Großbritannien (Surrogacy Arrangements Act 1985 sowie Family Law Reform Act 1987 und Human Fertilisation and Embryology Act 1990), Norwegen (Gesetz Nr. 56 vom 5.8.1994), in Österreich (Fortpflanzungsmedizingesetz vom 4.6.1992), Schweden (Gesetz Nr. 1140 vom 20.12.1084 sowie Richtlinie vom 27.3.1987), der Schweiz (Art. 24 novies Bundesverfassung, eingefügt am 3.8.1992 sowie Fortpflanzungsmedizingesetz vom 18.12.1998) und Spanien (Gesetz Nr. 35/1988 vom 24.11.1988) erlaubt. Praktiziert wird die In-vitro-Fertilisation auch in Belgien und den Niederlanden[50].

2. Präimplantationsdiagnostik

Eng verbunden mit der Diskussion um die Stammzellforschung ist die Frage nach der Zulassung der Präimplantationsdiagnostik, der sogenannten PID.
PID und Embryonenforschung scheinen zunächst rechtlich nicht unbedingt verbunden zu sein. Eine gemeinsame wissenschaftliche Wurzel ist jedoch unbestritten: Beiden Tätigkeitsfeldern gemein ist eine Verwendung von „Zellmaterial" in der Absicht, hieraus einen Erkenntnisgewinn zu erzielen, welcher der gesamten Reproduktionsmedizin zugute kommt.

a. Verfahren

Die PID ist ein diagnostisches Verfahren, bei welchem künstlich befruchtete Eizellen vor dem Einpflanzen auf genetisch bedingte Erbkrankheiten untersucht werden. Voraussetzung für die Untersuchung ist wiederum eine In-vitro-Fertilisation. Dazu werden dem frühen Embryo im Vier- bzw. Achtzellstadium ein bis zwei Zellen vor dem intrauterinen Transfer entnommen. Diese werden anschließend im Labor auf genetische Fehler und Veränderungen des Erbmaterials untersucht, beispielsweise auf das Down-Syndrom und die Bluterkrankheit. Die Untersuchung, bei der auch das Geschlecht bestimmt werden kann, dauert nur wenige Stunden, so dass anschließend der für gesund befundene Embryo in den Uterus der Frau implantiert werden kann.

b. Vorteile und Gefahren

Der Vorteil dieser Methode besteht darin, dass die Abtreibung eines kranken Embryo verhindert werden kann, da der Defekt vor der Einpflanzung festgestellt

---

[50] Siehe dazu: http://www.kinderwunsch-hh.de/verein/mitgliederzeitung/europa_tabelle.htm.

wird. Das Untersuchungsergebnis entscheidet dabei eventuell über Leben und Tod des Embryo. Die PID kann die spätere Pränataldiagnostik ersetzen und damit zu einer Konfliktreduzierung beitragen, weil sie die Entscheidung über den eventuellen Abbruch einer fortgeschrittenen Schwangerschaft vermeidet. Jedoch besteht die Gefahr, dass der Embryo bei der Entnahme der Zellen beschädigt wird.
Die Indikation für eine PID ist insbesondere im Hinblick auf die sich daraus ergebenden Konsequenzen äußerst eng zu stellen, und bedarf einer sorgfältigen Güterabwägung. Dabei muss der grundsätzliche Primat des Schutzes ungeborenen Lebens, der Schweregrad, die Prognose und die Therapiemöglichkeiten der infrage stehenden Erkrankung sowie die gesundheitliche Gefährdung der zukünftigen Schwangeren oder Mutter berücksichtigt werden[51].

c. Rechtliche Zulässigkeit
Weltweit wird die PID in 30 Zentren praktiziert.

aa. Deutschland
Die PID an frühen Embryonen im Vier-, Achtzellstadium ist in Deutschland durch das Embryonenschutzgesetz verboten[52]. Würde für die PID einem achtzelligen Embryo eine Zelle abgetrennt, könnte sich aus dieser totipotenten Zelle noch ein Mensch entwickeln. Deshalb ist diese Zelle per Gesetz geschützt.

Die Zulässigkeit der PID an nicht - totipotenten Zellen ist in Deutschland fraglich. PID-Befürworter interpretieren die Rechtslage zu ihren Gunsten. Sie argumentieren, dass Familien mit Erbkrankheiten nur so ein gesundes Kind bekommen können. Weiterhin wird auf das Recht auf eigene Nachkommen und auf die elterliche Sorge für die Gesundheit der Nachkommen hingewiesen. Auch wird die Präimplantationsdiagnostik als vorverlegte Pränataldiagnostik angesehen[53].
Die Mehrheit der Literatur geht hingegen davon aus, dass der Anwendung der PID das Embryonenschutzgesetz entgegensteht: So wird nach § 1 Abs. 1 Nr. 2 ESchG bestraft, wer es unternimmt, eine Eizelle zu einem anderen Zweck künstlich zu befruchten, als eine Schwangerschaft herbeizuführen. Die PID wird aber gerade eingesetzt, um bestimmte Embryonen nicht in die Gebärmutter zu implantieren. Die Gegner des Verfahrens befürchten darüber hinaus, dass die PID Gesundheit und Fitness zur gesellschaftlichen Norm erhebt. Behinderte und

---

[51] *Diskussionsentwurf zu einer Richtlinie zur Präimplantationsdiagnostik,* in: Dokumentation "PID, PND, Forschung an Embryonen" vom 23. Mai 2002, S. 6.

[52] Ausführlich zum ESchG: Teil I, 4. Kap., B., II. Embryonenschutzgesetz, S. 69 ff., weiterführend: http://www.dfg.de/aktuell/das_neueste/wissenschaftsgespraech_hintergrund.html.

[53] Siehe dazu: http://www.gyn.de/kinderwunsch/pid.php3.; siehe auch ausführlich zur Zulässigkeit der PID: *Reinhard Merkel*, Verbot der Präimplantationsdiagnostik: Zur Frage der rechtlichen und ethischen Legitimation, in: Klein / Menke (Hrsg.), Menschenrechte und Bioethik, S. 111 ff., wonach die PID für bestimmte diagnostische Zwecke erlaubt sein sollte.

chronische Kranke werden dadurch Stück für Stück aus der Gesellschaft ausgegrenzt. Es wird vertreten, das „Designerbaby“ befinde sich auf dem Vormarsch. Noch würde die PID zwar angewandt, um Erbkrankheiten auszuschließen, aber dies sei bereits der erste Eingriff in die Natur. Irgendwann werde auch das Aussehen, die Intelligenz oder die sportliche Leistungsfähigkeit nicht mehr dem Zufall überlassen. Es wird erläutert, dass es kein absolutes Recht und insbesondere keine Garantie auf ein gesundes Kind gebe. Auch genieße das Lebensrecht des Embryo Vorrang. Darüber hinaus seien Pränatal- und Präimplantationsdiagnostik nicht vergleichbar. Weiterhin wird auf die Unabgrenzbarkeit und Unbegrenzbarkeit der PID hingewiesen und auf die Gefahr eugenischer Tendenzen: Wenn mit der PID die Grenze zur Selektion ungeborenen Lebens überschritten werde, dann werde die Entwicklung nicht mehr zu steuern sein, mithin die schiefe Bahn zur Eugenik, der Vernichtung lebensunwerten Lebens beschritten[54].

bb. Andere europäische Staaten

Die Zulässigkeit der PID wird zur Zeit in vielen europäischen Staaten diskutiert: In *Österreich* besteht derzeit keine ausdrückliche gesetzliche Regelung zur Zulässigkeit der PID, und zwar weder im Fortpflanzungsmedizingesetz (FMedG, siehe BGBl. 1992/275), noch im Gentechnikgesetz (GTG, siehe BGBl. 1994/510). Es ist jedoch einhellige Meinung, dass sich aus § 9 Abs. 1 FMedG eine mittelbare Antwort auf die Frage nach der Zulässigkeit von Diagnoseverfahren am Embryo in-vitro ergibt: Aus § 9 Abs. 1 S. 2 FMedG folge ein implizites Verbot der PID, weil es sich dabei um keine Untersuchung an entwicklungsfähigen Zellen handelt, die „zur Herbeiführung einer Schwangerschaft erforderlich ist“[55]. In der *Schweiz* ist die PID unzulässig, Art. 5 Abs. 3 FMedG vom 18. Dezember 1998[56]. In *Irland* ist die Embryonenforschung insgesamt und damit auch die PID verfassungsrechtlich verboten.

In einer Reihe weiterer Länder, z. B. *Niederlande, Portugal, Belgien, Griechenland* und *Italien,* besteht bislang keine entsprechende Gesetzgebung, welche

---

[54] *Norbert Jachertz*, Am Rande der schiefen Bahn, in: Dokumentation “ PID, PND, Forschung an Embryonen“, FN 51, S. 9.

[55] § 9 Abs. 1 FMedG lautet: „Entwicklungsfähige Zellen dürfen nicht für andere Zwecke als für medizinisch unterstützte Fortpflanzungen verwendet werden. Sie dürfen nur insoweit untersucht und behandelt werden, als dies nach dem Stand der medizinischen Wissenschaft und Erfahrung zur Herbeiführung einer Schwangerschaft erforderlich ist. Gleiches gilt für Samen oder Eizellen, die für medizinisch unterstützte Fortpflanzungen verwendet werden sollen.“
Das FMedG ist abgedruckt bei *Albin Eser* (Hrsg.), Biomedizin und Menschenrechte. Die Menschenrechtskonvention des Europarates zur Biomedizin - Dokumentation und Kommentare, S. 172 ff.; siehe dazu auch: Bioethikkommission beim Bundeskanzleramt, Präimplantationsdiagnostik (PID) - Bericht der Bioethikkommission, S. 24, online verfügbar unter: http://www.austria.gv.at/2004/11/25/bid_bericht_endfassung.pdf.

[56] Bundesgesetz über die medizinisch unterstützte Fortpflanzung, abgedruckt bei *Eser*, Fn 55, S.183 ff.

die Zulässigkeit der PID regelt. Da der Gesetzgeber insoweit weder durch ein ausdrückliches Verbot eine negative Entscheidung noch durch eine Erlaubnis eine positive Entscheidung getroffen hat, befindet sich die PID in einer Grauzone. Für die betreffenden Länder wird jedoch im allgemeinen von der Zulässigkeit der PID ausgegangen. So gilt *Belgien* beispielsweise als das europäische „paradis bioethique“[57]. Auch in *Portugal* ist die Fortpflanzungsmedizin trotz eines entsprechenden Verfassungsauftrages (Art. 67 Verfassung) bisher nicht gesetzlich geregelt. Als etablierte Methode soll die PID aber auch ohne gesetzliche Regelung zulässig sein. In *Italien* ist die PID nicht ausdrücklich verboten. Ob sie praktiziert wird, ist fraglich. Bisher ist kein Fall bekannt geworden. In *Griechenland* gibt es gesetzliche Regelungen nur für die Pränataldiagnostik (PND). In den *Niederlanden* wird die PID seit 1995 als Forschungsprojekt an der Universität Maastricht durchgeführt. Um sie zuzulassen, muss hier eine Indikationslage entsprechend der PND bestehen. Zusätzlich muss eine schwere, nicht behandelbare Erbkrankheit zu erwarten sein. Ob eine solche Indikation besteht, wird von einer Ethikkommission der Regierung (KEMO) geprüft. Nach entsprechendem Beschluss des Gesundheitsministeriums soll die PID in maximal zwei akademischen Krankenhäusern und zunächst ausschließlich im Forschungsbereich angeboten werden. Außerdem muss die jeweilige Einrichtung ein vollständiges Protokoll über ihre Tätigkeiten in diesem Bereich vorlegen.

In allen anderen Staaten der EU ist die PID dagegen erlaubt, so beispielsweise auch in *Dänemark, Schweden* und *Finnland*[58]. Hier sind die Zulässigkeitsvoraussetzungen jedoch sehr unterschiedlich[59].

---

57 Die belgische Forschungslandschaft hinsichtlich der Embryonenforschung zählt zur europäischen Spitze. Trotz mangelnder gesetzlicher Regelung sind aufgrund königlichen Erlasses von 1994 alle Kliniken verpflichtet, lokale lizenzierungspflichtige Ethikkomitees einzurichten, deren Kontrolle die PID unterliegt. PID wird in Belgien nur bei medizinischer Indikation (Chromosomenanomalie und/oder schwere genetische Erkrankung) und nach eingehender Beratung praktiziert. Eine zahlenmäßige Begrenzung der Anzahl zu befruchtender Eizellen gibt es nicht. Nach Informationen der Belgischen Vertretung gibt es zwischen Deutschland und Belgien regen „PID-Tourismus“.

58 Jürgen *Simon*, Rechtliche Aspekte der Präimplantationsdiagnostik in Europa, Ethik Med. 11 (1999), S. 64.

59 Zur Vertiefung siehe: *Christa Randzio-Plath,* Gentechnologie im europäischen Vergleich, Rede in Hamburg am 28. Januar 2002, Pkt. 5.2.: In *Dänemark* ist die PID nach Beratung und schriftlicher Zustimmung bei Paaren zulässig, die ein erhebliches Risiko der Übertragung einer schweren Erbkrankheit haben, sowie um bei IVF wegen Unfruchtbarkeit schwerwiegende Chromosomanomalien aufzudecken oder auszuschließen. Der Arzt muss die PID binnen Monatsfrist an staatlicher Stelle melden. In *Finnland* wird die PID bei schweren Erbkrankheiten in einigen Laboratorien durchgeführt. In *Schweden* sehen Richtlinien des Nationalen Ethikrates vor, die PID nur zur Feststellung schwerwiegender erblicher Krankheiten, die zum frühzeitigen Tod führen und für die es keine Behandlung gibt, durchzuführen. Die Geschlechtswahl ist bei Verdacht einer geschlechtsgebundenen unbehandelbaren Erbkrankheit erlaubt.

Großbritannien nimmt auch bezüglich der PID eine Sonderstellung ein, indem eine liberal regulierende Vorgehensweise praktiziert wird. Diese ist darauf ausgerichtet, flexibel auf neue Entwicklungen zu reagieren. Im Anschluss an den sog. Warnock-Report von 1984 hatte Großbritannien sehr früh ein umfangreiches Gesetzes- und Regelungswerk zur Embryonenforschung und PID vorgelegt. Zuständig für die Genehmigung und Aufsicht der PID ist die Human Fertilisation and Embryology Authority (HFEA). Einschlägige Regelungen enthalten der Human Fertilisation and Embryology Act von 1990 sowie die in Ausgestaltung desselben von der HFEA erlassenen Bestimmungen. Die PID ist in derzeit 4 lizenzierten Zentren zur Aufdeckung genetischer und chromosomaler Abnormalitäten sowie zur medizinisch indizierten Geschlechtswahl erlaubt.

International gibt es keine speziellen Übereinkommen, die diese Fragen der Fortpflanzungsmedizin regeln.

Es wird deutlich, dass die Zulässigkeit oder das Verbot der PID nur selten entsprechend gesetzlich verankert ist. Es gibt auch verschiedene Gesetzesvorhaben, jedoch bleibt abzuwarten, wann, und vor allen Dingen mit welchem Ergebnis, sie realisiert werden. Die derzeitige unterschiedliche Entwicklung bietet wiederum die Gefahr des „Missbrauchs“, das heißt, dass Eltern mit ökonomisch günstigen Voraussetzungen sich die Länder aussuchen, in denen die Durchführung der PID zum günstigsten Preis und den günstigsten Voraussetzungen möglich ist. Dieser PID-Tourismus erfordert eine eindeutige, klare und vor allem einheitliche Gesetzeslage.

3. Gentherapie

Die Erforschung des menschlichen Genoms hat besondere Bedeutung für das Verständnis von Krankheitsursachen, der Einschätzung der Krankheitsrisiken und der Entwicklung neuer Therapien. Mit den aus der Genomforschung gewonnenen Erkenntnissen und Genanalysen lassen sich genetische Defekte feststellen und so konkrete Erkrankungsrisiken vorhersagen. Wenn ein Gendefekt die Ursache einer Krankheit ist, so ist mit konventionellen Therapieformen eine wirkliche Heilung nicht möglich. Seit den 70er Jahren wird an der direkten Therapie der Gene, das heißt dem Ersatz des defekten Gens durch ein gesundes, geforscht.

a. Gen und Genom

Das Gen ist die kleinste Einheit des Erbgutes. Es beschreibt einen bestimmten Abschnitt der DNA, der aufgrund der Nukleotid-Sequenz, das heißt der Sequenz der DNA-Bausteine, bestimmte Funktionen, Eigenschaften, Merkmale oder

Strukturen einer Zelle bestimmt. Das Genom ist die Gesamtheit aller Gene eines Organismus; der Begriff ist gleichbedeutend mit Erbgut[60].

b. Arten der Gentherapie
Man unterscheidet zwei Arten der Gentherapie, die somatische und die Keimbahntherapie.

aa. Somatische Gentherapie
In der Testphase befindet sich derzeit nur die somatische Gentherapie. Dabei werden veränderte Gene in betroffene Organe oder Körperzellen eingeschleust. Bei dieser Therapie an oder mit Körperzellen sind allein Körperzellen (= Somazellen) das Ziel der Veränderung. Dadurch hat diese Behandlung keinen Einfluss auf das Erbgut der jeweiligen Nachkommen.

bb. Keimbahntherapie
Bei der Keimbahntherapie wird ein künstlich verändertes Gen in die Eizelle oder in die Spermien eingebracht. Die genetische Veränderung wird dadurch auf die Nachkommen übertragen. Die Keimbahntherapie beim Menschen ist in den meisten Ländern verboten und mit Haftstrafen belegt[61].

c. Rechtliche Zulässigkeit der prädikativen Gendiagnostik
Findet die Genanalyse gleich nach der Geburt statt und dient sie dazu, eine Feststellung über eine noch nicht eingetretene genetisch bedingte Krankheit und die Wahrscheinlichkeit ihres Auftretens zu treffen, wird dies prädikative Diagnose genannt.

aa. Deutschland
In Deutschland existiert bislang noch keine gesetzliche Regelung zur Nutzung genetischer Tests, welche ja gerade im Problembereich der Risikoprüfung von Personenversicherungen diskutiert werden. Dies bedeutet jedoch nicht, das genetische Daten für Dritte oder staatliche Behörden frei zugänglich sind. Hiervor bietet Art. 2 Abs. 1 GG Schutz.

bb. Andere europäische Staaten
Auch andere Länder, z.B. *Schweden* und *Finnland,* haben bisher keine speziellen gesetzlichen Regelungen zur Nutzung genetischer Tests getroffen. Ein Schutz wird in diesen Ländern bislang durch Art. 8 der Grundrechtecharta der EU und die nationalen Verfassungen der Mitgliedsstaaten (Recht auf Schutz der Privatsphäre) sowie durch die nationale höchstrichterliche Rechtsprechung gewährleistet. In *Italien* bietet Art. 14 und 15 der Verfassung das Recht auf Schutz

---

[60] Siehe dazu auch: *Joseph Straus*, in: Ganten (Hrsg.), Gene, Neutrone, Qubits & Co., S. 217.
[61] Dazu: http://www.dfg.de/aktuell/das_neueste/wissenschaftsgespraech_hintergrund.html.

der Privatsphäre, in *Portugal* Art. 35 der Verfassung ergänzt durch das Gesetz zum Schutz persönlicher Daten von 1998 die Sicherung und Behandlung von „sensiblen“ Personendaten, inklusive genetischer Daten. Kein ausdrücklicher Schutz der Privatsphäre findet sich in der Verfassung *Irlands*, allerdings leiten der High and Supreme Court dieses Recht aus Art. 40.3.1 der Verfassung her, wonach der Staat die persönlichen Rechte des Bürgers garantiert[62]. In *Österreich, Belgien, Frankreich* und *Dänemark* bestehen spezielle Gesetze, mit denen der Einsatz von Genanalysen in der Versicherungswirtschaft bzw. im Arbeitsverhältnis geregelt wird.

B. Ergebnis

Dieses kurze Aufzeigen der Regelungs- und Gesetzeslage in Europa macht bereits deutlich, wie schwierig es ist, mehrheitlich akzeptierte Regelungsinhalte zu entwickeln. Die unterschiedliche ethische Betrachtungsweise hat daran erheblichen Anteil und soll im Folgenden beleuchtet werden.

3. Kapitel: Ethische Gesichtspunkte

Die ethische Diskussion um die Forschung und das Klonen mit embryonalen Stammzellen knüpft oftmals an Kants Objekt-Formel des Kategorischen Imperatives. Kant hatte formuliert: „Handle so, dass du die Menschheit, sowohl in deiner Person, als auch in der eines jeden anderen, jederzeit zugleich als Zweck, niemals bloß als ein Mittel brauchst“[63]. Offensichtlich ist, dass klare ethische Gebote im Hinblick auf die Genetik mit dieser Maxime nicht gewonnen werden können. Somit ist fraglich, ob Kants Objekt-Formel allein geeignet ist, die aktuellen Probleme zu erfassen.

A. Aktuelle ethische Zulässigkeit

Die Prüfung der derzeitigen ethischen Verantwortbarkeit der embryonalen Stammzellforschung ist an die zentrale Vorbedingung geknüpft, dass die embryonale Stammzellforschung und das Klonverfahren so weit beherrschbar sind, dass keine unakzeptablen Risiken auftreten.

Die klontechnische Erzeugung eines Menschen ist aber nach gegenwärtiger Einschätzung bei derzeitigem Entwicklungsstand mit unkalkulierbaren Risiken für den Klon verbunden. Die Fehlerquote bei der Erzeugung, der Übertragung sowie der Entwicklung des geklonten Embryo ist hoch, wie hier nur beispielhaft aufgezählt, später detailliert dargestellt werden soll[64]. Neben einer sehr hohen Fehlerquote bei der Implantation und weiteren Entwicklung, einer erhöhten Neuge-

---

[62] *Randzio-Plath*, FN 59, Pkt. 3 (S. 9).

[63] Sog. Menschheitsformel von *Immanuel Kant*, Grundlegung der Metaphysik der Sitten, S. 67; siehe dazu auch: *Andreas Fisahn,* Ein unveräußerliches Grundecht am eigenen genetischen Code, ZRP 2001, S. 50.

[64] Siehe dazu ausführlich: Teil II, 1. Kap., C. Bewertung der Ziele, Erfolgsaussichten und Erwartungen an das Klonen, S. 190 f.

borenensterblichkeit, Problemen bei der Geburtsgröße (Large-Galf-Syndrom), einer Schwächung des Immunsystems und Komplikationen aufgrund der Fehlbildung einzelner Organe kämpfen die Forscher bisher mit einem beschleunigten Zellalterungsprozess, welcher mit geringerer Lebenserwartung und einem erhöhten Krebsrisiko einhergeht. Zwar gelang es angeblich im Februar 2004 erstmals den beiden südkoreanischen Forschern *Woo Suk Hwang* und *Shin Yong Moon* durch Kerntransfer mit erstaunlicher Effizienz 30 menschliche Blastozysten herzustellen und daraus eine Linie embryonaler Stammzellen zu gewinnen. Jedoch war diese Arbeit nachgewiesenermaßen gefälscht[65].
Nun sind auch riskante Eingriffe entsprechend allgemeiner Auffassung ethisch dann zulässig, wenn der Betroffene zustimmt, nachdem er über das Risiko aufgeklärt wurde, beispielsweise vor einer Operation. Dies ist im Fall eines geklonten Embryo aber ausgeschlossen. Deshalb besteht in der philosophisch-ethischen Diskussion ein breiter Konsens, dass zumindest die Erzeugung eines Menschen mit Hilfe der „Dolly"-Methode beim gegenwärtigen Entwicklungsstand dieses Verfahrens ethisch nicht verantwortbar ist[66]. Gleiches muss auch für die anderen Formen der embryonalen Stammzellforschung im heutigen Stadium gelten.

B. Prinzipielle ethische Zulässigkeit

Angenommen, die mit der embryonalen Stammzellforschung und dem Klonverfahren gegenwärtig noch verbundenen technischen Risiken ließen sich überwinden, ergäben sich weitere prinzipielle ethische Problematiken, die sich an folgenden zentralen Aspekten orientieren.

I. Göttliche Ordnung

In der jüdisch-christlichen Tradition wird bei der Beurteilung des Klonens von Menschen auf die Vorstellung der Natur als Schöpfung und der besonderen Stellung des Menschen als Ebenbild Gottes innerhalb der Schöpfung Bezug genommen[67]. Die meisten Vertreter dieser Tradition halten das reproduktive Klonen für absolut unzulässig, weil der Mensch in seiner Gottebenbildlichkeit damit gegen den Auftrag einer Bewahrung der Schöpfung verstößt und die vorgegebene göttliche Ordnung verletzt. Gleiches kann für die embryonale Stammzellforschung angenommen werden.

---

[65] Siehe dazu: Der Tagesspiegel vom 16. Dezember 2005, „Ergebnisse manipuliert", S. 28; Der Tagesspiegel, vom 19. Dezember 2005, „ Aufstieg und Fall des Dr. Hwang", S. 25.

[66] Siehe u.a.: *Ingo Hillebrand / Dirk Lanzerath*, Klonen - Stand der Diskussion, rechtliche Aspekte. S. 23, in: *Wachlin* (Hrsg.), Klonen, Akademie für Technikfolgenabschätzung, 2001.

[67] *Hillebrand / Lanzerath*, FN 66, S. 8; vgl. dazu auch: *Yair Lorberbaum*, Blood and the image of god: on the sanctity of life in biblical and early rabbinic law, myth, and ritual, in: *David Kretzmer / Eckart Klein* (eds), The concept of human dignity in human rights discourse, 2002, S. 55 ff.

II. Natürlichkeit

Andere Wissenschaftler sind der Ansicht, die embryonale Forschung sowie das Klonen eines Menschen stelle einen radikalen Eingriff in die Natur menschlicher Fortpflanzung dar, sei daher unnatürlich und deswegen als unzulässig zu betrachten[68]. Gegen diese Argumentation spricht, dass der Mensch als Kulturwesen seit Menschengedenken in natürliche Strukturen eingreift, so dass für die Frage der ethischen Zulässigkeit der Hinweis auf die Unnatürlichkeit allein nicht ausreichend ist[69]. Aus der Unnatürlichkeit einer Gestaltungsmöglichkeit kann demnach logisch nicht direkt auf deren ethische Unzulässigkeit geschlossen werden. Entscheidend müssen daher andere Betrachtungsmaßstäbe und Werte sein.

III. Selbstzwecklichkeit

Die Menschenwürde verpflichtet dazu, jeden Menschen niemals nur als bloßes Mittel, sondern immer auch als „Zweck an sich" (siehe *Kant*) zu behandeln. Das Klonen und auch die embryonale Stammzellforschung könnten als Instrumentalisierung diesbezüglich problematisch sein. Andererseits könnte das klontechnisch erzeugte Kind eines unfruchtbaren Paares durchaus um seiner selbst Willen geliebt und als „Zweck an sich" behandelt werden. Eine solche mögliche Behandlung ist jedoch kein hinreichender Grund dafür, dass nicht bereits durch die Art der „In-die-Existenz-Bringung" des Kindes eine Verletzung seiner Selbstzwecklichkeit, etwa durch die gewollte genetische Identität mit einem anderen Menschen, gegeben sein könnte[70].

IV. Individualität

Weiterhin argumentieren Ethiker, einem klontechnisch erzeugten Menschen fehle es an seiner eigenen, unverwechselbaren Identität. Der Klon hat keine eigene, sondern nur eine geliehene, kopierte bzw. geteilte Identität, die - anders als bei natürlichen Mehrlingen - keine zufällig geteilte ist. Dagegen spricht, dass ein Klon nie völlig mit dem Spenderorganismus identisch ist. Darüber hinaus ist die menschliche Identität nicht allein an die genetische Konstitution gebunden. Sie entfaltet sich innerhalb der genetischen Rahmenbedingungen im freien Wechselspiel mit der Umwelt und der eigenen autonomen Selbstbestimmung. Daher ist auch die Erwartung falsch, man könne durch Klonen die persönlichen Eigen-

---

[68] So: *Waldemar Molinski*, Ethische Probleme des reproduktiven und therapeutischen Klonens, Die Neue Ordnung, Jg. 55, Nr. 1/2001, S. 12: „...ethisch zwar berechtigt ist, in die Leiblichkeit des Menschen einzugreifen, so weit das zur Wiederherstellung und Herstellung seiner selbstbestimmten Integrität nötig ist.....die autonome leibgebundene Entfaltung des Menschen [darf] nicht im Widerspruch zu seinen kreatürlichen und geschichtlichen Vorgegebenheiten erfolgen...".

[69] *Hillebrand / Lanzerath*, FN 66 , S. 9.

[70] Siehe vertiefend: Teil I, 4.Kap., A., III. Die Menschenwürde - Art. 1 Abs. 1 GG, S. 56 ff.

schaften eines bestimmten Menschen kopieren[71]. Andererseits ist die Beeinträchtigung der Selbstentfaltung durch das Bewusstsein einer Fremdbestimmung nicht auszuschließen.

V. Sozialverträglichkeit

Weitere Aspekte der embryonalen Stammzellforschung betreffen den Einfluss auf soziale Strukturen aufgrund der Beziehungen zu beiden Elternteilen, so beispielsweise die Verhältnisse innerhalb der Familien und zwischen den Generationen. Sie betreffen aber auch das Verhältnis zwischen den Geschlechtern. Durch die Veränderung der Abstammungsverhältnisse werden Folgen in nachgeordneten Bereichen (Erbrecht, Unterhaltsvorschriften, Einstellung von Kindern zu Eltern usw.) befürchtet. Die Klonierung von Menschen wird aber auch als Mittel zur Stärkung der reproduktiven Unabhängigkeit und Bedeutung der Frau begrüßt. Andererseits besteht die Sorge, dass auf diesem Wege einer Kommerzialisierung des weiblichen Körpers (z.B. im Zusammenhang mit der Spende von Eizellen für einen Kerntransfer) Vorschub geleistet wird. Durch die starke Konzentration auf „erwünschte" Kinder ohne „unerwünschte" Eigenschaften wird auch in diesem Zusammenhang eine schleichende Abwertung von behinderten Menschen befürchtet.

VI. Gerechtigkeit

Das Klonen von Menschen für Zwecke der Fortpflanzung bedarf zur Erforschung und Durchführung erheblicher Ressourcen. Es wird auch insofern bezweifelt, ob dies unter Gesichtspunkten der Verteilungsgerechtigkeit zu legitimieren ist[72].

C. Fazit

Ethik ist orientiert an moralischen Normen und Werten, am Mit-Menschen und an einer Folgenabwägung. Im Bereich der Embryonenforschung können ausgehend von obiger Betrachtung zwei grundsätzliche ethische Grundhaltungen unterschieden werden, welche kurz darzustellen sind. Beide sind abhängig von der Zuschreibung einer rechtlichen Eigenschaft, nämlich dem Zeitpunkt, ab welchem dem Embryo die Menschenwürde zuzurechnen ist.

Für all jene Moralphilosophen, Theologen und Ethiker, die der Ansicht sind, dass die Würde allen Menschen in allen Seiensformen zusteht[73], ist das Ergebnis recht eindeutig: Klonen und embryonale Forschung verletzen die ethischen und moralischen Grundsätze. Entscheidend für diese Vertreter ist der Grundsatz der allgemeinen Ethik vom Vorrang der Rechtspflichten vor den sogenannten Tu-

---

[71] *Hillebrand / Lanzerath*, FN 66 , S. 10.

[72] *Hillebrand / Lanzerath*, FN 66 , S. 10.

[73] Anstatt vieler: *Robert Spaemann*, Gezeugt, nicht gemacht, Die Zeit vom 18. Januar 2001, S. 37 f.

gendpflichten, also dem Auftrag zur Verwirklichung positiver Güter und zur Hilfeleistung gegenüber anderen. Dieser besagt in seiner einfachsten Form: Man darf nicht in die unveräußerlichen Rechte eines Menschen - und der Embryo untersteht in unserer Rechtsordnung, was die dem Menschsein als solchem geschuldeten Rechte anbelangt, dem gleichen Schutz wie alle Menschen - eingreifen, um einem anderen zu helfen.

Andere, wie der Rechtsphilosoph *Norbert Hoester*, vertreten den Begriff der Personenrechte[74]. Nur Personen stehen Rechte wie die Menschenwürde zu. Der Terminus der Person zählt zum Kernbereich der Philosophie. Als Person wird allgemein dasjenige Subjekt bezeichnet, dessen Handlungen einer Zurechnung fähig sind. Für die Bestimmung des Begriffs spielen nicht nur ideologische oder theoretische Standpunkte eine Rolle, Einfluss nehmen auch historische bzw. kulturelle Entwicklungen.
Zu Beginn des sechsten Jahrhunderts entwickelte *Boetius* in einem theologischen Kontext die klassische Definition der menschlichen Person. Für ihn ist die Person die individuelle Substanz einer vernünftigen Natur: „Persona est naturae rationabilis individua substantia."[75]. Der Begriff der Person wird bei *Boetius* zum ersten Mal als nomen dignitatis für den Menschen verwendet, also als anthropologischer Begriff. Auf zwei wesentliche Punkte für die Personeneigenschaft weist *Boetius* hin: Individualität und Vernünftigkeit[76]. Auch für *Thomas von Aquin* ist die menschliche Person die substantia prima, die erste Substanz. Person ist bei ihm ein Name für ein Individuum, das eine vernünftige Natur hat, per se existiert und durch sich selbst handelt, also frei ist. Vernunft und Freiheit sind auch für ihn die beiden wichtigsten Konstitutiva der menschlichen Person[77]. Ebenfalls für *Kant* gilt die menschliche Fähigkeit zur freien, vernunftgeleiteten Selbstbestimmung, d.h. Autonomie, ähnlich dem Personenerfordernis, als Grundlage des Würdeanspruchs[78]. Der australische Philosoph *Peter Singer* vertritt ebenfalls diese Ansicht: als Person gelten diejenigen Menschen, die bestimmten Kriterien genügen, also z.B. der aktuellen Fähigkeit zur Selbstachtung[79].

---

74 *Norbert Hoerster*, Abtreibung, Reformfragen JuS 1989, S. 172 ff.

75 *Boetius*, Contra Eutychen et Nestorium, S. 5.

76 Weiterführend siehe: *Elke Mack*, Ist der Mensch immer zugleich Person? Zu anthropologischen Prämissen christlicher Sozialethik, in: Die Neue Ordnung, Jg. 55, Nr. 4/2001, S. 275.

77 Vgl. *Thomas von Aquin*, Summa theologiae I q.76 a.1 corp., I, q.93, a.6-7; vgl. weiter: *Georg Langemeyer*, Anthropologie, in: Beinert (Hrsg.), Texte zur Theologie, Bd.8, S. 120.

78 *Kant*, FN 63, S. 87 f., 95.

79 In Unterscheidung der Begriffe „Mitglied der Gattung Homo sapiens" und „Person". Letzterer Begriff verlange ein selbstbewusstes und rationales Wesen, so: *Peter Singer*, Praktische Ethik, S. 106; siehe dazu auch *Julian Nida-Rümelin*, Tagesspiegel vom 3. Januar 2001, Wo die Menschenwürde beginnt, S. 27:„ Achtung der Menschenwürde ist dort angebracht, wo die Voraussetzungen erfüllt sind, dass ein menschliches Lebewesen entwürdigt werden, ihm seine Selbstachtung genommen werden kann.... Die Selbstachtung

Von dieser Sicht aus ist es nur konsequent, eine Abwägung der Schutzformen und Wertevorränge zu diskutieren. Auch dieser utilitaristische Ansatz begegnet jedoch Kritik. Der Persönlichkeitsansatz sei viel eher willkürlich als die unterschiedslose Zuerkennung von Menschenrechten, insbesondere eines Rechts auf Leben, an alle Angehörigen der Spezies Mensch. Kleine Kinder, Geisteskranke oder „entpersonalisierte" alte Menschen werden zum Grenzfall und nur aus „Praktikabilitätsgründen"[80] ab Geburt geschützt - eine beliebig variable und wenig überzeugende ethische Schranke[81]. Das Ungeborene werde hier einzig einer gesellschaftlichen Zwecksetzung geopfert.

Schon aufgrund dieses kurzen Einblicks in die ethischen Betrachtungsweisen wird deutlich, dass der Embryo zu einem Gegenstand geworden ist, über dessen moralischen Status es keinen Konsens und keine gemeinsamen ethischen Grundüberzeugungen gibt.
Die oben genannten Punkte können allein Anhaltspunkte sein, erlauben jedoch keine abschließende ethische Beurteilung der embryonalen Forschung. Ihre Betrachtung ist vielmehr als „Vorstufe" der einschlägigen Rechtssetzungen zu betrachten, als „ethisches Minimum", denn die Rechtsfindung und -setzung verlangt ethische Urteilsprozesse. Das Recht regelt die Einhaltung und Überwachung der ethischen Urteile darüber, was im Rahmen eines Konsensbildungsprozesses (nicht) gewollt ist. Das gefasste Recht ist idealerweise die juristische Umsetzung ethischer Meinungsbildung[82].
Die grundlegenden ethischen Probleme der Forschung mit humanen Stammzellen, auf welche sich auch die soeben genannten Punkte herunterbrechen lassen, können nach Ansicht der *Verfasserin* in drei Themenbereichen erfasst werden: der Problematik des Lebens, der Menschenwürde und der kaum zu fassenden Dynamik der Forschungs- und Technologieentwicklung. Aufgrund des fehlenden ethischen Konsenses sind diese Fragen auch rechtlich sehr umstritten. Zu klären ist im Folgenden, wie das Recht diese und weitere Fragen schließlich juristisch umgesetzt hat.

eines menschlichen Embryos lässt sich nicht schädigen.". Siehe ausführlich dazu: *Werner Heun*, Gattungszugehörigkeit oder Personsein als Anknüpfungspunkt der Menschenrechte?, in: Klein/Menke (Hrsg.), FN 53, S. 24 ff.

80 *Hoerster*, FN 74, S.178.

81 *Winfried Brohm*, Forum-Humanbiotechnik, Eigentum und Menschenwürde, JuS 1998, S. 200.

82 *Christine Hauskeller*, Die Stammzellforschung - Sachstand und ethische Problemstellungen, Aus Politik und Zeitgeschichte, B 27/2001, S. 11.

4. Kapitel: Nationale Rahmenbedingungen der pränatalen Biomedizin - Vorschriften in der Bundesrepublik Deutschland

A. GG - verfassungsrechtliche Aspekte der Embryonenforschung

Embryonenforschung kann nur innerhalb verfassungsrechtlicher Grenzen vorgenommen werden. Zu beachten sind hier insbesondere die Gewährleistungen in den Art. 1 Abs. 1 GG und Art. 2 Abs. 2 GG. Im Folgenden soll erläutert werden, inwiefern die verbrauchende Embryonenforschung die einzelnen Grundrechte tangiert.

I. Der Embryo in-vitro als Grundrechtsträger

Grundlegend für die Betrachtung ist folgende Frage, welche vorab zu klären ist: Stehen dem Embryo die nachfolgend zu prüfenden Grundrechte im Sinne eines subjektiven Rechts zu, d.h. besitzt er Grundrechtsfähigkeit, oder wird er mangels Grundrechtsträgereigenschaft „nur" durch die aus Art. 1 Abs. 1 bzw. Art. 2 Abs. 2 GG folgende objektive Schutzverpflichtung des Staates in seinem Recht auf Leben und Würde geschützt? Die Grundrechtsnormen enthalten nicht nur subjektive Abwehrrechte, sondern sie verkörpern zugleich eine objektive Wertordnung, die alle staatliche Gewalt bindet.
In beiden Urteilen zum Schwangerschaftsabbruch hat das Bundesverfassungsgericht (BVerfG) offengelassen, ob der nasciturus Grundrechtsfähigkeit besitzt oder ob er aufgrund der aus Art. 1 Abs. 1 GG folgenden objektiven Wertordnung, die alle staatliche Gewalt bindet, geschützt wird[83].
Im 1. Abtreibungsurteil brauchte nach Auffassung des Bundesverfassungsgerichts nicht entschieden werden „ob der nasciturus selbst Grundrechtsträger ist oder aber wegen mangelnder Rechts- und Grundrechtsfähigkeit ‚nur' von den objektiven Normen der Verfassung in seinem Recht auf Leben geschützt wird."[84]. Diese Zurückhaltung des Gerichts spiegelt das Bestreben wieder, seine Aussagen auf die fallrelevanten Aspekte zu konzentrieren. Da in dem Verfahren der abstrakten Normenkontrolle eine objektive Grundrechtsdimension auf „Schutz und Förderung" den Beurteilungsmaßstab für das Fünfte Gesetz zur Reform des Strafrechts abgab, kam es nicht auf subjektive Rechte an. Deren Existenz musste der Senat darum nicht feststellen[85].

Auch das zweite Abtreibungsurteil des BVerfG[86] beantwortet diese Frage nicht. Schon mit der Formulierung „in seinem Recht auf Leben" wird aber deutlich, dass das BVerfG implizit doch von einer Grundrechtsträgerschaft des Embryo ausgeht. Das BVerfG verdeutlicht diese Tendenz, indem es von einem „eigenen

---

83 BVerfGE 39, 1 (41); BVerfGE 88, 203 (252); s. auch BVerfGE 45, 376 (386).
84 BVerfGE 39, 1 (41).
85 *Höfling*, FN 4, S. 40 ff.
86 BVerfGE 88, 203 ff.

Lebensrecht“ des Ungeborenen spricht und weiter ausführt, dass „dieses Lebensrecht“ dem Ungeborenen „schon aufgrund seiner Existenz“ zustehe[87].

Nach anderer Ansicht folgt aus der Verfassungskonformität des Fristen- und Beratungsmodells sowie des zeitlich nicht begrenzten Indikationenmodells des Schwangerschaftsabbruchs, dass der Embryo nicht subjektiv-rechtlicher Träger des Grundrechts auf Menschenwürde und auch nicht des Lebensrechts ist, vielmehr allein dem objektiv-rechtlichen Schutz der Grundrechte unterliegt[88].
Es ist jedoch mit der herrschenden Literaturansicht festzustellen, dass das Recht der vorgeburtlichen Erscheinungsformen von Leben auf weiteres Leben und entsprechende würdevolle Behandlung (den Grundrechtscharakter des Art. 1 Abs. 1 GG unterstellt[89]) ein subjektives Recht gegen den Staat auf Unterlassung beeinträchtigender Maßnahmen verleiht[90]. Dies erfordern u.a. die Verletzlichkeit und das Schutzbedürfnis, der Schutzzweck der Art. 1 Abs. 1 GG und Art. 2 Abs. 2 GG und die spezifische Gefährdungslage, auch bzgl. denkbarer Eingriffe aufgrund Eugenik-Programmen.
Jedoch kann weiterhin festgestellt werden, dass die Relevanz dieser Frage für den Embryo in-vitro sehr begrenzt ist: Zum einen hat die Unterscheidung zwischen objektivem und subjektivem Rechtsschutz Relevanz für die Frage, ob bestimmte Rechtsregeln dazu dienen, Interessen einzelner Grundrechtsträger zu schützen, oder ob sie allein bestimmten objektiven Prinzipien zu dienen bestimmt sind. Nach Ansicht der *Verfasserin* ist hier in ersterem Sinne zu entscheiden. Eine davon getrennte Frage ist die nach der gerichtlichen Durchsetzbarkeit einer im subjektiven Interesse gewährten Rechtsposition. Diese Frage ist für den Embryo in-vitro selbst wenig bedeutsam, setzt zumindest treuhänderisch tätig werdende gesetzliche Vertreter voraus. Da nach hier vertretener Ansicht auch die inhaltliche Gewährleistung keine andere wäre, ist die Diskussion wenig ertragreich und reduziert sich letztlich auf eine Präferenz in der Terminologie[91].

II. Das Recht auf Leben, Art. 2 Abs. 2 GG

Durch die Forschung am Embryo in-vitro, mit der Folge seiner Zerstörung, könnte das Grundrecht auf Leben iSd. Art. 2 Abs. 2 GG, tangiert sein. Das

---

[87] BVerfGE 88, 203 (252).

[88] *Stefanie Schmahl*, Volenti non fit iniuria - Der Verzicht im Öffentlichen Recht, Manuskript Habilitation, Mai 2005, S. 137 f. , 140 f.

[89] Siehe ausführlich unten: Teil I, 4. Kap., A. III. 1. Grundrecht oder Grundprinzip, S. 56 ff.

[90] So auch: *Helmuth Schulze-Fielitz*, in: Dreier, Grundgesetzkommentar, Bd. 1, Art. 2, Abs. 2, Rdnr. 25; *Philip Kunig*, in v. Münch / Kunig (Hrsg.), Grundgesetzkommentar, Bd. 1, Art. 2, Abs.2, Rdnr. 47; *Christian Starck*, in: v. Mangoldt / Klein (Hrsg.), Das Bonner Grundgesetz, Bd. 1, Art. 2, Abs. 2, Rdnr. 204.

[91] Ausführlich hierzu: *Ute Sacksofsky*, Der verfassungsrechtliche Status des Embryos in-vitro, Gutachten für die Enquete-Kommission des Deutschen Bundestages „Recht und Ethik der modernen Medizin“, S. 17 f.

Grundrecht auf Leben schützt das körperliche Dasein des Menschen im Sinne seiner lebenden biologisch-physischen Existenz[92].

Der Embryo ist grundrechtsfähig, s.o. Fraglich ist, ob der Schutzbereich eröffnet ist, d.h. ob ungeborenes menschliches Leben dem Grundrecht auf Leben überhaupt unterfällt. Philosophisch kann über die Frage, wie gezeigt, trefflich gestritten werden. Auch aus juristischer Perspektive sind verschiedene Ansichten über den Beginn schützenswerten menschlichen Lebens vorstellbar.

1. Der Beginn des menschlichen Lebens

a. Historische Ansichten

In früheren Zeiten wurde das individuelle Lebendigsein erst bei fortgeschrittener Schwangerschaft wahrgenommen und angenommen, wobei man Beseelung und Belebung meist zusammen annahm. Bis ins 19. Jahrhundert galten Kindsbewegungen als Beginnpunkt des individuellen Lebendigseins. Die Leibesfrucht vor diesem Punkt wurde als Teil des mütterlichen Körpers angesehen. Während in älteren Traditionen auch im europäischen Raum der Beginn des schutzwürdigen Personseins teils nach der Geburt lag, tendierte das Christentum zu Beseelungspunkten mehr in der Nähe der Zeugung[93].
Das Allgemeine Preußische Landrecht für die Preußischen Staaten bestimmte 1794 in § 10 Abs. 1 S. 1 ALR : „Die allgemeinen Rechte der Menschheit gebühren auch den noch ungebornen Kindern, schon von der Zeit ihrer Empfängnis“.
In den Anmerkungen zum Feuerbachschen Strafgesetzbuch Bayerns aus dem Jahr 1813 findet sich der ebenso klare wie eindeutige Satz: „Das an Embryonen sowohl als an abgelebten Greisen und den Tod erwartenden Kranken oder des Todes schuldigen Verbrechern, desgleichen an allen Menschen ohne Unterschied der Nation, Religion, Standes und Alters das Verbrechen der Tötung begangen werden könne, ist mit dem Wort Mensch ausgesprochen.“[94].
Das österreichische Allgemeine Bürgerliche Gesetzbuch von 1811 gab selbst ungeborenen Kindern vom Zeitpunkt ihrer Empfängnis an einen Anspruch auf den Schutz der Gesetze, § 22 ABGB.

b. Gewährleistungen des BGB, StGB und ESchG

Der Lebensbeginn ist begrifflich in keinem Gesetz definiert[95]. Weder § 1 BGB noch § 218 Abs. 1 S. 2 StGB sagen etwas über den Beginn des Lebens aus. Die traditionelle Unterscheidung des Strafrechts ist hingegen eindeutig. Mit der Ein-

---

[92] *Udo Di Fabio,* in: Maunz/Dürig/Herzog/Scholz, Grundgesetz, Art. 2 Abs. 2 (Lfg. 43, Febr.2004), Rdnr. 98 f.; *Hans Jarass*, in: Jarass/Pieroth, Grundgesetz, Art. 2 Rdnr. 61.
[93] *Uwe Körner*, Die Menschenwürde des Embryos, Fortpflanzungsmedizin und menschlicher Lebensbeginn, S. 13.
[94] *Adolf Laufs*, Fortpflanzungsmedizin und Arztrecht, S. 43.
[95] *Hans Hofmann* in: Schmidt-Bleibtreu/Klein, Kommentar zum Grundgesetz, Art. 2, Rdnr. 61 f.

nistung im Uterus wird der Embryo zur Leibesfrucht und steht unter strafrechtlichem Schutz vor Schwangerschaftsabbruch. Mit der Geburt wird, gleichfalls unter Rechtsbegriffen betrachtet, die Leibesfrucht zum Menschen und Angriffe gegen die individuelle Existenz sind nun Tötungsdelikte. „Die Leibesfrucht wird nach der Systematik der das Leben schützenden Strafvorschriften Mensch im Sinne dieser Vorschriften erst mit Beginn der Geburt, wobei es aber rechtlich bedeutungslos ist, zu welchem Zeitpunkt die Schwangerschaft und wodurch die Geburt beginnt - ob spontan von Natur aus oder künstlich eingeleitet.“[96].
Dennoch ist der nasciturus nicht vollkommen rechtlos. Das Deliktsrecht, das Familienrecht und vor allem das Erbrecht enthalten zahlreiche Vorschriften, die, die Rechte des nasciturus sichern. Er erhält insofern eine dem geborenen Menschen vergleichbare Rechtsposition, z.B. durch §§ 844 Abs. 2 S.2, 1912 Abs. 1 und 2, 1918 Abs. 2, 1923 Abs. 2, 1963 Abs. 1, 2043 Abs. 1, 2101 Abs. 1, 2105 Abs. 2, 2106 Abs. 2, 2108 Abs. 1, 2178 BGB. Schon damit wird deutlich, das auch ungeborenes Leben zumindest in einigen Bereichen „vergleichbar“ dem geborenen Menschen geschützt werden soll, jedoch wird damit keine klare Aussage über den juristischen Lebensbeginn getroffen.
Auch das Embryonenschutzgesetz schützt etwa in seinem § 2 ESchG (Missbräuchliche Verwendung menschlicher Embryonen) und § 6 ESchG (Klonen) das menschliche Leben in seinen verschiedenen Stadien: Embryo, Fötus, Mensch und Verstorbener. Dabei wird nach § 8 ESchG (Begriffsbestimmung) der Embryo definiert als die „befruchtete, entwicklungsfähige menschliche Eizelle vom Zeitpunkt der Kernverschmelzung an, ferner jede einem Embryo entnommene totipotente Zelle, die sich [...] zu teilen und zu einem Individuum zu entwickeln vermag“. Dies gibt einen ersten Hinweis auf den schützenswerten „Lebensbeginn“.

c. Ansicht des BVerfG
Das BVerfG hat in seinen Urteilen zum Schwangerschaftsabbruch diese Frage nur ab der Nidation (Einnistung der konjugierten Eizelle, ca. 14 Tage nach der Kernverschmelzung) beantwortet. Es hat *jedenfalls* die Nidation als Zeitpunkt angesehen, in dem Leben im Sinne der geschichtlichen Existenz eines menschlichen Individuums besteht[97]. Seine Begründung macht aber deutlich, dass seiner Ansicht nach bereits ab der Verschmelzung von Ei- und Samenzelle menschliches Leben gegeben sei. Die Entscheidungsgründe formulieren das Prinzip des Grundrechtsschutzes ab Befruchtung der Eizelle so umfassend, dass es sachlich alle Embryonen erfasst[98]. Im Einzelnen hat das BVerfG folgende Feststellungen getroffen:

---

96 *Johannes Wessel / Volkmar Schneider / Martin Löffler*, Strafrechtliche Stellung des Ungeborenen, Perinatalmedizin 5, 1993, S. 49 ff.
97 BVerfGE 39, 1 (37 ff.).
98 Siehe dazu weiterführend: http://www.zeit.de/2001/25/Kultur/200125_replik_gen.html.

aa. BVerfGE 39, S. 1 ff.
In seinem *ersten Abtreibungsurteil* vom 25.02.1975 hat das Bundesverfassungsgericht festgestellt, dass Art. 2 Abs. 2 S. 1 GG auch das „sich im Mutterleib entwickelnde Leben als selbständiges Rechtsgut“[99] schützt. „‚Jeder‘ im Sinne des Art. 2 Abs. 2 Satz 1 GG ist ‚jeder Lebende‘, anders ausgedrückt: jedes Leben besitzende menschliche Individuum; ‚jeder‘ ist daher auch das noch ungeborene menschliche Wesen“[100]. Das Gericht führt weiter aus: „Leben im Sinne der geschichtlichen Existenz eines menschlichen Individuums besteht nach gesicherter biologisch-physiologischer Erkenntnis jedenfalls vom 14. Tage nach der Empfängnis (Nidation, Individuation) an. [...] Der damit begonnene Entwicklungsprozess ist ein kontinuierlicher Vorgang, der keine scharfen Einschnitte aufweist und eine genaue Abgrenzung der verschiedenen Entwicklungsstufen des menschlichen Lebens nicht zulässt. Er ist auch nicht mit der Geburt beendet; die für die menschliche Persönlichkeit spezifischen Bewusstseinsphänomene z.B. treten erst längere Zeit nach der Geburt auf. Deshalb kann der Schutz des Art. 2 Abs. 2 Satz 1 GG weder auf den ‚fertigen‘ Menschen nach der Geburt noch auf den selbständig lebensfähigen nasciturus beschränkt werden. Das Recht auf Leben wird jedem gewährleistet, der ‚lebt‘; zwischen einzelnen Abschnitten des sich entwickelnden Lebens vor der Geburt oder zwischen ungeborenem und geborenem Leben kann hier kein Unterschied gemacht werden.“[101].
Der Erste Senat hat diese Erstreckung der Auslegung des Lebensbegriffs zunächst mit der Entstehungsgeschichte begründet. Die „ausdrückliche Aufnahme des an sich selbstverständlichen Rechts auf Leben in das Grundgesetz“, womit der Grundgesetzgeber über die Weimarer Reichsverfassung hinausgegangen ist, sieht das Gericht „hauptsächlich als Reaktion auf die ‚Vernichtung lebensunwerten Lebens‘, auf ‚Endlösung‘ und ‚Liquidierung‘, die vom nationalsozialistischen Regime als staatliche Maßnahmen durchgeführt wurden“[102].
Ferner hat er sein Ergebnis teleologisch im Sinne einer Effektuierung des Grundrechtsschutzes begründet. „Sinn und Zweck dieser Grundgesetzbestimmung“ erforderten es, „den Lebensschutz auch auf das sich entwickelnde Leben auszudehnen. Die Sicherung der menschlichen Existenz gegenüber staatlichen Übergriffen wäre unvollständig, wenn sie nicht auch die Vorstufe des ‚fertigen Lebens‘, das ungeborene Leben, umfasste.“[103]

bb. BVerfGE 88, S. 203 ff.
Das erste Urteil wurde in seinen wesentlichen Aussagen durch eine *zweite Abtreibungsentscheidung* des Zweiten Senats vom 28.05.1993 zum zwischenzeitlich geänderten Abtreibungsrecht bestätigt. Das Gericht stellte bündig fest: „Das

[99] BVerfGE 39, 1 (36).
[100] BVerfGE 39, 1 (37).
[101] BVerfGE 39, 1 (37).
[102] BVerfGE 39, 1 (36); siehe auch BVerfGE 18, 112 (117).
[103] BVerfGE 39, 1 (37).

Grundgesetz verpflichtet den Staat, menschliches Leben zu schützen. Zum menschlichen Leben gehört auch das Ungeborene. Auch ihm gebührt der Schutz des Staates."[104].
Keiner Entscheidung bedurfte es in dem Verfahren jedoch über die Frage des exakten Beginns des grundrechtlichen Lebensschutzes, so dass der Senat es offen ließ „ob, wie es Erkenntnisse der medizinischen Anthropologie nahe legen, menschliches Leben bereits mit der Verschmelzung von Ei und Samenzelle entsteht" [105]. Geschützt sei zumindest der Zeitraum der Schwangerschaft, also der Zeitraum „vom Abschluss der Einnistung des befruchteten Eis in der Gebärmutter (Nidation) ... bis zum Beginn der Geburt"[106]. Und weiter: „Jedenfalls in der so bestimmten Zeit der Schwangerschaft handelt es sich bei dem Ungeborenen um individuelles, in seiner genetischen Identität und damit in seiner Einmaligkeit und Unverwechselbarkeit bereits festgelegtes, nicht mehr teilbares Leben, das im Prozess des Wachsens und Sich-Entfaltens sich nicht erst zum Menschen, sondern als Mensch entwickelt."[107].
Diese zweite Entscheidung betont ebenfalls, dass es nahe liege, dass menschliches Leben bereits mit der Verschmelzung von Ei und Samenzelle entstehe. Doch handelt es sich insoweit um ein obiter dictum, also um Ausführungen, die gemäß § 31 BVerfG keine Verbindlichkeit gegenüber anderen Verfassungsorganen, insbesondere dem Bundesgesetzgeber, beanspruchen können.

Im Ergebnis muss festgehalten werden, dass die Frage des Lebensschutzes des Embryo verfassungsrechtlich für die ersten 14 Tage nicht ausdrücklich entschieden ist.

d. Meinungen im Schrifttum

Der ganz überwiegende Teil der Literatur bejaht den Lebensschutz des ungeborenen Lebens[108]. *Böckenförde* ist beispielsweise der Ansicht, dass eine Anerkennung des Lebensschutzes für den Embryo in-vitro sich aus der Logik der Argumentation des Gerichts zwingend ableite: nach der konsequent weitergedachten Position des Bundesverfassungsgerichts sei auch der Embryo in-vitro Träger des Grundrechts auf Leben nach Art. 2 Abs. 1 S.1 GG[109].

---

[104] BVerfGE 88, 203 (251).
[105] BVerfGE 88, 203 (251).
[106] BVerfGE 88, 203 (251).
[107] BVerfGE 88, 203 (251 f.).
[108] Siehe etwa: *Dietrich Murswiek*, in: Sachs (Hrsg.), Grundgesetz, Art. 2 Rdnr. 143 ff.; *Jarass*, in: Jarass/Pieroth, FN 92, Art. 2 Rdnr. 64, *Dieter Lorenz*, Recht auf Leben und körperliche Unversehrtheit, in: Isensee / Kirchhof (Hrsg.), Handbuch des Staatsrechts, Bd. VI, Art. 2, Rdnr. / S. 532; *Klaus Stern*, Staatsrecht, Band III/1, S. 1057 f., *Starck*, in: v. Mangoldt / Klein, FN 90, Art. 2, Rdnr. 192 m.w.N; *Detlev Sternberg-Lieben*, Gentherapie und Strafrecht, JuS 1986, S. 677.
[109] *Ernst-Wolfgang Böckenförde*, Das Tor zur Selektion ist geöffnet, Süddeutsche Zeitung vom 16. Mai 2001, S. 11.

Für einen exakten Schutzbeginn bieten sich entsprechend der biologischen Entwicklung unzählige Abstufungen des Fortpflanzungsvorgangs schon vor der Fetalperiode an. So etwa das Eindringen der Samenzelle in die Eizelle (Gametenverschmelzung), die anschließende Verschmelzung der Vorkerne (Konjugation), das Zweizellen-, Vierzellen- oder Morulastadium, die Nidation, die Bildung von Primärzotten des Dottersacks, die Anlage des Zentralnervensystems, die Herausbildung des Primitivstreifens, der Beginn des Herzschlags, die Anlage des Rückenmarks oder die Entstehung von Ohren, Nase, Augen, der Wirbelsäule sowie der oberen und unteren Gliedmaßen[110].

Es existieren zahllose, sehr differenzierte Ansichten:
Die ganz herrschende Meinung lässt den Beginn des Lebens aufgrund der Kontinuität der biologischen Entwicklung mit der Befruchtung, d.h. teilweise wohl schon mit der Gametenverschmelzung[111], einsetzen.

Langmann und *Koechlin Büttiker* sind der Auffassung, dass bei exakter Betrachtung erst der sich der Gametenverschmelzung geringfügig später anschließende Abschnitt der Befruchtung -nämlich die Konjugation- als einzige qualitative Zäsur, mit welcher eine kontinuierliche Entwicklung in Gang gesetzt wird, angesehen werden kann. Der Verschmelzung der Vorkerne geht ein 12 bis 24 Stunden dauerndes präkonzeptives Vorkernstadium voraus. Die Samenzelle ist zwar in die Eizelle eingedrungen (Gametenverschmelzung), es bestehen aber noch getrennte mütterliche und väterliche Vorkerne. In diesem Stadium sei naturwissenschaftlich noch nicht von der Existenz menschlichen Lebens auszugehen, denn die Vorkernmembranen lösen sich erst bei der sog. Konjugation auf. Als Konjugation wird die Verschmelzung der Keimzellkerne mit nachfolgender Neukombination der Gene bezeichnet. Erst in diesem Zeitpunkt sei das genetische Programm für cin neues menschliches Leben naturwissenschaftlich eindeutig definiert[112]. Diese Unterscheidung wird oft in der Literatur gar nicht mehr getroffen, vielmehr unter dem Begriff „Befruchtung“ zusammengefasst[113]. Dieser Ansicht ist auch die *Enquetekommission*, welche dem Embryo ab der Kern-

---

110 *Brohm*, FN 81, S. 200; *Koechlin Büttiker*, FN 19, S. 47.

111 Siehe zum Lebensschutz ab Verschmelzung von Ei- und Samenzelle (jedoch nicht immer exakt zwischen den sehr eng zusammenliegenden Zeitpunkten der Gameten- und Kernverschmelzung bei der Befruchtung unterscheidend, sondern allgemein vom Zeitpunkt der Befruchtung ausgehend): *Schulze–Fielitz*, in: Dreier, FN 90, Art. 2 Abs. 2, Rdnr. 28 unter Darstellung der Alternativen, sowie Rdnr.29 (Verschmelzung von Ei- und Samenzelle zur Zygote); *Hofmann*, in: Schmidt-Bleibtreu/Klein FN 95, Art. 1, Rdnr.11; ; *Murswiek*, in: Sachs, FN 108 , Art. 2 Rdnr. 145, *Kunig*, in: v. Münch/Kunig, FN 90, Art. 2, Rdnr 49; *Jarass*, in: Jarass/Pieroth, FN 92, Art. 2 Rdnr. 64, *Werner Corell*, in: Wassermann, AK-GG, Art. 2, Rdnr. 36, *Lorenz*, in Isensee/Kirchhoff, FN 108, Art. 2, Rdnr.10, *Stern*, FN 108, S. 1057 f. und 1061 f., *Eckart Klein*, Der entschlüsselte Mensch, Bitburger Gespräche, Jahrbuch 2002/II, S. 93.

112 *Jan Langmann*, Medizinische Embryologie, S. 25; siehe auch: *Koechlin Büttiker* , FN 19, S. 47.

113 Siehe oben, FN 111.

verschmelzung, und somit auch dem Embryo in-vitro als menschliches Leben in seiner frühesten Form, Grundrechtsschutz zukommen lässt[114].

Eine vermittelnde Ansicht vertritt *Hofmann*. Er folgert aus den Entscheidungen des BVerfG, dass „vom Zeitpunkt der Konjugation an, ein menschliches Wesen unter den seiner Entwicklung entsprechenden verfassungsrechtlichen Schutz zu stellen ist, der im Laufe der weiteren Entwicklung bis zum Vollschutz für den voll entwickelten Menschen erstarkt". Der grundrechtliche Basisschutz, wie er zumindest und maßgeblich in den Art. 1 Abs. 1 und Art. 2 Abs. 2 S.1 GG geboten wird, stehe diesem menschlichen Wesen also vom Zeitpunkt der Nidation an zu. Dabei sei es gleichgültig, ob der Embryo in-vivo oder in-vitro er- bzw. gezeugt worden sei. Eine Ungleichbehandlung, die auf die Methode oder Art der Erzeugung abstellte, würde eine dem Gleichheitssatz des Art. 3 S. 1 GG widersprechende Diskriminierung darstellen[115].

Schirmer und *Sass* verknüpfen die Frage nach dem Beginn des menschlichen Lebens mit dem Beginn der Hirnaktivität, in Parallele zur modernen Todesdefinition[116]. Diese Lehre setzt jedoch grundverschiedene Sachen gleich. Der Hirntod bezeichnet als normatives Datum den unumkehrbaren Ausfall des Gesamthirns, eine Grenze, jenseits derer dem Arzt weder das Recht noch die Pflicht zukommt, den sterbenden Menschen weiter zu behandeln. Der eigene, würdige Tod ist jedoch gänzlich anders zu betrachten als ein junges, menschliches Leben, bei welchem den Arzt die berufliche Pflicht trifft, das keimende, menschliche Leben von Beginn an zu schützen und zu achten, dessen Zukunft zu wahren[117].

Andere sehen den Hirnlebensbeginn[118] als entscheidenden Zeitpunkt an. Jedoch hat dieses Konzept schon bei der Bestimmung des objektiven Sachverhalts Schwachpunkte. So ist auch der Hirnlebensbeginn verschieden definierbar, also nicht ein unverrückbarer Anfangspunkt, wie biomedizinisch der Hirntod ver-

---

[114] Enquete-Kommission des Deutschen Bundestages, FN 24, S. 5.

[115] *Hofmann*, in: Schmidt-Bleibtreu/Klein, FN 95, Art. 1, Rdnr.11.

[116] *Günter Schirmer*, Status und Schutz des frühen Embryos bei der „In-vitro" - Fertilisation, S. 180 ff.; s.a. *Hans-Martin Sass*, Hirntod und Hirnleben, in: Sass, (Hrsg.), Medizin und Ethik, S. 160 ff.; *ders*, Hirntod und Hirnleben, Die Zeit vom 30. November 1990, S. 95: „Hirnleben beginnt mit der neuronalen Synapsenbildung, der Vernetzung der Nervenzellen, welche erst am siebzigsten Tag die Funktionsfähigkeit des Gehirns ermögliche, welche wiederum das Korrelat zum personalen Leben des menschlichen Individuums darstelle. Erst die zentrale, neuronale Steuerung, Schmerzempfindung und Kommunikation, Bewusstsein und Selbstbewusstsein machen den Menschen aus. Vom siebzigsten Tage nach der Empfängnis seien dem „werdenden menschlichen Leben" voller rechtlicher Schutz, ungeteilte ethische Solidarität und Achtung bedingungslos entgegenzubringen.".

[117] *Laufs*, FN 94, S. 45.

[118] Welcher am 57. Embryonaltag beginnt, so: *Sass*, FN 116, S. 160 f.

gleichbar unverrückbar am Ende des Individuallebens steht. Auch sind ganz unterschiedliche Wertgefüge angesprochen. Einige Autoren stellen dabei auf das Stadium ab, in dem das heranreifende Kind eine erkennbare Beziehung zur Mutter entwickelt, andere verlegen den Zeitpunkt bis hin zur eigentlichen Geburt[119].

Diesen zahllosen Differenzierungen stehen darüber hinaus grundsätzliche Bedenken gegenüber:

Ipsen äußert hinsichtlich des Embryo in-vitro insofern Bedenken, als die Implantation Voraussetzung für die Entwicklung zu einem menschlichen Fötus ist. Mit der gleichen naturwissenschaftlichen Plausibilität, die, die herrschende Meinung für den Beginn der Kernverschmelzung für sich in Anspruch nimmt, könnte deshalb der Beginn des Lebens bei der In-vitro-Fertilisation mit der Implantation des Embryos anzunehmen sein[120].

Der Rechtsphilosoph *Hoerster* ist der Ansicht, dass der Leibesfrucht mangels Personalität mit den Elementen Verstand und Ichbewusstsein kein Lebensrecht zukomme, s.o. Denn nur ein Lebewesen mit Verstand und Ich-Bewusstsein sei fähig, auf die eigene Zukunft bezogene Wünsche und Interessen zu besitzen. Nur einem solchen Wesen werde durch seine Tötung etwas genommen, das es seinerseits überhaupt erstrebt. Und nur einem solchen Lebewesen werde dementsprechend durch die Einräumung eines Lebensrechts ein Dienst erwiesen. Die Personalität sei jene empirische Eigenschaft, durch die sich menschliche Wesen von nicht-menschlichen typischerweise unterschieden[121].

e. Regelungen anderer Staaten

In vielen Staaten wurden Vorschriften erlassen, die davon ausgehen, dass der menschliche Embryo erst im Verlaufe seiner Entwicklung einen schützenswerten Status erwirbt. Ein solcher Ansatz begünstigt die Forschung an Embryonen in den Frühphasen ihrer Entwicklung. In einigen Staaten, so z.B. in *Finnland, Griechenland, Schweden, Spanien und Großbritannien*, gilt eine Frist von vierzehn Tagen, innerhalb derer die Embryonenforschung zulässig ist. Diese zeitliche Grenze markiert den Punkt, an dem sich der Primitivstreifen im embryonalen Organismus bildet. In *Israel* sind es religiöse Gründe, die dazu führen, dass der Lebensbeginn erst mit dem 35./40. Tag angesetzt wird. In den *USA* spielt vor allem die extrakorporale Überlebensfähigkeit, die etwa mit dem 5./6. Monat anzusetzen ist, eine wichtige Rolle[122]. Als Grund wird hier der - auch mit

---

[119] *Klaus Meyer-Abich*, Die gesellschaftliche Menschenwürde des Embryos in der Naturgeschichte, ZRP 2002, S. 219, so auch: Traditionell im Judentum und der japanischen Tradition.

[120] *Jörn Ipsen*, Der „verfassungsrechtliche Status" des Embryo in vitro, JZ 2001, S. 994.

[121] *Norbert Hoerster*, Forum: Abtreibungsverbot - Religiöse Voraussetzungen und rechtspolitische Konsequenzen, JuS 1991, S. 191.

[122] St. Rspr. des U.S. Supreme Court seit Roe v. Wade, 410 U.S.1.

Blick auf religiöse Einstellungen dominante - Freiheitsgedanke genannt, der zur Zurückhaltung und damit zur Wahl eines vergleichsweise späten Zeitpunktes bei der Definition des Lebensrechts führt[123]. Unabhängig davon ist zu beachten, dass es in etlichen Einzelstaaten der USA durchaus ein Verbot der embryonenverbrauchenden Forschung gibt.

f. Schlussfolgerungen

Der grundsätzlichen Ansicht der Literatur, dass bereits mit der Kernverschmelzung von Ei- und Samenzelle der damit vorliegenden Form menschlichen Lebens der volle Schutz des Grundrechts auf Leben zukommt, ist zuzustimmen. Zwar hat das BVerfG den unterschiedlich ausgeprägten Schutz von ungeborenem Leben offen bestätigt, und gerade die 1. Entscheidung lässt eine gewisse Unsicherheit hinsichtlich der ersten 14 Tage erkennen, deutet aber doch eine umfassende Schutzpflicht des Staates für das werdende menschliche Leben an.
Die Aussage des BVerfG : „Der Gesetzgeber ist grundsätzlich nicht verpflichtet, die gleichen Maßnahmen strafrechtlicher Art zum Schutz des ungeborenen Lebens zu ergreifen, wie er sie zur Sicherung des geborenen Lebens für zweckdienlich und geboten hält.[124]" ist grundsätzlich nicht dazu geeignet, dem Embryo in-vitro das Lebensrecht abzuerkennen. Eine abgestufte Schutzwürdigkeit des Embryo aus diesen strafrechtlichen Gewährungen zu erkennen[125], widerspräche dem Schutzzweck des Grundgesetzes und der Intention des Gesetzgebers, menschliches Leben vollumfänglich von Anfang an zu schützen.
Auch die Auffassung, dass ein menschliches Lebewesen erst nach Vollendung der Geburt oder gar erst zu einem noch späteren Zeitpunkt nach dem Erwerb bestimmter Eigenschaften den Status einer Person und die damit verbundenen spezifischen Schutzansprüche des Grundgesetzes erwerbe, ist verfassungsrechtlich nicht begründbar und kann daher keine Entscheidungsoption für den Gesetzgeber sein[126].
Der vom Gesetzgeber verfolgte frühestmögliche Zeitpunkt des vollumfänglichen Schutzes menschlichen Lebens ist mithin der Zeitpunkt der Befruchtung, genauer die Kernverschmelzung. Für eine solche Sichtweise spricht zudem, das mit der Vereinigung beider Chromosomensätze die genetische Identität und damit die Einmaligkeit und Unverwechselbarkeit des Menschen festgelegt sind. Hierbei macht es keinen Unterschied ob der Embryo in-vitro oder in-vivo erzeugt wird[127], eine Ungleichbehandlung aufgrund der Methode der Erzeugung

[123] *Claus Dieter Classen*, Die Forschung mit embryonalen Stammzellen im Spiegel der Grundrechte, DVBl 2002, S. 145.
[124] BVerfGE, 39, 1 (45).
[125] So aber: *Horst Dreier*, Stufungen des vorgeburtlichen Lebensschutzes, ZRP 2002, S. 378 f.
[126] Enquete-Kommission des Deutschen Bundestages, FN 24, S. 5.
[127] *Bernd Holznagel*, Fachgruppe „Rechtswissenschaften" zur Forschung an embryonalen Stammzellen, Forschungsstelle Bioethik, Westfälische Wilhelm-Universität Münster, 27.08.2002, S. 2.

verstieße gegen Art. 3 Abs.1 GG. Denn auch jeder in vivo erzeugte Embryo hat nur dieselbe abstrakte Möglichkeit des Weiterlebens. Jedes Lebewesen ist von Entwicklungsbedingungen abhängig. Auch der normal erzeugte Embryo, das Kleinkind bedarf, um weiterzuleben äußerer Hilfen, die nicht „von Natur“ gegeben sind. Die Bedingungen seines bloßen Überlebens sind nicht ohne ständiges Zutun erwachsener Menschen gegeben. Er ist insofern ebenso abhängig von seiner Umwelt.

2. Ergebnis

Der Schutzbereich des Art. 2 Abs. 2 GG ist folglich ab der Kernverschmelzung, dem verfassungsrechtlich relevanten Lebensbeginn auch für den in-vitro gezeugten Embryo, eröffnet[128].

III. Die Menschenwürde - Art. 1 Abs. 1 GG

Zu beachten ist ferner die Menschenwürde iSd. Art. 1 Abs. 1 GG.
Um einen wirksamen Schutz für den Embryo in-vitro zu gewährleisten, muss es sich hierbei zunächst um ein Grundrecht, und nicht um ein bloßes Grundprinzip handeln (1.). Darüber hinaus ist fraglich, welchen Schutzgehalt die Menschenwürde hat (2.) und ob bzw. ab wann dieser überhaupt einem Embryo (3.a.), sowie dem Embryo in-vitro insbesondere (3.b.), zustehen kann.

1. Grundrecht oder Grundprinzip

Bis in die jüngste Zeit werden mit beachtlichen Argumenten Zweifel an der Grundrechtsqualität der Menschenwürde erhoben. Handelte es sich bei der Menschenwürde um ein Verfassungsprinzip, so wäre zwar alle Staatsgewalt hieran gebunden (Art. 20 Abs. 3 GG) mit der Folge, dass die Verletzung dieses Prinzips der Nachprüfung des BVerfG in den hierfür bestimmten Verfahren (abstrakte und konkrete Normenkontrolle) zugänglich, jedoch keine Rüge des Einzelnen im Rahmen einer Verfassungsbeschwerde möglich wäre[129].
Der Verfassungstext lässt die subjektiv-rechtliche Natur der Menschenwürdegarantie grundsätzlich in der Schwebe; eine eindeutige Aussage ist ihm nicht zu entnehmen. Einerseits spricht Art. 1 Abs.3 GG von den „nachfolgenden Grundrechten“; andererseits stehen Achtung und Schutz der Menschenwürde an der Spitze des ersten Abschnitts „Die Grundrechte“. Wenn es aber nach Art. 1 Abs. 1 S. 2 GG Verpflichtung aller staatlicher Gewalt ist, die Menschenwürde „zu achten und zu schützen“, so kommt hierin mit einer für Grundrechtstexte seltenen sprachlichen Eindeutigkeit zum Ausdruck, dass ein Abwehranspruch gegen Beeinträchtigungen der Menschenwürde durch staatliche Gewalt und ein Leis-

---

[128] Zu den sich daraus ergebenden Schlussfolgerungen hinsichtlich des Status des Embryo und zur Frage des Verletzung dieses Grundrechtes durch Eingriffe bzw. Wechselwirkung mit anderen Grundrechten, siehe Teil II, 1. Kap., A. Wechselwirkung mit anderen Grundrechten, S. 165 ff.

[129] *Ipsen*, FN 120, S. 990.

tungsanspruch auf Schutz gegen Beeinträchtigungen der Menschenwürde durch Dritte begründet wird[130].

Das Bundesverfassungsgericht[131] und die überwiegende Lehre[132] bejahen den Grundrechtscharakter der Menschenwürdegarantie. Das Bundesverfassungsgericht hat diese Position zwar nie begründet, aus der Rechtsprechungspraxis kann aber geschlossen werden, dass die Grundrechtsqualität des Art. 1 Abs. 1 GG vorausgesetzt wird. So ist die Verletzung der Menschenwürde in mehreren Verfassungsbeschwerden, die das BVerfG als zulässig angesehen hat, gerügt worden[133].

Die zentrale Stellung der Menschenwürde in der grundrechtlichen Wertordnung und ihr Verständnis als objektive Basis für ein grundrechtliches Wert- und Anspruchssystem stehen der Deutung auch als subjektives Recht nicht zwingend entgegen[134]. Auch wenn bei der Verletzungen der Menschenwürde regelmäßig auch andere Grundrechte verletzt sein dürften, enthält Art. 1 Abs. 1 GG doch einen die übrigen Grundrechte überschießenden Gehalt[135].

Entscheidend muss letztlich die Erwägung sein, dass dem vielberufenen „tragenden Konstitutionsprinzip“[136], dem „archimedischen Punkt des Verfassungsstaates“[137], dem „höchsten Rechtswert der Verfassung“[138] auch optimale Möglichkeiten seiner prozessualen Durchsetzung entsprechen müssen. Es wäre ein schwer begreiflicher Widerspruch, wenn die Menschenwürde stets bekenntnishaft berufen würde, sich aber niemand auf sie berufen könnte, weil ihr der Grundrechtscharakter fehlt[139].

Für die folgenden Überlegungen ist deshalb vom Grundrechtscharakter der Menschenwürde und ihrer Qualität als subjektives öffentliches Recht auszugehen.

2. Der Begriff der Menschenwürde

Das heute dominierende Verständnis von Art. 1 Abs. 1 GG füllt den Begriff der Menschenwürde von der Verletzung her mit Inhalt. Als weithin bestimmend wirkt dabei die sog. „Objektformel“, welche in *Kants* Sittenlehre gründet. In der Prägung durch *Dürig* ist die Objektformel zum vorherrschenden Deutungsmus-

---

[130] *Ipsen*, Staatsrecht II, Rdnr. 219 ff.

[131] BVerfGE 1, 332 (343); BVerfGE 12, 113 (123); BVerfGE 15, 283 (286).

[132] *Starck*, in: v. Mangoldt / Klein , FN 90, Art. 1 Abs. 1 , Rdnr. 28., a. A. Dürig, in Maunz - Dürig, Art. 1 Abs.1 Rdnr. 4 ff., *Dreier*, in Dreier, FN 90, Art. 1, Abs. 1 Rdnr. 124 ff.

[133] Vgl. u.a.: BVerfGE 49, 286 ff. (Transsexuelle), BVerfGE 50, 256 ff. (Friedhofs- und Urnenzwang), BVerfGE 72, 105 ff. (Lebenslange Freiheitsstrafe).

[134] *Matthias Herdegen*, in: Maunz - Dürig, FN 92, Art. 1 Abs. 1 (Lfg. 44, Febr. 05), Rdnr. 26.

[135] *Ipsen*, FN 120, S. 990.

[136] BVerfGE 6, 32 (36); BVerfGE 45, 187 (227).

[137] *Höfling*, in: Sachs, FN 108, Art. 1 Rdnr. 43., unter Zitierung *Görg Haverkate*, Verfassungslehre, S. 142.

[138] *Haverkate*, FN 137, S. 142.

[139] *Ipsen*, FN 120, S. 991.

ter geworden. „Die Menschenwürde ist getroffen, wenn der konkrete Mensch zum Objekt, zu einem bloßen Mittel, zur vertretbaren Größe herabgewürdigt wird.“[140]. Positive Beschreibungen des Würdebegriffs reichen nicht über die Auflistung einzelner Dimensionen des Würdeanspruchs hinaus, wie beispielsweise der Schutz eines engeren Bereichs der persönlichen Selbstbestimmung, die Gewährleistung seelischer und körperlicher Integrität und der soziale Geltungsanspruch des Einzelnen sowie der Schutz vor Willkür[141]. Andererseits: *Heuß* bezeichnet die Menschenwürde als eine „nichtinterpretierbare These“[142]. *Forsthoff* sieht Art. 1 Abs. 1 GG als „nicht allgemeinempirischen Begriff“, welcher sich einer Subsumtion entziehe[143].
Der subjektiv-rechtlichen Schutzrichtung von Art. 1 Abs. 1 GG korrespondiert ein objektiv-rechtlicher Wertgehalt im Sinne einer Verpflichtung aller staatlichen Gewalt auf Achtung, Verteidigung und Bewahrung der menschlichen Würde durch den Staat[144]. Noch weitergehend spricht ein Teil des Schrifttums der Menschenwürde einen eigenständigen objektiven Gehalt insofern zu, als sie dem Schutz der menschlichen Gattung und der Bewahrung eines bestimmten Menschenbildes dienen soll[145].

Aufgrund der Drittwirkung der Grundrechte haben diese auch eine private Dimension, binden also auch den Bürger mittelbar. Im Ergebnis richtet sich zwar das Gebot, die Menschenwürde aktiv zu schützen in erster Linie an die staatliche Gewalt, das Gebot sie zu achten, d.h. nicht zu verletzen, trifft jedoch jedermann[146].

3. Der Embryo als Schutzgut des Rechts auf Menschenwürde

Zu klären ist zunächst, ob und ab wann dem ungeborenen Embryo Menschenwürde zukommt. Hierbei ist - im Unterschied zur Betrachtung des Art. 2 Abs. 2 GG - nach verbreiteter Ansicht zwischen dem Embryo in-vivo und in-vitro zu unterscheiden.

a. Ab wann ist der Embryo schützenswert - der Beginn des „Menschseins“

Eine rechtliche Festlegung des „Menschseins“ gibt es nicht. Im Gegensatz zu Art. 2 GG, welcher denklogisch an den Lebensbeginn menschlichen Lebens ankoppelt, knüpft Art. 1 GG an die Zugehörigkeit zur Gattung „Mensch“. Art. 1 Abs. 1 GG spricht nicht von der Würde des menschlichen Lebens, sondern von

---

[140] *Herdegen,* in: Maunz - Dürig, FN 92, Art. 1, Abs. 1 (Lfg. 44, Febr. 05), Rdnr. 33.
[141] *Herdegen,* in: Maunz - Dürig, FN 92, Art. 1, Abs. 1 (Lfg. 44, Febr. 05), Rdnr. 31 m. w. N.
[142] *Herdegen,* in: Maunz - Dürig, FN 92, Art. 1, Abs. 1 (Lfg. 44, Febr. 05), Rdnr. 30 unter Zitierung *Heuss*, JöR n.F. 1, 1951, S. 49.
[143] *Ernst Forsthoff*, Der Staat 8 (1969), S. 523 f.
[144] *Herdegen*, in: Maunz-Dürig, FN 92, Art. 1, Abs. 1 (Lfg. 44, Febr.05), Rdnr. 27.
[145] *Höfling*, in: Sachs, FN 108, Art. 1 Rdnr. 42.
[146] *Jarass*, in: Jarass / Pieroth, FN 92, Art. 1, Rdnr. 11.

der Würde „des Menschen". Insofern ist die Betrachtung zwar mit der Problematik des Lebensbeginns eng verbunden (siehe S. 33 ff.), jedoch nicht identisch. Sie wird in Nuancen anders geführt, ist insofern zu „entkoppeln"[147] und soll deshalb auch differenziert dargestellt werden. Zwar hat das Bundesverfassungsgericht die Formel geprägt: „Wo menschliches Leben existiert, kommt ihm Menschenwürde zu."[148]. Analytisch leistet diese Formel aber wenig für die Bestimmung des Würdeschutzes im Zuge der frühen menschlichen Entwicklung[149], da, wie zu zeigen sein wird, der Lebensbeginn iSd. Art. 2 GG und „das Menschsein" iSd. Art. 1 GG unterscheidbare Positionen darstellen. Der pränatale Würdeschutz ist somit scharf vom Beginn des rein biologisch basierten grundrechtlichen Lebensschutzes iSd. Art. 2 GG zu trennen.

Zu klären ist insofern, ab wann das menschliche Leben „Menschseins" iSd. des Art. 1 Abs. 1 GG ist. Bei der Betrachtung des Embryo in-vivo reicht das Meinungsbild von der strengen Negierung einer eigenen Würdehaftigkeit vorgeburtlichen Lebens über einen gestuften, entwicklungsabhängigen Würdeschutz im pränidativen Stadium, bis hin zu einem abwägungsfreien Würdeanspruch aller Formen menschlichen Lebens. Es existieren im Wesentlichen zwei Diskussionskonzepte: das Wertkonzept und das Leistungskonzept.

aa. Wertkonzeption

Das „Wertkonzept" geht davon aus, dass die Würde dem Menschen kraft seines Menschsein gegeben ist, die als Kern aufgrund der menschlichen Natur existiert. Es setzt die „Menschwerdung" iSd. Art. 1 GG letztlich doch mit dem Zeitpunkt des Lebensbeginns gleich. Mit dem Abschluss der Befruchtung liege ein menschliches Lebewesen vor, dass ebenso wie ein geborener Mensch den unantastbaren Schutz der Menschenwürde genießt. Aus der Sicht der Naturwissenschaft beginnt mit der Vereinigung der mütterlichen Chromosomen der Eizelle und der väterlichen Chromosomen der Samenzelle die Entwicklung eines neuen menschlichen Individuums. Ein Mensch wird nicht Mensch sondern er ist es, in jeder Phase seiner Entwicklung[150]. Der menschliche Keim ist keine Bildung, zu der nachträglich als Akzidens das Menschsein hinzukäme. Zum Wesen des Menschen gehören Veränderung, Wandel und Wandlungsfähigkeit. Das Leben des Menschen ist „von der Zeugung an ein unaufhörlicher Strom des Stoffwechsels, des Wachstums, der Gestaltung, und der sinnvollen Funktion, das heißt nach eigenen Gesetzen Ausdruck eigengeprägter Individualität in einem nie mehr abreißenden Kontinuum von der Zeugung bis zum Tode"[151].

---

[147] Dreier, in: *Dreier*, FN 90, Art. 1 Abs. 1, Rdnr. 67 m.w.N.

[148] BVerfGE 39, 1 (37), BVerfGE 88, 203 (252); w.N.: *Brohm*, FN 81, S. 200.

[149] *Herdegen*, in: Maunz - Dürig, FN 92, Art. 1, Abs. 1 (Lfg. 44, Febr. 2005), Rdnr. 57.

[150] *Erich Blechschmidt*, Wie beginnt das menschliche Leben, S.57; s.a. *Laufs*, FN 94, S. 44.

[151] *Franz Büchner*, Der Mensch in der Sicht der modernen Medizin, S. 74; sowie grundsätzliche Auffassung des Christentums.

Die Verfechter dieser Auffassung sind somit der Ansicht, dass der menschliche Embryo dem erwachsenen Menschen moralisch gleich gestellt ist. Eine umfassende Menschenwürde sei ab dem Zeitpunkt der Befruchtung, bzw. entsprechend dem ESchG ab Verschmelzung von Ei- und Samenzelle, zum Zwecke des Ausschaltens von Manipulationsmöglichkeiten erforderlich. Bei den parlamentarischen Beratungen zum ESchG führte ein Angeordneter des Deutschen Bundestages aus: „Wir haben unsere Verfassung mit den Art. 1 und 2 GG geschaffen, um den Staat für alle Zukunft zum Schutz der Menschenwürde zu zwingen. Um jegliche Manipulationsmöglichkeit auszuschalten, muss der Schutz vom Anfang bis zum Ende des Lebens reichen. Dieser Schutz beginnt im Augenblick der Entstehung menschlichen Lebens, d.h. im Augenblick der Verschmelzung der Kerne von Eizelle und Samenzelle. [...] Es gibt weder naturwissenschaftlich noch rechtlich noch religiös eine andere Lösungsmöglichkeit, wenn wir die Herstellung von Embryonen z.B. zu Forschungszwecken unterbinden wollen“[152]. Auch nach *Lejeune* deckt gerade die extrakorporale Befruchtung auf, „dass das menschliche Sein bei der Befruchtung beginnt“[153].

bb. Leistungskonzeption

Im vollkommenen Gegensatz dazu steht die Ansicht, dass der menschliche Embryo kaum mehr als ein Gebrauchsgegenstand ist, der jedem beliebigen wissenschaftlichen Verfahren unterzogen werden kann. Dieses sog. „Leistungskonzept“, sieht die Würde als etwas an, das kraft eines funktional bestimmten Menschenbildes verliehen wird[154]. Beim pränidativen Stadium handele es sich um eine Frühphase embryonalen Lebens, in der sich aus der befruchteten Eizelle in wenigen Tagen die Morula und sodann die Blastozyste entwickelt. Diesem Zellverband fehle es nicht nur an Ich-Bewusstsein oder Autonomie, sondern mangels Ausbildung eines Nervensystems oder gar eines Gehirns an jeglicher Empfindungs-, insbesondere an Schmerzempfindungsfähigkeit. Zudem ist in diesem frühen Entwicklungsstadium bis zur Ausbildung des sog. Primitivstreifens ca. 14 Tage nach Befruchtung noch Mehrlingsbildung möglich. Es handele sich darum hier, nach Ansicht *Dreiers,* um artspezifisches, jedoch nicht um individuiertes menschliches Leben, um human life, nicht um human being. Die Menschenwürde sei aber ein Recht des Einzelnen, individualbezogen[155].

Andere sehen die Herausbildung von Selbstbewusstsein als entscheidenden Schritt für den vollen Menschenwürdeschutz an[156].

---

[152] *Heinz Seesing,* Deutscher Bundestag, Plenarprotokoll 11/230, Stenographischer Bericht, 230. Sitzung, 24.10.1990, 18208.

[153] *Jérome Lejeune*, Genethik, Ethik und Manipulation, in: Schriftenreihe der Juristen-Vereinigung Lebensrecht e.V. zu Köln, Nr. 3, S. 16.

[154] *Clemens Breuer*, Mensch von Anfang an, S. 4.

[155] Dreier, in *Dreier*, FN 90, Art. 1 Abs. 1 Rdnr. 83.

[156] Wie auch schon bei der ethischen Betrachtung und beim Lebensbeginn, siehe anstelle vieler: *Singer*, FN 83, S. 36 ff.

Um den Beginn des Menschseins zu erfassen, wird demnach versucht, einen deskriptiven Katalog seiner Eigenschaften und Fähigkeiten aufzustellen. Jedoch ist bei einer solchen inhaltlichen Definition festzustellen, dass man von einer bestimmten Entfaltung vieler „normalerweise" beim Menschen anzutreffender Eigenschaften absehen muss, um nicht Neugeborene, Kleinkinder, geistig Kranke und senile ältere Menschen von der Definition auszuschließen. Stellt man hingegen auf potentielle Fähigkeiten ab, dann ist das kurz vor der Entbindung stehende neugeborene Kind, der Fötus und auch der Embryo als Mensch anzusehen[157]. Folglich wäre es willkürlich, irgendeine organische oder geistige Entwicklungsphase zum Kriterium des Menschseins zu machen.
Dreier ist jedoch insofern beizupflichten, als sich die Menschenwürde von ihrer ideengeschichtlichen Herkunft wie ihrer verfassungsgeschichtlichen Genese her auf geborene Personen bezieht[158]. Die historische Betrachtung zeigt, dass es ursprünglich um Probleme der Folter, Stigmatisierung und Demütigung ging. An das ungeborene oder gar pränidative Leben war nicht gedacht[159]. Allerdings konnte der Gesetzgeber im Jahr 1950 die einsetzende biotechnologische Entwicklung und den darauf bezogenen Regelungsbedarf in keiner Form vorhersehen.
Zu bedenken ist weiterhin, dass die materialistische Sichtweise des Leistungskonzepts, welche das frühe Stadium der menschlichen Entwicklung als „Zellhaufen" oder „komplexe organische Verbindung" sieht - mit der Folge der Rechtlosigkeit des Embryo - in konsequenter Weiterentwicklung dieser Ansicht zu dem Ergebnis kommen müsste, dass auch der erwachsene Mensch, als Ansammlung von Stoffen, Molekülen, Atomen und Zellen rechtlos wäre[160].

cc. Vermittelnde Ansichten

Natürlich gibt es viele Ansichten zwischen diesen extremen Standpunkten. Die Antworten reichen, ähnlich wie bei der Frage des Lebensbeginns, vom Zeitpunkt der Befruchtung über den Anfang der Individuation bzw. der Einnistung in den weiblichen Uterus[161].
Eine andere interessante Möglichkeit, nämlich einen abwägungsoffenen Menschenwürdeschutz, vertritt beispielsweise *Djie*. Ebenso wie sich die Menschenwürde nach dem Tod als immer „abwägungsoffener" erweist[162], soll sie im Sinne einer *„Spiegeltheorie"* bis hin zur Geburt immer „abwägungsresistenter" werden, absoluten Vorrang vor allen anderen Rechtspositionen mithin nur in der

---

[157] *Beckmann*, FN 10, S. 83.
[158] *Hans-Georg Dederer*, Menschenwürde des Embryo in vitro?, AÖR 127 (2002), S. 10 ff.
[159] *Dreier*, in: *Dreier*, FN 90, Art. 1 Abs. 1 Rdnr. 82.
[160] *Beckmann*, FN 10, S. 82.
[161] Sog. Nidation (etwa am 14. Lebenstag), so: *Dederer*, FN 158, S. 25; auch für den Embryo in-vitro: *Herdegen*, in: Maunz - Dürig, FN 92, Art. 1, Abs. 1 (Lfg. 44, Febr. 05), Rdnr. 62.
[162] BVerfGE 30, 173 (194 ff.) - Mephisto - Urteil.

Zeit zwischen Geburt und Tode beanspruchen[163]. Jedoch entfällt mit dem Tod das Substrat der Menschenwürde, nämlich das menschliche Leben. Mithin ist eine spiegelbildliche Übertragung nicht ohne weiteres möglich.

Eine ähnliche Auffassung vertritt *Beier*. Dem menschlichen Embryo komme in abgestufter Weise Schutzwürdigkeit zu, nämlich in Form eines in seiner Identität unterschiedlichen, an die unterschiedlichen Entwicklungsstufen angepassten Menschenwürdeschutzes[164]. Diese Auffassung setzt jedoch unterschiedliche Stufen des Menschseins voraus, was nach Meinung der *Verfasserin* kaum nachzuvollziehen ist.

Weiterhin ist jedoch auch die Konstruktion objektiver Vorwirkungen des subjektiv-rechtlichen Gewährleistungsstandards denkbar. Dabei kann der objektive Gehalt aber nicht vom gegenständlichen Gehalt der subjektiv-rechtlichen Gewährleistung und der ihr korrespondierenden objektiv-rechtlichen Verpflichtung des Staates abstrahieren. So wäre es nach Ansicht *Herdegens* ein logischer Bruch, Vorstufen oder früheren Erscheinungsformen des menschlichen Lebens den Würdeanspruch abzusprechen und dennoch mit der Menschenwürde eine Schutzverpflichtung des Staates zu begründen[165].

Einen anderen Ansatz wählt *Paul Sporken*[166]. Er vertritt den Personbeginn in bio-psycho-sozialer Ganzheit: die Schutzwürdigkeit binde sich nicht differenzierungslos an einen Beginnpunkt, sondern orientiere sich an den Wertrelativierungen, die auch dem eher unreflektierten Alltagsempfinden von Menschen entsprechen[167].

Rechtspolitisch zeichnet sich derzeit am ehesten der Zeitpunkt der Nidation ab. Dies ist jedoch gerade der Zeitpunkt, der mit dem gesundheits- und forschungspolitischen Interesse an der Nutzung embryonaler Stammzellen vereinbar ist. Dabei ist die Rechtslage weitgehend unbestimmt.

dd. Sichtweise des BVerfG

Nach der Rechtsprechung des BVerfG kommt dem menschlichen Leben von Anfang an Würde zu: „Die von Anfang an im menschlichen Sein angelegten po-

---

[163] *Susanne Sioe San Djie*, Präimplantationsdiagnostik aus rechtlicher Sicht, S. 112.

[164] *Henning M. Beier*, Beginn des menschlichen Lebens aus biologischer Sicht, in: Fuchs (Hrsg.) Möglichkeiten und Grenzen der Forschung an Embryonen, S. 87: „Aus der Sicht des Biologen ergeben sich deutliche Argumente für eine abgestufte Schutzwürdigkeit.“; s.a. *Matthias Herdegen*, Die Menschenwürde im Fluss des bioethischen Diskurses, JZ 2001, S. 774.

[165] *Herdegen*, in: Maunz - Dürig, FN 92, Art. 1 Abs. 1, (Lfg. 44, Febr. 2005), Rdnr. 28.

[166] Inhaber des ersten europäischen Lehrstuhls für Medizinethik an der Universität Maastricht, ab 1974.

[167] *Körner*, FN 93, S. 23.

tentiellen Fähigkeiten genügen, um die Menschenwürde zu begründen"[168]. Zwar beziehen sich die Entscheidungen erst auf den Zeitpunkt ab der Nidation, die Begründungen beider Abtreibungsentscheidungen lassen jedoch erkennen, dass das Gericht eine umfassende Schutzkonzeption befürwortet[169]. In der Spruchpraxis des BVerfG findet sich seit jeher der Grundgedanke, wonach bei der Verfassungsinterpretation diejenige Auslegung den Vorzug verdient, welche die juristische Wirkungskraft der betreffenden Grundrechtsnorm am stärksten entfalte[170] oder die dem Bürger einen Rechtsanspruch einräume[171].
Da das BVerfG dem ungeborenen Menschen Menschenwürde zuerkannt hat, nicht jedoch entschieden hat, wann das schützenswerte Menschsein beginnt, gibt es wie gezeigt Anregungen, über eine abgestufte Zuschreibung der Menschenwürde nachzudenken. Jedoch hat das Gericht, was oft übersehen wird, auch klargestellt: „Liegt die Würde des Menschseins auch für das ungeborene Leben im Dasein um seiner selbst willen, so verbieten sich jegliche Differenzierungen der Schutzverpflichtung im Blick auf Alter und Entwicklungsstand dieses Lebens ..."[172]. Bereits mit der Verschmelzung von Ei- und Samenzelle handele es sich um ein „individuelles, in seiner genetischen Identität und damit in seiner Einmaligkeit und Unverwechselbarkeit bereits festgelegtes, nicht mehr teilbares Leben, das im Prozess des Wachsens und Entfaltens sich nicht erst zum, sondern als Mensch entwickelt"[173]. Gleichgültig wie man die verschiedenen Phasen des vorgeburtlichen Lebensprozesses bestimmen möge, handele es sich „jedenfalls um unabdingbare Stufen der Entwicklung eines individuellen Menschseins"[174]. Es ist daher nur folgerichtig, den Embryo nicht nur als Träger des Lebensgrundrechts, sondern auch als Träger der Menschenwürde anzuerkennen.

ee. Fazit

Die Würde des Menschen kommt als innerer und zugleich sozialer Wert- und Achtungsanspruch dem Mensch und dem im Mutterleib gezeugten Embryo um seinetwillen zu. Die Gewährleistung des Art. 1 Abs. 1 GG schützt ungeborenes Leben in allen seinen Entwicklungsperspektiven davor, ohne Rücksicht auf dessen Eigenwert ganz in den Dienst fremder Interessen gestellt und hierfür geopfert zu werden.

---

[168] Zumindest ab der Nidation, denn nur darüber hatte das BVerfG zu entscheiden: BVerfGE 39, 1 ff. (41).
[169] Siehe oben, S. 36 ff. sowie ausführlich dazu: *Holznagel*, FN 127, S. 1.
[170] BVerfGE 6, 72; BVerfGE 39, 1 (38).
[171] BVerfGE 15, 283 ff.
[172] BVerfGE 88, 203 (267).
[173] BVerfGE 39, 1 (37) sowie BVerfGE 88, 203 (251 f.).
[174] BVerfGE 88, 203 (252).

Eine Abstufung ist dem Grundgesetz fremd. Auch dem werdenden Menschen bzw. den embryonalen Zellen gewissermaßen vorwirkend den Schutz der Menschenwürde zukommen zu lassen, zeigt letztlich eine grundrechtliche Entstehungssicherung, die dem künftigen Menschen zur Sicherung seiner Geburt dient. Vieles spricht dafür, diesen Grundrechtsschutz als Schutz von Quasi-„Grundrechtsanwartschaften" zu sehen[175]. Die Versuche, in der Embryonalgeschichte eine Zäsur nachzuweisen, bei der das Menschsein beginne, müssen als gescheitert gelten. Die Existenz des menschlichen Individuums ist bereits mit der Befruchtung der Eizelle, d.h. mit der Kernverschmelzung von Ei- und der Samenzelle, festgelegt. Die befruchtete Eizelle mit doppeltem Chromosomensatz enthält das volle Programm für die Entwicklung als Mensch, was den Würdeschutz auslöst[176]. Mit dieser Kernverschmelzung nimmt ein Prozess kontinuierlicher biologischer Entwicklung seinen Gang, in dem das von Anfang an in seiner konkreten Individualität vorhandene menschliche Leben durch ständige äußerliche Modifikation allmählich seine voll ausgeprägte Gestalt gewinnt[177]. Diese naturwissenschaftlichen Erkenntnisse bestätigen die Position des aufgeklärten Gesetzgebers und der Auslegung der modernen Rechtsprechung. Jede andere Zäsur erschiene normativ willkürlich. Für den Qualitätssprung zum Menschen ist somit bereits die Kernverschmelzung entscheidend: Die weitere Entwicklung des Embryo ist in ihm selbst als fertiges Programm angelegt, das nur noch gestartet werden musste. Daher erscheint der Embryo genau von diesem Zeitpunkt an als Träger der jedem Menschen immanenten Würde. Nur die Annahme, dass bereits ab Verschmelzung der Kerne von Samen- und Eizelle ein „Mensch" existiert welcher unter dem Schutz des Art. 1 Abs. 1 GG steht, liegt damit auf der von den Urteilen des BVerfG vorgezeichneten Linie, der auch, wie noch zu zeigen sein wird, das Embryonenschutzgesetz von 1991 und das Stammzellgesetz von 2002 folgt.

Auch die oben gezeigten Regelungsunterschiede zwischen den verschiedenen Staaten (S. 39 f.) sind im Kern nicht auf unterschiedliche Würdekonzeptionen zurückzuführen. Vielmehr besteht weitgehend Einigkeit, dass eine verbrauchende Forschung unzulässig ist. Erst an der Definition des Anwendungsbereichs der Schutzvorschriften wird die maßgebliche Weichenstellung getroffen[178].

So muss sich auch aus bereits diskutierter ethisch-philosophischer Sicht der Entschluss, die befruchtete menschliche Eizelle als zu schützendes menschliches Wesen anzuerkennen „an dem einzig zweifelsfreien Kriterium darüber, ob ein Mensch Mensch ist orientieren: seiner biologischen Zugehörigkeit zur Art homo

---

[175] *Michael Kloepfer*, Humangentechnik als Verfassungsfrage, JZ 2002, S. 420.

[176] *Christian Starck*, Verfassungsrechtliche Grenzen der Biowissenschaft und Fortpflanzungsmedizin, JZ 2002, S. 1067.

[177] So auch *Laufs*, FN 94, S. 46.

[178] *Classen*, FN 123, S. 146.

sapiens“[179]. Nur auf diese Weise tritt jeder Mensch als gezeugtes und geborenes, nicht als kooptiertes Mitglied in die Gesellschaft ein. Er ergreift seine Rechte, ohne sie anderen verdanken zu müssen. Eine stichhaltige, ethische Argumentation kann nur von der Basis aus erfolgen, auf welcher jeder Angehörige der Gattung Mensch jeden anderen Menschen als Wesen gleichen Rechts und gleicher Würde respektiert[180].

Der Staat, der die Würde jedes Menschen gemäß Art. 1 Abs. 1 S. 2 GG zu achten und zu schützen hat, muss daher alle Möglichkeiten ausschöpfen, damit sich auch der in seiner genetischen Identität und damit in seiner Einmaligkeit und Unverwechselbarkeit bereits festgelegte Embryo in einem Prozess des Wachsens und Sich-Entfaltens als Mensch (und gerade nicht erst zum Menschen) weiterentwickeln kann.

b. Übertragung auf den Embryo in-vitro

Schließlich kommt man nicht umhin, einen Abgleich der verfassungsrechtlichen Würdigung bei pränatalem Leben im Mutterleib und der Beurteilung bei pränidativem frühembryonalen Leben in-vitro vorzunehmen.
Nicht alle Wissenschaftler, welche dem Embryo in-vivo das Recht aus Art. 1 Abs. 1 GG zusprechen, halten eine Übertragung dieser Grundsätze auf den Embryo in-vitro für möglich. Zur Begründung kann beispielsweise angeführt werden, dass das BVerfG „von Embryonen im Mutterleib“ gesprochen hat. Auch fällt es aus Gründen der Logik schwer, bestimmte Handlungen als Verletzung der Würde desjenigen Individuums einzustufen, denen dieses überhaupt erst sein Leben verdankt.

aa. Übertragung nicht möglich

Nach Aussagen der Bundesjustizministerin *Zypries* ist der extrakorporal gezeugte Embryo anders zu bewerten als der in-vivo erzeugte Embryo. Ihm könne keine Menschenwürde zuerkannt werden. Er sei nämlich, um seine Würde „verwirklichen“ zu können, auf eine austragungsbereite Frau angewiesen. Dazu könne der Staat niemanden verpflichten. Dem Embryo in-vitro fehle damit eine wesentliche Voraussetzung dafür, sich „aus sich heraus“ zum Menschen oder als Mensch zu entwickeln. Die lediglich abstrakte Möglichkeit, sich weiter zu entwickeln, reiche für die „Zuerkennung“ von Menschenwürde nicht aus[181].

---

179 *Reinhard Löw*, Gen und Ethik. Philosophische Überlegungen zum Umgang mit menschlichem Erbgut, in: Koslowski / Kreuzer / Löw (Hrsg.), Die Verführung durch das Machbare, S. 41 f.
180 *Löw*, FN 179, S. 41 f.
181 Online verfügbar unter: http://www.bundesregierung.de/-,413.549807/artikel/Justizministerin-Zypries-disku.htm.

bb. Übertragung möglich

Hofmann ist der Ansicht, Art. 1 Abs. 1 GG gelte für das werdende Leben, d.h. auch für das Leben im pränatalen Stadium außerhalb des Mutterleibes. Es ist Grundrechtssubjekt und Träger der Menschenwürde. Der Begriff des „Menschseins“ sollte im Hinblick auf die absolute Hochrangigkeit des Schutzgutes umfassend ausgelegt werden, um zukünftige und potentielle Bedrohungen der Menschenwürde in allen seinen Stadien zu verhindern. Die von Anfang an im menschlichen Sein angelegten potentiellen Fähigkeiten genügten, um die Menschenwürde zu begründen[182].

Nach Ansicht *Hillgrubers* verfehlt derjenige, welcher Würde „zuerkennt“ oder im Wege juristischer Selektion „aberkennt“, schon Sinn und Zweck des Art. 1 Abs. 1 GG. Denn das BVerfG habe festgestellt, dass Menschenwürde gerade nicht zuerkannt, vielmehr unwiderleglich vermutet werde[183]: „Diese Würde des Menschseins liegt auch für das ungeborene Leben im Dasein um seiner selbst willen“[184]. „Liegt die Würde des Menschseins auch für das ungeborene Leben im Dasein um seiner selbst willen, so verbieten sich jegliche Differenzierungen der Schutzverpflichtungen mit Blick auf Alter und Entwicklungsstand dieses Lebens oder die Bereitschaft der Frau, es weiter in sich leben zu lassen“[185].

cc. Eigene Ansicht

Hillgruber ist zuzustimmen. Auch das in-vitro erzeugte, verfassungsrechtlich geschützte menschliche Leben, welches mit der Befruchtung entsteht, genießt den Schutz der Menschenwürde. Der Embryo in vitro ist bereits Mensch im Sinne von Art. 1 Abs.1 GG.

Zwar ist der Begriff der Menschenwürde in weit stärkerem Maße als der des Lebens in Art. 2 Abs. 2 GG normativ bzw. sozial geprägt und nur indirekt durch biologische Fakten und Erkenntnisse beeinflusst. Die Garantie der Menschenwürde beruht aber auf personalen und gattungsbezogenen solidarischen Begründungssträngen[186]. Die Menschenwürde kommt einem Menschen nicht kraft seiner persönlichen Fähigkeiten, sondern allein aufgrund seiner Zugehörigkeit zur Gattung „Mensch“, also der Spezies Homo sapiens, zu[187].

---

182 *Hasso Hofmann*, Biotechnik, Gentherapie, Genmanipulation - Wissenschaft im rechtsfreien Raum?, JZ 1986, S. 257.

183 *Christian Hillgruber*, „Die Bundesjustizministerin und die Menschenwürde und der Embryonenschutz“ - Anmerkungen zum amtlichen Bruch eines Tabus, NJW aktuell Heft 50/2003, Seite XIV.

184 BVerfGE 88, 203 (252).

185 BVerfGE 88, 203 (267).

186 *Jens-Peter Schneider*, Recht und Forschung am Menschen, in: Rechtspolitischer Kongress der Friedrich-Ebert-Stiftung vom 26. bis 28. April 2002 in Karlsruhe, S.2.

187 *Claus Dieter Classen*, Verfassungsrechtliche Rahmenbedingungen der Forschung mit Embryonen“, WissR 1989, S. 243. Siehe auch ausführlich zu dieser Problematik: *Klein*, FN 111, S. 87 f.

Mit der Kernverschmelzung beginnt auch beim Embryo in-vitro ein kontinuierlicher selbstgesteuerter Entwicklungsprozess, der ohne entscheidende qualitative Zäsuren zur Ausdifferenzierung des Organismus und seiner Geburt führt. Diesen natürlichen Vorgängen entsprechend hat das Embryonenschutzgesetz (ESchG) ein strenges Konnexitätsverhältnis zwischen In-vitro-Fertilisation und Einpflanzung der so erzeugten Embryonen in die Gebärmutter normiert[188].
Zwar hat das BVerfG nur für Embryonen im Mutterleib gesprochen, jedoch ergibt sich für den Status des Embryo in-vitro kein verfassungsrechtlich relevanter Unterschied daraus, dass er der Eizellenspenderin erst noch eingepflanzt werden muss. Richtig ist zwar, das die Menschenwürde eines personalen menschlichen Trägers bedarf und zur Fortsetzung der Entwicklung eine ärztliche Handlung notwendig ist, das heißt, dass durch das Erfordernis der Implantation das Heranreifen zum Mensch nicht im Sinne einer natürlichen Entwicklung gewährleistet ist. Dieser Befund schwächt das Kontinuitätsargument nachhaltig[189], berührt aber den biologisch beschreibbaren Entwicklungsvorgang in keiner Weise. Der Embryo wird beim Embryonentransfer lediglich räumlich in die Lage versetzt, den Einnistungsvorgang einzuleiten. Dieser selbst läuft auf natürliche Weise ab. Die Beteiligung des Arztes ist nicht statusbestimmend in Bezug auf den Embryo[190]. Auch ist daran zu denken, dass Embryonen in-vitro gerade nur zur Entstehung gebracht werden dürfen, um sie der Frau einzupflanzen, von der die Eizelle stammt. Die gerade beabsichtigte Erzeugung in vitro bringt den Embryo erst in die unnatürliche Lage, ohne Mutterleib zu existieren. Aus der Tatsache, dass er die ersten Tage seines Lebens der natürlichen Bedingungen für seine Entwicklung beraubt ist, kann man nicht schließen, dass er damit das Recht darauf verwirkt hat, dass ihm diese Bedingungen sobald als möglich wieder verschafft werden. Man kann daher nicht mit der ja gerade beabsichtigten „Unbehaustheit“ des noch nicht eingenisteten Embryo argumentieren, um seine Entwicklungsfähigkeit in Frage zu stellen[191]. Darüber hinaus sollte hier die typische, das heißt vom Kinderwunsch geprägte „Bestimmung“ einer durch Verschmelzung von Ei- und Samenzelle entstandenen Zygote zur Entwicklung im Mutterleib über diese Schwelle hinweghelfen[192].
Auch die Argumentation, eine Rechtsstellung des Embryo in vitro wäre nicht mit der Rechtsprechung des BVerfG zu den Schwangerschaftsabbrüchen in den Jahren 1975 und 1993 vereinbar, welche die Fristen- und Beratungslösung als verfassungsmäßig ansieht[193], kann nicht überzeugen. Hierzu ist festzustellen,

---

[188] *Starck*, FN 176, S. 1067.

[189] *Starck*, FN 176, S. 1068, *Dederer*, FN 158, S. 14 ff.

[190] So auch: *Rainer Beckmann*, Der Embryo und die Würde des Menschen, S. 181, in: Beckmann / Löhr (Hrsg.), Der Status des Embryos. Medizin - Ethik - Recht.

[191] *Starck*, FN 176, S. 1067, *ders.*, Hört auf unser Grundgesetz zerreden zu wollen, FAZ vom 30. Mai 2001, S. 55.

[192] So auch: *Herdegen*, in: Maunz-Dürig, FN 92, Art. 1, Abs. 1 (Lfg. 44, Febr.05), Rdnr. 62 m.w.N.

[193] *Ipsen*, FN 120, S. 992.

dass die Fristenregelung sich ausschließlich auf die Umstände einer unerwünschten Schwangerschaft bezieht. Es ist zu unterscheiden zwischen einer im Verlauf einer Schwangerschaft unvorhersehbar eintretenden Konfliktsituation und einer sehenden Auges herbeigeführten und von vornherein vorentschiedenen Handlungsalternative im Labor. In den straffrei gestellten Fällen des Schwangerschaftsabbruchs handelt es sich nicht um eine prinzipielle Einschränkung des Schutzes für das ungeborene menschliche Leben, sondern um das notwendig unvollkommene Bemühen, nicht auflösbaren Konfliktsituationen Rechnung zu tragen. Die Rechtsprechung des BVerfG zu den Schwangerschaftsabbrüchen hat den Embryonenschutz folglich nicht aufgehoben, denn beim extrakorporal erzeugten Embryo besteht gerade das Problem der Annahme der Schwangerschaft durch die schwangere Frau nicht. Sie sind diesbezüglich in ihrer Wertung nicht übertragbar[194]. Es verbleibt bei dem durch das BVerfG bestätigten Würdeschutz auch für in-vitro erzeugte Embryonen[195].

4. Ergebnis

Dem Embryo - auch dem Embryo in-vitro - steht ab dem Zeitpunkt der Befruchtung, genauer ab der Kernverschmelzung, Menschenwürde iSd. Art. 1 Abs. 1 GG zu.

IV. Ergebnis zu den verfassungsrechtlichen Aspekten der Embryonenforschung

Aus Art. 1 und 2 GG ergeben sich Schutzpflichten des Staates für den in-vitro erzeugten Embryo. Der ebenfalls dem Staat obliegende Schutz der Forschungs- und Berufsfreiheit sowie der Schutz von Leben und Menschenwürde potenzieller Patienten ist, möglicherweise, zum Schutz des Embryo in-vitro in Bezug zu setzen[196].

Es ist richtig, dass der Embryo in vitro damit stärker geschützt wird als der Embryo in vivo, dies führt jedoch nicht zu einer Unschlüssigkeit des gefundenen Ergebnisses. Denn diese Wertung nimmt beispielsweise auch das Embryonenschutzgesetz von 1990 vor[197], welches den Embryo bis zum Zeitpunkt seiner Nidation erfasst und umfassend schützt. Hier ist eine künstliche Befruchtung nur zur Herbeiführung einer Schwangerschaft erlaubt und somit den Wertentscheidungen der Verfassung zugunsten der Menschenwürde und des Lebens Rechnung getragen.

Weiterhin kann argumentiert werden, dass dieser stärkere Schutz gerechtfertigt ist, da der Embryo in vitro ja gerade nicht den mütterlichen Schutz genießt.

---

[194] Siehe dazu weiterführend: *Beckmann*, FN 193, S. 8 ff.

[195] So auch: *Starck*, FN 176, S. 1071.

[196] Zu den sich daraus ergebenden Schlussfolgerungen hinsichtlich des Status des Embryo und den Wechselwirkungen mit anderen Grundrechten siehe Teil II, 1. Kap., A. Wechselwirkung mit anderen Grundrechten, S. 165 ff.

[197] Siehe dazu im Folgenden, S. 69 ff.

B. Einfachgesetzliche Grundlagen der Embryonenforschung

I. Gesetzgebungskompetenz des Bundes

Erst 1994 wurde dem Bund die konkurrierende Gesetzgebungskompetenz für die künstliche Befruchtung beim Menschen, die Untersuchung und die künstliche Veränderung von Erbinformationen sowie Regelungen zur Transplantation von Organen und Geweben übertragen, Art. 74 Abs. 1 Nr. 26 GG.

Die Ergänzung des Art. 74 GG um eine (neue) Nr. 26 basierte auf einer Empfehlung der Gemeinsamen Verfassungskommission von Bundestag und Bundesrat[198]. Sie beendet auch die bisherigen Meinungsverschiedenheiten hinsichtlich des Trägers der Gesetzgebungskompetenz für Fragen des Transplantationswesens[199].

Der Bund hat von seiner Gesetzgebungskompetenz insbesondere durch Erlass des Embryonenschutzgesetzes und des Stammzellengesetzes Gebrauch gemacht.

II. Embryonenschutzgesetz

Für die einfachgesetzliche rechtliche Beurteilung der Forschung an Embryonen sowie für die Gewinnung von Stammzellen aus Embryonen ist das Embryonenschutzgesetz (ESchG) vom 13.12.1990 maßgeblich. Obwohl es kaum ein Therapiegebiet gibt, dass berufsrechtlich so erfasst wurde wie die Fortpflanzungsmedizin, sah der Gesetzgeber 1990 die Notwendigkeit, eine bundesgesetzliche Regelung durch das Embryonenschutzgesetz zu schaffen. Das Gesetz trat am 1. Januar 1991 in Kraft.

1. Formale Einordnung

Formal steht das ESchG im Rang eines strafrechtlichen Nebengesetzes, kommt mithin einer strafrechtlichen Überformung des standesrechtlichen Regelungswerkes gleich. Durch diesen rein strafrechtlichen Charakter regelt es die Anwendung der Technologie der künstlichen Befruchtung nur lückenhaft.

2. Inhaltliche Schwerpunktsetzung

Das ESchG geht von einer umfassenden Schutzwürdigkeit des menschlichen Embryo aus. Es erfasst den Embryo in-vitro bis zu seiner Einnistung im Uterus. Es verbietet die Gewinnung bzw. Herstellung menschlicher embryonaler Stammzellen zu Forschungszwecken in Deutschland. Es ist ein Gesetz zur Verhinderung des Missbrauchs der künstlichen Befruchtung und des menschlichen Embryo, sowie bestimmter Verfahren, wie Keimbahnveränderung und Klonen.

---

[198] Art. 2 des GG-Änderungsgesetzes vom 27.10.1994, BGBl. I S. 3148, vgl. dazu BT-Drs. 12/6000, insbesondere den Antrag des Abgeordneten Jahn vom 14.10.1992, Kommissionsdrucksache 16.

[199] Vgl. dazu etwa *Heidrun Kübler*, Verfassungsrechtliche Aspekte der Organentnahme zu Transplantationszwecken, S. 141 ff., *Andreas Schmidt-Didczuhn*, Transplantationsmedizin in Ost und West im Spiegel des Grundgesetzes, ZRP 1991, S. 264 ff.

§ 1 Abs. 1 ESchG regelt die missbräuchliche Anwendung von Fortpflanzungstechniken. Gemäß seiner Nr. 2 ist die künstliche Befruchtung einer Eizelle einer Frau in-vitro nur zum Zwecke der Herbeiführung einer Schwangerschaft bei dieser Frau erlaubt. Weiterhin zielt das ESchG darauf ab, die Entstehung von überzähligen Embryonen[200], also solchen, die dauerhaft nicht zu einer Schwangerschaft verwendet werden können, zu vermeiden. Dem soll das Verbot, mehr als drei Embryonen innerhalb eines Zyklus zu übertragen, gerecht werden, § 1 Abs. 1 Nr. 3 ESchG. Verboten ist auch die Entnahme von Stammzellen aus Embryonen, unabhängig davon, ob diese Zellen totipotent oder pluripotent sind, und ob der Embryo dabei zerstört wird oder nicht, Nr. 6[201]. Gemäß § 2 ESchG wird der menschliche Embryo vor missbräuchlicher Verwendung geschützt. Mit dem Embryo darf nichts geschehen, was nicht seiner Erhaltung dient, § 2 Abs. 1 S. 2 ESchG[202].
Neben diesen beiden Hauptanliegen regelt das Gesetz Folgendes: das Verbot der Geschlechtswahl (§ 3), den Schutz vor eigenmächtiger Befruchtung und Embryonenübertragung sowie ein Verbot der künstlichen Befruchtung nach dem Tode der Spender (§ 4), ein Verbot der Veränderung der Erbinformationen (§ 5), ein Klonverbot (§ 6), ein Verbot der Chimären- und Hybridbildung (§ 7) eine Begriffsbestimmung (§ 8) sowie einen Arztvorbehalt (§§ 9, 10).

3. Definition des Embryo iSd. § 8 Abs. 1 ESchG

Als Embryo im Sinne dieses Gesetzes gilt "bereits die befruchtete, entwicklungsfähige menschliche Eizelle vom Zeitpunkt der Kernverschmelzung an, ferner jede einem Embryo entnommene totipotente Zelle, die sich bei Vorliegen der dafür erforderlichen weiteren Voraussetzungen zu teilen und zu einem Individuum zu entwickeln vermag", § 8 Abs. 1 ESchG.
Auch das therapeutische Klonen wird hierdurch erfasst, denn es bewirkt, dass ein menschlicher Embryo iSd. § 8 ESchG entsteht, auch wenn die Erzeugung durch Zelltransfer erfolgt. Zwar geht die Begriffsbestimmung des § 8 ESchG von der Entstehung eines Embryo im Wege der Verschmelzung der Zellkerne mit ihren jeweils haploiden Chromosomensätzen aus und bei der „künstlichen" Übertragung eines Zellkerns in eine entkernte Eizelle findet keine solche Befruchtung statt, da der übertragene Zellkern bereits über einen vollständigen diploiden Chromosomensatz verfügt. Allerdings macht die Formulierung „bereits" in § 8 ESchG hinreichend deutlich, dass die Vorschrift entsprechend der ratio des Gesetzes - den menschlichen Embryo umfassend zu schützen - keine abschließende Begriffsbestimmung enthält. Sie will vielmehr sicherstellen, dass der strafrechtliche Schutz schon ab der beschriebenen frühen Entwicklungsphase beginnt, ohne andere Formen des sich entwickelnden Lebens von diesem Schutz

---

200 Auch als „verwaiste Embryonen" oder „Embryonen ohne Lebensaussicht" bezeichnet.
201 BT-Drs. 14/7546, FN 27, S. 32.
202 Siehe dazu ausführlich: Teil I, 4.Kap., B., II., 4.,a. Stammzellforschung, S. 71 f.

auszunehmen. Dass die Vorschrift auch die Herstellung eines Embryo in-vitro mittels der Technik der Zellkernübertragung umfasst, verdeutlicht auch der Umstand, dass nicht nur das Embryo-Splitting, sondern auch die Schaffung eines Embryo mit dem gleichen Erbgut wie ein Fötus, Mensch oder ein Verstorbener - also einer Form der Klonierung, die nur bei Anwendung der Methode der Kerntransplantation denkbar ist - in den Verbotstatbestand des § 6 Abs. 1 ESchG einbezogen wurde.

4. Regelungen im Einzelnen

Das deutsche Embryonenschutzgesetz setzt im europäischen und internationalen Vergleich einen sehr hohen Standard.

a. Stammzellforschung

Das Embryonenschutzgesetz verbietet in § 2 die missbräuchliche Verwendung von Embryonen, aus denen sich noch Leben entwickeln kann, d.h. die Verwendung von Embryonen „zu einem nicht seiner Erhaltung dienenden Zweck“. Es dürfen auch nicht die durch künstliche Befruchtung entstandenen aber überzähligen Embryonen z.B. zu Forschungszwecken verwendet werden, denn bei der Gewinnung von Stammzellen werden die verwendeten Embryonen zerstört. Daher sind diese Methoden in Deutschland durch § 2 Abs. 1 ESchG verboten und unter Strafe gestellt. § 2 Abs. 1 ESchG wird dabei im Sinne eines umfassenden Auffangtatbestandes ausgelegt, welcher dann zum Zuge kommt, wenn der Täter „in aktiver Weise das Schicksal des Embryo beeinflusst, auf ihn einwirkt, mit ihm agiert“[203], ohne dass die speziellen Verwendungsverbote greifen. Folglich ist eine verbrauchende Embryonenforschung ausgeschlossen.

b. Klonierung

§ 6 ESchG bedroht denjenigen mit einer Freiheitsstrafe bis zu fünf Jahren oder einer Geldstrafe, „wer künstlich bewirkt, dass ein menschlicher Embryo mit der gleichen Erbinformation wie ein anderer Embryo, ein Fötus, ein Mensch oder ein Verstorbener entsteht“. Therapeutisches sowie reproduzierendes Klonen am Menschen sind demnach durch das Embryonenschutzgesetz verboten[204].

c. Forschung an pluripotenten embryonalen Stammzellen und PID

Die Forschung an pluripotenten embryonalen Stammzellen ist nach dem ESchG nicht verboten. Pluripotente embryonale Stammzellen sind aufgrund ihrer begrenzten Entwicklungsfähigkeit nicht vom Schutzzweck des ESchG umfasst. Damit wird deutlich, das der Gesetzgeber die strafrechtlichen Verbote bewusst auf den Schutz besonders hochwertiger Rechtsgüter beschränken wollte.

---

[203] *Rolf Keller/Hans-Ludwig Günther / Peter Kaiser*, Kommentar zum ESchG, § 2, Rdnr. 202; siehe auch: *Koechlin Büttiker*, FN 19, S. 183.

[204] http://www.bundesregierung.de/dokumente/Schwerpunkte/Gentechnik/ix5703_31848.htm.

Fraglich ist, ob das ESchG die PID verbietet. Dies ist umstritten, soll hier aber nicht vertieft, vielmehr nur der Vollständigkeit halber erwähnt werden. Während beispielsweise *Riedel* von einem Widerspruch der PID und des ESchG ausgeht[205], begründet *Schreiber* ausführlich, dass ein gesetzliches Regelungswerk für die PID bisher fehle[206], jedoch existiere bereits ein Diskussionsentwurf einer entsprechenden Richtlinie[207]. Andere Wissenschaftler bewerten die Rechtslage als fraglich. Zwar gibt es ein diese Materie regelndes Gesetz, das ESchG, dieses beziehe sich jedoch nur auf totipotente Zellen[208].

5. Stellungnahmen und Kritik

Schon bezüglich des Entwurfs des ESchG gab es umfangreiche Kritik. So argumentiert *Beckmann*, der Entwurf des ESchG erfasse nicht diejenigen Schädigungen, die vor der Geburt zum Absterben des Embryo führten. Auch das direkte Vernichten befruchteter Eizellen sei nicht berücksichtigt. Ferner bleibe das risikoreiche Verfahren der Kryokonservierung, die Selektion der Embryonen vor dem Transfer in die Gebärmutter, sowie der Verbleib überzähliger Embryonen ungeregelt. Diese Fälle seien weder unter § 2 Abs. 1 noch Abs. 2 ESchG zu subsumieren. Auch machten die Formulierungen in § 1 Abs. 1 und § 5 ESchG deutlich, das der Entwurf den menschlichen Embryo als etwas anderes als einen Menschen betrachte[209].

Es ist gemäß *Keller / Günther / Kaiser* ferner festzustellen, dass zwar überflüssige Embryonen nicht zu Forschungszwecken verwendet werden dürfen, von dieser Regelung aber Embryonen nicht erfasst werden, die im Wege eines Schwangerschaftsabbruchs außerhalb des Körpers einer Schwangeren verfügbar geworden sind. Diese dürften demnach zur Erzeugung embryonaler Stammzellen verwendet werden[210]. Insoweit enthält § 2 ESchG eine Strafbarkeitslücke.

---

205 *Ulrike Riedel*, Präimplantationsdiagnostik: Plädoyer für eine unvoreingenommene, offene Debatte, DÄBl. 97 (Jg. 00), S. A-586: Demnach darf ein Embryo nur zum Zweck einer Schwangerschaft künstlich befruchtet und auch nur zu diesem Zweck weiterentwickelt werden. Ein extrakorporal erzeugter Embryo dürfe zu keinem anderen Zweck als zu seiner Erhaltung verwendet werden. Ziel ist die Behandlung von Fertilisationsstörungen. Da die Definition des Embryo auch jede totipotente Zelle mitumfasst, ist eine präimplantive Diagnose ausgeschlossen.

206 Siehe dazu: *Hans-Ludwig Schreiber*, Von richtigen rechtlichen Voraussetzungen ausgehen, in: Dokumentation "PID, PND, Forschung an Embryonen", FN 51, S. 25 f.: Er ist der Ansicht, das von *Riedel* betonte Ziel des ESchG, dass eine Eizelle nur zum Zweck der Herbeiführung einer Schwangerschaft bei der Frau von der die Eizelle stammt, künstlich befruchtet werden darf, werde im ESchG gerade nicht ausdrücklich benannt. Er geht vielmehr von einer fehlenden Regelung aus.

207 Siehe dazu: http://www.bundesaerztekammer.de/30/Ethik/10FortGenetik/20PID.pdf.

208 Siehe dazu weiterführend: *Jachertz*, FN 54, S.9.

209 *Beckmann*, FN 10, S. 81.

210 *Keller / Günther / Kaiser*, FN 203, § 2, Rdnr. 21, siehe auch: http://www.dfg.de/aktuell/das_neueste/wissenschaftsgespraech_hintergrund.html.

Auch die Forschung mit und der Import von pluripotenten embryonalen Stammzellen unterliegen nicht den Verboten des ESchG, da diese embryonalen Stammzellen zwar aus Embryonen bzw. totipotenten Stammzellen gewonnen werden, ja aber selbst keine Embryonen sind. Die Herstellung von embryonalen Stammzellen ist in Deutschland somit verboten, nicht aber deren Einfuhr und eine Forschung mit diesen[211]. Nach der geltenden Rechtslage ist die Einfuhr von pluripotenten Stammzellen aus dem Ausland allerdings nur dann straflos, wenn die Einführenden im strafrechtlichen Sinne weder als Anstifter noch als Gehilfen derjenigen handeln, die im Ausland embryonale Stammzellen herstellen. Strafrechtlich sicher ist demzufolge der Import, wenn kein Zusammenhang zwischen der Bestellung der embryonalen Stammzellen und ihrer Herstellung aus Embryonen besteht. Keinen Unterschied für die rechtliche Bewertung macht es nach dem ESchG hingegen, auf welche Weise die importierten pluripotenten Stammzellen gewonnen wurden, ob durch In-vitro-Fertilisation oder aus totipotenten Zellen mit Hilfe von Klonierungstechniken. Auch wenn sie mittels einer nach dem ESchG verbotenen Chimären- oder Hybridbildung hergestellt wurden, können sie nach den Regelungen dieses Gesetzes ebenso eingeführt werden wie wenn sie einer nach dem ESchG nicht verbotenen Methode entstammen[212]. Gefordert wird insofern ein neues Fortpflanzungsmedizingesetz, welches die Fragen rund um künstliche Befruchtung und den Umgang mit Embryonen neu regelt.

Catenhusen hingegen sieht im ESchG die einzig mögliche Interpretationsmöglichkeit der Verfassung. Dass darin nicht alle Probleme erfasst seien, eröffne einen gewissen Spielraum für den Gesetzgeber, welchen dieser verantwortungsvoll gefüllt habe[213].

Dieser Ansicht schließt sich auch die *Verfasserin* an. Wie gezeigt, ist aufgrund der dem Embryo zustehenden grundrechtlichen Gewährleistungen eine Auslegung und Interpretation der (nicht geregelten) Situationen immer an Art. 1 und 2 GG zu messen und dementsprechend verantwortungsvoll und verfassungskonform zu interpretieren. Somit sind nicht alle Spezialfälle und Eventualitäten regelungsbedürftig. Darüber hinaus ist der Gesetzgeber seiner Verantwortung bereits einfachgesetzlich nachgekommen und hat die bisher ungeregelte Importfrage durch das Stammzellgesetz geregelt.

---

211 *Christoph Egle*, Zur Problematik der Forschung mit humanen embryonalen Stammzellen, in: Handout des Arbeitskreises Bioethik zur Mitgliederversammlung des Kreisverbandes Heidelberg zum Thema Stammzellenforschung, 22. Januar 2002, S. 9.

212 Siehe dazu: Enquete-Kommission des Deutschen Bundestages, FN 24, S. 4.

213 *Wolf-Michael Catenhusen*, Bundesministerium für Bildung und Forschung, Rede anlässlich der Konferenz „Bioethik - im Kontext von Recht, Moral und Kultur“ am 14./15.09.05 in Berlin.

III. Stammzellgesetz

Das „Gesetz zur Sicherstellung des Embryonenschutzes im Zusammenhang mit Einfuhr und Verwendung menschlicher embryonaler Stammzellen" (kurz: Stammzellgesetz - StZG) trat am 01.07.2002 in Kraft[214]. Es regelt die Verwendung und Einfuhr embryonaler Stammzellen und schließt damit eine Lücke des Embryonenschutzes (§ 2 StZG). Es eröffnet zugleich Möglichkeiten medizinischer Grundlagenforschung. Der Schutzbereich des ESchG wurde erweitert. Das StZG untersagt den Import embryonaler Stammzellen grundsätzlich, sieht aber unter strengen Auflagen Ausnahmen für „hochrangige Forschungsziele" vor. Das Gesetz weicht damit in mehreren Punkten deutlich vom damaligen Beschluss des Bundestages vom 30. Januar 2002 ab[215].

1. Inhalt

§ 1 StZG verdeutlicht zunächst den Zweck des Gesetzes. Demnach sollen die Menschenwürde, das Recht auf Leben und die Forschungsfreiheit geachtet und gewährleistet werden. Dazu soll die Einfuhr und Verwendung embryonaler Stammzellen grundsätzlich verboten sein (§ 1 Nr. 1 sowie 4 Abs.1 StZG), die Veranlassung der Erzeugung embryonaler Stammzellen von Deutschland aus vermieden werden (§ 1 Nr. 2 StZG), sowie die Voraussetzungen für eine ausnahmsweise Zulassung bestimmt werden (§ 1 Nr. 3 StZG). Embryonale Stammzellen im Sinne dieses Gesetzes sind sowohl die einem Embryo entnommenen pluripotenten Stammzellen als auch die Stammzellen aus kultivierten Stammzelllinien (§ 3 Nr. 2 i.V.m. Nr. 1 StZG).

Die Einfuhr und Verwendung embryonaler Stammzellen ist ausnahmsweise zu Forschungszwecken erlaubt, wenn die embryonalen Stammzellen im Herkunftsland vor dem 01. Januar 2002 in Übereinstimmung mit der dortigen Rechtslage kryokonserviert oder aus sog. überzähligen Embryonen gewonnen und in Kultur gehalten wurden (§ 4 Abs. 2 lit. a StZG), sie im Wege der medizinisch unterstützten extrakorporalen Befruchtung zum Zwecke der Schwangerschaft erzeugt wurden (lit. b) und für ihre Überlassung kein Entgelt oder geldwerter Vorteil versprochen wurde (lit. c). Weiterhin muss die Forschung an embryonalen Stammzellen wissenschaftlich begründeten hochrangigen Forschungszielen dienen (§ 5 Nr. 1 StZG) und dieses Ziel voraussichtlich nur mit embryonalen Zellen zu erreichen sein (§ 5 Nr. 2 StZG). Eine Genehmigung durch eine Kontrollbehörde, welche dem Bundesgesundheitsministerium unterstellt ist, ist für jedes beantragte Projekt erforderlich (§ 6 StZG). Darüber hinaus wurde eine Zentrale Ethikkommission eingerichtet (§ 8 StZG). Dem Bundestag ist alle zwei Jahre ein Erfahrungsbericht vorzulegen, der auch die Ergebnisse der Forschung an anderen Formen menschlicher Stammzellen darstellt (§ 15 StZG).

---

[214] StZG vom 28. Juni 2002, BGBl. 2002 I S. 2277.

[215] *Hubert Hüppe*, MdB, Stellungnahme v. 11.03.2002, online auszugsverfügbar unter: http://www.huberthueppe.de/bio/020311.shtml, S. 1.

2. Literaturansichten

Die *Deutsche Forschungsgesellschaft* begrüßte, dass bereits drei Wochen nach dem Bundestagsbeschluss vom 30. Januar 2002 ein Entwurf eines Gesetzes zur Regelung des Imports menschlicher embryonaler Stammzellen vorlag. Kritik gibt es zur Frage der Stichtagsregelung. Die vor dem Stichtag 1. Januar 2002 gewonnenen Stammzelllinien seien veraltet und verunreinigt. Somit würden Gelder für veraltete Ausgangsmaterialien ausgegeben. Es wird eine Änderung des Stammzellgesetzes, oder zumindest eine nachlaufende Stichtagsregelung, gefordert[216].

Die Vorsitzende des Bundestagsausschusses für Bildung, Forschung und Technikfolgenabschätzung, *Ulrike Flach*, erklärte, dass es wegen dieses Gesetzes in absehbarer Zeit keine Stammzellforschung in Deutschland geben wird, welche für die Entwicklung von Therapien geeignet ist. Die Stichtagsregelung bedeute, dass die Forscher sich auf wenige Stammzelllinien beschränken müssten[217].

Die rund 78 existierenden Zelllinien basieren zumeist auf Mausnährzellen und weisen einen hohen Kontaminationsgrad mit tierischen Zellen und Viren auf. Sie sind lediglich für die Grundlagenforschung, nicht jedoch für die Entwicklung von Therapien gegen Krankheiten beim Menschen geeignet. Mithin wird eine flexible Stichtagsregelung gefordert, beispielsweise derart, dass zwischen Antrag auf Import und Entstehung der Stammzelle sechs Monate liegen müssen. Auch erscheine das System strafrechtlicher Sanktionen bedenklich, besonders im Hinblick auf Wissenschaftler, die im Ausland zur Zusammenarbeit mit deutschen Forschern bereit seien, jedoch aufgrund von Befürchtungen der Beihilfe-Strafbarkeit davor zurückschreckten[218].

Dieses Argument entkräftet jedoch *Hubert Hüppe*, welcher darauf hinweist, dass das Stammzellgesetz nur innerhalb Deutschlands gilt und somit für im Ausland handelnde Lieferanten keinesfalls relevant werden kann. Er spricht von „eingebauten“ Missbrauchsmöglichkeiten: Wer als Lieferant vom Ausland aus vorsätzlich falsche Angaben macht, ist in Deutschland nicht strafbar. Da als Nachweis praktisch nur die laborinterne Dokumentation in Frage kommt, auf die kein deutscher Staatsanwalt zugreifen können wird, ist eine Überprüfbarkeit kaum

---

216 *Ernst-Ludwig Winnacker*, Statement des DFG-Präsidenten zur Rede des Bundeskanzlers Gerhard Schröder in Göttingen am 14.06.2005, online verfügbar: http://www.dfg.de/ aktuelles_presse/reden_stellungnahmen/2005/download/statement_winnacker_050614.pdf.

217 *Ulrike Flach*, Stammzellforschung in Deutschland stärken, Pressemitteilung vom 17.05.2004, online verfügbar: www.ulrike-flach.de/presse.php?id=3455.

218 Siehe dazu die Forschungspolitiker um *Peter Hintze* und *Katherina Reiche*(CDU), in: *Eva Richter*, Stammzellgesetz-Tauziehen um Definitionen, DÄBl. 02 (Jg. 99), S. A -760.

gegeben[219]. Darüber hinaus sind unnötige Beweisschwierigkeiten und andere Missbrauchsmöglichkeiten (Rückdatierung der Embryonentötung vor dem Stichtag, Manipulation der Einwilligung der befugten natürlichen Personen und die Bestätigung über die ursprüngliche Bestimmung des Embryo zur Herbeiführung einer Schwangerschaft) zu befürchten.

Weiterhin wird aufgrund der rasenden Entwicklung in diesem Bereich eine Befristung des Gesetzes angeregt[220].

Rüdiger Wolfrum sieht weiterhin ein Problem bei der rechtlichen Verfügbarkeit der Stammzelllinien. Auf die amerikanischen Zelllinien sind meist Patente angemeldet, so dass jede Forschung der Genehmigung der Verwerterfirma bedarf. Somit schreibe das internationale Patentrecht das Monopol der Stammzellanbieter vor[221].

Ernst-Ludwig Winnacker, Präsident der Deutschen Forschungsgemeinschaft, äußerte sich hingegen vorsichtig optimistisch: „Wir können damit leben“. Er erwarte, das unter den ca. 70 Zelllinien, von denen weltweit ausgegangen wird, hinreichend viele für die Versuche, die durchgeführt werden sollen, geeignet sind[222]. Zur Frage der Kooperationsmöglichkeit deutscher Wissenschaftler mit ihren Kollegen im Ausland meinte *Winnacker*, dass die durch einen Änderungsantrag ins Gesetz aufgenommene Strafbewehrung überdacht werden müsse, falls deutsche Wissenschaftler im internationalen Kontext dadurch handlungsunfähig würden.

3. Bewertung

Die Forschung mit embryonalen Stammzellen ist, ungeachtet der möglichen Perspektiven für neue Heilungsmethoden, ethisch bedenklich. Im Bundestag sprach sich trotzdem nur eine Minderheit der Abgeordneten in den Beratungen des StZG für ein völliges Importverbot aus.

Die *Verfasserin* ist der Ansicht, dass das Stammzellgesetz einen sinnvollen Rahmen setzt. Der verabschiedete Entwurf erlaubt den Import künstlich befruchteter Zellen unter strengsten Voraussetzungen und bedroht Verstöße mit einer Freiheitsstrafe von bis zu drei Jahren. Die dabei vom StZG vorgesehenen Einschränkungen sind geeignet, eine grundlegende Forschung in Deutschland zu gewährleisten, jedoch ethische und moralische Grundhaltungen sowie grundge-

---

219 *Hüppe*, FN 215, S. 6.
220 http://www.izkf.uni-ulm.de/PRESSE1.htm.
221 *Wolfrum*, in: *Richter*, FN 218, S. A-761.
222 *Ernst-Ludwig Winnacker*, Interview im Westdeutschen Rundfunk, online verfügbar unter: www.dfg.de/aktuell/stellungnahmen/dokumentation_1.html.

setzliche Gewährleistungen hinreichend zu berücksichtigen. Der Versuch eines vorsichtigen Ausgleichs dieser Grundpositionen sollte nicht vorschnell verurteilt werden.

IV. Andere nationale Gesetze - ein Überblick

Den Normen des BGB, namentlich denen des Sachen- bzw. Deliktsrechts, welche aufgrund ihrer Verwurzelung im römischen bzw. alten deutschen Recht auf Realitätsannahmen beruhen, ist die moderne Biowissenschaft und Biotechnik völlig fremd. Die oft kritisierte „Sprachlosigkeit des Gesetzgebers“[223] zieht sich jedoch zum Teil auch durch andere Gesetze.

1. Transplantations- und Transfusionsgesetz

Das Gesetz über die Spende, Entnahme und Übertragung von Organen, sog. Transplantationsgesetz (TPG) vom 5. November 1997[224] und das Transfusionsgesetz (TFG) vom 1. Juli 1998[225] enthalten spezifische Regelungen über humanbiologisches „Material“. Hier zeigt sich, ähnlich dem Embryonenschutzgesetz, dass die Rechtsordnung, soweit sie spezielle Teilregelungen enthält, die erfassten Körpersubstanzen nicht als verkehrsfähige und kommerzialisierbare Gegenstände im üblichen Sinne behandelt[226]. Beispielsweise ist die Verfügung über Organe durch einen (Weiter-) Lebenden, die sog. Lebendspende, in § 8 TPG nur unter sehr restriktiven Voraussetzungen erlaubt.
Das *Transfusionsgesetz* normiert in spezifischer Weise den Umgang mit der Körpersubstanz „Blut“. Es dient nach § 1 dem Zweck „zur Gewinnung von Blut und Blutbestandteilen von Menschen und zur Anwendung von Blutprodukten für eine sichere Gewinnung von Blut und Blutbestandteilen und für eine gesicherte und sichere Versorgung der Bevölkerung mit Blutprodukten zu sorgen und deshalb die Selbstversorgung mit Blut und Plasma zu fördern“. Es regelt, dass nur solche Personen zur Spendeentnahme zugelassen werden, die unter der Verantwortung einer approbierten ärztlichen Person nach dem Stand der medizinischen Wissenschaft und Technik für tauglich befunden worden sind, § 5 Abs. 1 TFG. § 10 Abs. 1 TFG schreibt weiterhin vor, dass die Spendeentnahme unentgeltlich erfolgen muss. Atypisch für einen eigentumsrechtlichen Problemzugriff ist auch die Vorschrift des § 6 Abs. 2 TFG, wonach die spendende Person „über die mit der Spendeentnahme verbundene Erhebung, Verarbeitung und Nutzung personenbezogener Daten aufzuklären“ ist, wobei die Aufklärung von der spendenden Person schriftlich zu bestätigen ist.

---

223 So *Müller*, FN 6, S. 21.
224 BGBl. 1997 I S. 2631.
225 BGBl. 1998 I S. 1752 .
226 *Höfling*, FN 4, S. 103 ff.; Das auch eine andere Perspektive möglich ist, zeigen die Ausführungen von *Gabriele Wolfslast / Henning Rosenau*, Zur Anwendung des Arzneimittelgesetzes auf die Entnahme von Organ- und Gewebetransplantaten, NJW 1993, S. 2348 ff.

Das *Transplantationsgesetz* regelt, unter welchen Umständen Organe eines Menschen entnommen und einem anderen transplantiert werden dürfen. Grenzbereiche bergen immer die Gefahr des Missbrauchs; auch hierauf geht das TPG ein. Es legt fest, was im Zusammenhang mit Organspende und Transplantation erlaubt und was verboten ist. Für Verstöße werden bis zu 5 Jahre Haft angedroht.
§ 1 und § 2 des Gesetzes regeln den Anwendungsbereich. Demnach gilt das Gesetz für die Spende und die Entnahme von menschlichen Organen, Organteilen oder Geweben zum Zweck der Übertragung auf andere Menschen einschließlich der Vorbereitung dieser Maßnahmen. Es gilt ferner für das Verbot des Handels mit menschlichen Organen. Das Gesetz nimmt jedoch Blut, Knochenmark sowie embryonale und fetale Organe und Gewebe vom Anwendungsbereich aus. Insofern ist es für die hiesige Thematik nicht einschlägig.

2. Arzneimittelgesetz

Das Gesetz über den Verkehr mit Arzneimitteln vom 11. Dezember 1998[227] (AMG) möchte im Interesse einer ordnungsgemäßen Arzneimittelversorgung von Mensch und Tier für die Sicherheit im Verkehr mit Arzneimitteln, insbesondere für die Qualität, Wirksamkeit und Unbedenklichkeit der Arzneimittel sorgen, § 1 AMG.
Interessant für die Betrachtung ist es insofern, als menschliche Organe, Organteile, Gewebe und *Zellen* Stoffe im Sinne des § 3 Nr. 3 AMG sind. Sie sind als Arzneimittel gemäß § 2 Abs. 1 Nr. 1 AMG zu qualifizieren, wenn sie dazu bestimmt sind, durch Anwendung am oder im menschlichen Körper Krankheiten, Leiden, Körperschäden oder krankhafte Beschwerden zu heilen oder zu lindern. Diese arzneimittelrechtliche Einordnung steht durchaus im Einklang mit der Richtlinie 65/65/EWG, nach deren Art. 1 Abs. 3 alle Stoffe menschlicher Herkunft als Stoffe im Sinne der Richtlinie zur Angleichung der Rechts- und Verwaltungsvorschriften über Arzneimittel anzusehen sind[228].
Jedoch findet dieses Gesetz gemäß § 4 a Nr. 4 AMG keine Anwendung auf menschliche Organe, Organteile und Gewebe, die unter der fachlichen Verantwortung eines Arztes zum Zwecke der Übertragung auf Menschen entnommen werden, wenn diese Menschen unter der fachlichen Verantwortung dieses Arztes behandelt werden. Zellen sind nicht ausgenommen, bleiben also im Anwendungsbereich.
§ 5 Abs. 2 AMG regelt das Verbot bedenklicher Arzneimittel: „Bedenklich sind Arzneimittel, bei denen nach dem jeweiligen Stand der wissenschaftlichen Erkenntnisse der begründete Verdacht besteht, dass sie bei bestimmungsgemäßem

---

[227] BGBl. 1998 I S. 3586, zuletzt geänd. durch: Artikel 17 des Gesetzes vom 21. Juni 2005 (BGBl. 2005 I S. 1818).

[228] *Lars Christoph Nickel /Angelika Schmidt-Preisigke / Helmut Sengler*, Transplantationsgesetz-Kommentar, § 21 Rdnr. 1.

Gebrauch schädliche Wirkungen haben, die über ein nach den Erkenntnissen der medizinischen Wissenschaft vertretbares Maß hinausgehen." Insofern könnte eine Parallele zur Stammzellforschung zu ziehen sein[229].

3. Gentechnikgesetz

Das Gentechnikgesetz (GTG) vom 16. Dezember 1993[230] schafft erstmals verbindliche Regelungen für den Umgang mit gentechnisch veränderten Organismen im Labor und für die Freisetzung von gentechnisch veränderten Organismen.

Jedoch bestimmt § 3 b GTG, dass die Verfahren der In-vitro-Befruchtung sowie natürliche Prozesse wie Konjugation oder Transformation nicht als Verfahren der Veränderung genetischen Materials gelten, es sei denn, es werden gentechnisch veränderte Organismen verwendet oder rekombinante Nukleinsäuremoleküle, die im Sinne der Nummern 3 und 3a hergestellt wurden, eingesetzt. Somit hat das GTG keine Auswirkungen auf das hier behandelte Problemfeld.

4. Patentgesetz

Das Patentgesetz vom 16.12.1980[231] (PatG) sichert, neben dem Marken-, dem Gebrauchs- und Geschmacksmustergesetz, den Schutz neuer schöpferischer Erfindungen. Vor Erlass des Patentgesetzes konzentrierte sich die Rechtsentwicklung mangels legislativer Leitlinien zum Schutz biotechnologischer Erfindungen traditionell auf die Gerichte. Bereits 1969 stellte der BGH die Patentierbarkeit eines Tierzüchtungsverfahrens fest, soweit es wiederholbar ist[232]. Im Jahre 1975 bekräftigte das Gericht grundsätzlich die Patentierfähigkeit lebendiger Materie[233]. Nachdem der Gesetzgeber passiv blieb und das Europäische Parlament opponierte, billigte der BGH erst 1987 Patentschutz für Mikroorganismen, wenn die Reproduktionsmöglichkeit der neuen Züchtung durch Hinterlegung und Freigabe einer vermehrungsfähigen Probe ersetzt werden kann[234].

Das Patentgesetz definiert in den §§ 1 bis 25 PatG das Patent und nennt die patentierbaren Erfindungen. Neben biologischen Materialien sind auch Erzeugnisse daraus patentierbar, nicht jedoch der menschliche Körper in den einzelnen Phasen seiner Entstehung und Entwicklung, seine Zellen und Gensequenzen, § 1 a Abs. 1 PatG. Gemäß § 1 Abs. 2 PatG kann jedoch auch ein isolierter Bestandteil des menschlichen Körpers, welcher durch ein technisches Verfahren gewon-

---

229 Siehe vertiefend dazu: *Wolfslast / Rosenau*, FN 226, S. 2348 ff.

230 BGBl. 1993 I S. 2066, zuletzt geänd. durch das 2. GenTG-ÄndG vom 16. August 2002, BGBl. 2002 I S. 3220 ff.

231 BGBl. 1981 I S. 1, zuletzt geänd. durch das Gesetz zur Umsetzung der Richtlinie über den Schutz von biotechnologischen Erfindungen (RL 98/44/EG) vom 21. Januar 2005, BGBl. 2005 I, S. 146 ff.

232 BGHZ 52, 74 ff. („Rote Taube").

233 BGH, GRUR 1975, S. 430 ff. („Bäckerhefe").

234 BGH, GRUR Int. 1987, S. 357 ff. („Tollwutvirus").

nen wurde, einschließlich der Sequenz oder Teilsequenz eines Gens, eine patentierbare Erfindung sein. § 2 Abs. 1 PatG stellt jedoch klar, dass solche Erfindungen nicht patentierbar sind, deren gewerbliche Verwertung gegen die öffentliche Ordnung oder die guten Sitten verstoßen würde. § 2 Abs. 2 PatG nennt hierbei insbesondere folgende Verfahren, für welche Patente nicht erteilt werden: für Verfahren zum Klonen von menschlichen Lebewesen (Nr. 1), Verfahren zur Veränderung der genetischen Identität der Keimbahn des menschlichen Lebewesens (Nr. 2) und die Verwendung von menschlichen Embryonen zu industriellen oder kommerziellen Zwecken (Nr. 3). Vielmehr sind bei Anwendung der Nummern 1 bis 3 die entsprechenden Vorschriften des Embryonenschutzgesetzes maßgeblich, § 2 Abs. 2 a. E. Insofern erlangt das Patentgesetz für die vorliegende Betrachtung keine weiterführende Bedeutung.

5. Umsatzsteuergesetz

Humanbiologisches „Material" ist auch Gegenstand wirtschafts- und abgabenrechtlicher Regulierung. Somit ist ein Rechtsgebiet anzusprechen, in dem man einen biowissenschaftlichen Bezug kaum erwartet hätte - das Umsatzsteuergesetz vom 26. November 1979[235] (UStG). Hier bestimmt § 4 Nr. 17 a UStG, dass „die Lieferungen von menschlichen Organen, menschlichem Blut und Frauenmilch", obwohl es sich grundsätzlich um steuerpflichtige Lieferungen handelt, umsatzsteuerfrei sind".[236].

6. Richtlinien und Berufsordnungen

Weiterhin nehmen verschiedene Richtlinien und Berufsordnungen Bezug auf den Embryonenschutz, so u.a. die Berufsordnung für deutsche Ärztinnen und Ärzte[237], die Richtlinien zur Durchführung der assistierten Reproduktion[238], Richtlinien zur Transplantation peripherer Blutstammzellen vom 01.06.1997[239] sowie Richtlinien zur Transplantation von Stammzellen aus Nabelschnurblut vom 14.05.1999[240]. Eine detaillierte Darstellung dieser Vorschriften kann in diesem Rahmen nicht erfolgen.

---

235 BGBl. 1979 I S. 1953, zuletzt geändert durch Gesetz vom 21. Februar 2005, BGBl. 2005 I S. 386.

236 *Höfling*, FN 4, S. 95.

237 Abgedruckt in: DÄBl 97 (Jg. 00), S. A-2730 ff.

238 Vom Deutschen Ärztetag ursprünglich 1991 als „Richtlinien zur Durchführung des intratubaren Gametentransfers, der In-vitro-Fertilisation mit Embryotransfer und anderer verwandter Methoden" verabschiedet. Wegen neuer Techniken auf dem Gebiet der Reproduktionsmedizin wurde eine weitere Überarbeitung dieser Richtlinien erforderlich, abgedruckt in: DÄBl. 95 (Jg.98), S. A 3166 ff.

239 Abgedruckt in: DÄBl. 94 (Jg.97), S. A 1584 ff.

240 Abgedruckt in: DÄBl. 96 (Jg.99), S. A 1297 ff.

V. Fazit

Das ESchG und das StZG setzen der embryonalen Stammzellforschung einen sinnvollen Rahmen. Ob die vorliegenden Regelungen künftig ausreichen oder ernsthafte Schutzlücken offenbaren, welche nicht mit den verfassungsrechtlichen Gewährleistungen zu schließen sind, wird erst die künftige Entwicklung der embryonalen Stammzellforschung zeigen.

5. Kapitel: Embryonenforschung im Vergleich

Im Zuge einer umfassenden Betrachtung und Bewertung der biomedizinischen Entwicklungen und Sachstände sollen im Folgenden Regelungen und Gesetze anderer, vor allem europäischer, Mitgliedstaaten dargestellt werden[241].

A. Großbritannien

Schon seit 1990 ist in Großbritannien die Forschung mit menschlichen Embryonen bis zum 14. Tag der Entwicklung zur Verbesserung von fortpflanzungsmedizinischen Behandlungsmethoden rechtlich zulässig. Denn nach dem „Fertilisation and Embryology Act" von 1990[242] dürfen Embryonen unter bestimmten Voraussetzungen für Forschungszwecke verwendet und auch durch Kerntransfer erzeugt werden.

Zu den Voraussetzungen gehört, dass die genetischen Eltern zustimmen und der für die Forschung verwendete Embryo noch keinen Primitivstreifen hat bzw. nicht älter als 14 Tage ist. Zudem muss eine Lizenz der zuständigen Kontrollbehörde, der Human Fertilisation and Embryology Authority (HFEA), vorliegen. Bedingung für die Lizenzvergabe ist, dass das Forschungsvorhaben notwendig ist und darauf abzielt, Infertilitätstherapien oder Verhütungsmethoden zu verbessern, Kenntnisse über die Ursachen von Fehlgeburten oder Erbkrankheiten zu vermehren, zur Verbesserung der In-vitro-Technik beizutragen oder Methoden zur Entdeckung von Gen- oder Chromosomanomalien bei Embryonen vor der Implantation zu entwickeln. Das Forschungsvorhaben muss im Hinblick auf diese Ziele alternativlos und die Verwendung von Embryonen unumgänglich für die Forschung sein[243].

Weiterhin darf der Embryo nur gerade für den in der entsprechenden Bewilligung ausdrücklich festgelegten Forschungszweck aufbewahrt und benützt werden. Alle Projekte werden von einem konkret zusammengestellten Ethikkomitee am jeweiligen Labor untersucht[244]. Die Implantation von nicht-menschlichen Embryonen oder Gameten wird ausdrücklich verboten, die Forschungsbewilligung wird für maximal drei Jahre erteilt. Dabei vergewissert sich die HFEA,

---

[241] Siehe vertiefend dazu: *Simon*, FN 12, S. 122, Rdnr. 289 ff., siehe auch: *ders.*, FN 59, S. 62 ff.

[242] Human Fertilisation and Embryologie Act (HFEA) 1990, c.37; online verfügbar unter: http://www.opsi.gov.uk/acts/acts1990/Ukpga_19900037_en_1.htm.

[243] *Simon*, FN 12, S. 118, Rdnr. 276; *Robin C. MacKellar* (Hrsg), Reproductive Medicine and Embryological Research - A European Handbook of Bioethical Legislation, S. 13.

[244] *Koechlin Büttiker*, FN 19, S. 181 ff.

dass „human embryos are used responsibly and that infertile patients are not exploited at a vulnerable time" [245].
Im Dezember 1998 publizierte die HFEA und die Human Genetics Advisory Commission Empfehlungen, denen zufolge das Klonen für die Forschung, nicht aber für die Fortpflanzung, zugelassen werden sollte. Dies setzte eine Diskussionswelle in Gang. Das britische Parlament stimmte am 19. Dezember 2000 mit großer Mehrheit (366 zu 174 Stimmen) einer Erweiterung des Fortpflanzungsgesetzes zu. Demnach ist das Klonen von menschlichen Embryonen für therapeutische Zwecke erlaubt. Ferner dürfen menschliche Embryonen zu Forschungszwecken in-vitro hergestellt werden. Jedoch ist nur solche Forschung erlaubt, die eine medizinische Anwendung als Heilmittel für bestimmte Leiden zum Ziel hat. Großbritannien war damit das erste Land Europas, in dem Embryonen geklont werden durften. Das Gesetz passierte am 22.01.2001 das Oberhaus, obwohl die Mitglieder des britischen Oberhauses der Gesetzesinitiative zuvor durchaus kritisch gegenüberstanden. Erst im Verlaufe der mit Naturwissenschaftlern geführten Debatte zeichnete sich eine Meinungsänderung ab. Neben dem Argument, dass eine Verbesserung des menschlichen Lebens gegenüber einem absoluten Embryonenschutz vorrangig sei, spielten wirtschaftliche Überlegungen eine Rolle[246].
Durch diese am 31. Januar 2001 in Kraft getretenen Human Fertilisation an Embryology (Research Purposes) Regulations wurde die Liste lizenzfähiger Forschungsziele im Blick auf die Forschung mit humanen embryonalen Stammzellen erweitert. Demnach können nun die Verwendung wie auch die Erzeugung von Embryonen zu Forschungszwecken auch dann eine Lizenz erhalten, wenn die Forschungsvorhaben die Absicht verfolgen, das Wissen über die Embryonalentwicklung oder über schwere Krankheiten zu erweitern oder derartiges Wissen in die Entwicklung von Therapien für schwere Krankheiten umzusetzen[247]. Eine laufend aktuell gehaltene Liste der bisher lizenzierten Forschungsprojekte mit humanen embryonalen Stammzellen (Stand 15. September 2005: 33 Lizenzen) befindet sich auf den Internetseiten der HFEA[248].
Das reproduktive Klonen bleibt in Großbritannien aber weiterhin verboten. Die britische Regierung brachte im Schnellverfahren im November 2001 ein neues Gesetz gegen das reproduktive Klonen im Parlament ein[249].

Erlaubt sind in Großbritannien ebenfalls aufgrund des Surrogacy Arrangements Act 1985, des Family Law Reform Act 1987 und des Embryology Act von 1990

---

245 HFEA, Third annual report (1994), S. 2, online verfügbar unter: http://www. hfea.gov.uk/ HFEAPublications/AnnualReport.

246 *Randzio-Plath*, FN 59, Pkt. 3 (S.7).

247 Siehe dazu ausführlich: http://www.hfea.gov.uk/PressOffice/Archive/34463231, a.E.

248 Siehe dazu: http://www.hfea.gov.uk/Research/HFEAresearchlicences.

249 http://www.bundesregierung.de/dokumente/Schwerpunkte/Gentechnik/ix5703_31848.htm., sowie: http://www.hfea.gov.uk/PressOffice/Archive/34463231.

auch die In-vitro-Fertilisation und der Embryonentransfer, die Eizell- und Embryonenspende, die Kryokonservierung und die Leihmutterschaft. Auch die PID ist in Großbritannien grundsätzlich erlaubt, und zwar in vier Zentren. Jedoch ist die Anwendung zur Geschlechtswahl verboten[250].

B. Frankreich

Von den direkten Nachbarländern besitzt momentan Frankreich die großzügigste Regelung, wenn diese auch weniger liberal ist als die in Großbritannien.
Die Loi n° 94-654[251] vom 29. Juli 1994 gestattet die Erzeugung eines Embryo in-vitro nur im Rahmen der medizinisch assistierten Fortpflanzung (Art. L. 152-3). Die Erzeugung eines Embryo in-vitro zu Forschungszwecken sowie jegliche Forschung mit Embryonen ist grundsätzlich verboten (Art. L. 152-8), unter bestimmten Umständen aber zulässig. Dies setzt die schriftliche Zustimmung des Paares voraus, einen medizinischen Zweck, welcher den Embryo nicht schädigt, sowie die Zustimmung des Comité National d`Ethique. Weiterhin müssen die Untersuchungen innerhalb von sieben Tagen nach der Befruchtung stattfinden[252]. Eine den Embryo schädigende Gewinnung humaner embryonaler Stammzellen ist nicht erlaubt, die Einfuhr und Verwendung embryonaler Stammzellen hingegen schon.
Im Verlaufe des Jahres 2003 billigte der französische Senat sowie die Nationalversammlung eine Vorlage über die Embryonenforschung und die Stammzellgewinnung. Nun dürfen in Frankreich embryonale Stammzellen aus überzähligen Embryonen unter bestimmten Voraussetzungen gewonnen werden[253]. Verboten bleibt das sogenannte therapeutische Klonen, also die Herstellung eines geklonten menschlichen Embryo zum Zweck der Stammzellgewinnung. Die PID ist in *Frankreich* gesetzlich erlaubt[254].

C. Regelungen anderer europäischer Staaten

I. Klonen

Bezüglich des Klonens ist festzustellen, dass in der *Schweiz* (ebenso wie in Deutschland gemäß § 6 ESchG) ein ausdrückliches Verbot besteht. Art. 119 der Schweizer Verfassung bestimmt, ergänzt durch die am 01.01.2001 in Kraft getretene Strafbestimmung des Art. 36 FortpflanzungsmedizinG (FMedG), dass „alle Arten des Klonens und Eingriffe in das Erbgut menschlicher Zellen unzulässig sind“.

---

250 Human Fertilisation and Embryology Act, FN 242, para. 7, 20, 45.
251 Online verfügbar unter: http://www.legifrance.gouv.fr/texteconsolide/SPEBX.htm. und http://www.genethique.org/carrefour_infos/textes_officiels/titres_textes/textes/loi_n94654.htm.
252 *Simon*, FN 12, S. 119, Rdnr. 277.
253 Siehe dazu: *Koechlin Büttiker*, FN 19, S. 183.
254 Viville et al., Hum Reprod 13/1998, 1022 - 1029.

In *Österreich* besteht hingegen ein implizites Klonverbot, obwohl die österreichische Bundesverfassung keinen ausdrücklichen Grundsatz der Menschenwürde enthält[255].
Auch andere Staaten, die im Bereich der Stammzellenforschung eher liberal eingestellt sind, wie *Dänemark, Finnland, Schweden, Spanien und Italien* verbieten zumindest das reproduktive Klonen in den entsprechenden Gesetzen zur Fortpflanzungsmedizin. *Schweden* und *Spanien* gehören zu den Ländern, die zwar das Klonen von Menschen bislang gesetzlich untersagen, doch haben sich deren nationale Ethikräte in Stellungnahmen für die Unterstützung des therapeutischen Klonens ausgesprochen. Ob und inwieweit diese unterstützenden Stellungnahmen letztlich zu gesetzlichen Änderungen führen, bleibt abzuwarten. In *Dänemark* hat sich der Ethikrat auf keine einheitliche Position festlegen können.
Zu den Ländern in denen bislang keine spezifische gesetzliche Regelung vorhanden ist, zählen die *Niederlande, Portugal, Belgien und Luxemburg*. Da der Gesetzgeber insoweit weder durch ein Verbot eine negative Entscheidung noch durch eine ausdrückliche Erlaubnis eine positive Entscheidung getroffen hat, bewegt sich das therapeutische Klonen hier in einer Grauzone[256].

II. Embryonenforschung

In *Österreich* ist es ebenso wie in *Irland* seit 1992 verboten, Stammzellen aus Embryonen zu gewinnen sowie an importierten embryonalen Stammzellen im Land zu forschen. In *Irland* ergibt sich das Verbot der Embryonenforschung implizit durch die achte Änderung der Verfassung, die ausdrücklich das Recht des ungeborenen Lebens anerkennt. Daraus folgt im Umkehrschluss, dass die Embryonenforschung nicht zulässig ist. Die sehr strenge Vorgehensweise Irlands in dieser Beziehung wird bereits im Urteil *Grogan* deutlich. Nach Vorabentscheidungsersuchen beim EuGH, welcher das Vorgehen als nicht gemeinschaftsrechtswidrig ansah, entschied das irische Gericht, dass sogar Informationen über legale Schwangerschaftsabbrüche im EU-Ausland nicht verbreitet werden dürfen[257]. Zusätzlich bilden die ethischen Richtlinien des Medical Council eine Schranke für die praktische Durchführung der Embryonenforschung. Demnach sind alle Embryonen nach einer In-vitro-Befruchtung in den weiblichen Körper einzupflanzen[258].
Auch *Norwegen* sieht ein ausdrückliches Verbot der verbrauchenden Forschung an befruchteten Eizellen vor, schließt also auch die Forschung an überzähligen

---

255 Auch die verfassungsgerichtliche Erkenntnis - VfSlg 13.635/1993 - wonach die Menschenwürde als „allgemeiner Wertungsgrundsatz unserer Rechtsordnung" angesprochen wird, lässt jeden Hinweis darauf vermissen, dass bzw. weshalb ein solcher Grundsatz im Verfassungsrang steht.
256 *Randzio-Plath*, FN 59, Pkt. 3 (S. 8).
257 EuGH, Urteil vom 4.10.1991, Rs C-159/90, Slg. 1991 I-4685, Rdnr. 32. - Grogan.
258 *MacKellar*, FN 243, S. 17.

Embryonen aus[259]. Die Mehrheit der Länder, z.B. *Schweden, Dänemark, Spanien,* erlaubt entsprechend Großbritannien und Frankreich, hingegen die Embryonenforschung, sofern bestimmte Bedingungen erfüllt sind[260].
In *Dänemark* sieht das Gesetz vom 24.7.1972 vor, dass das Befruchten und Sammeln von Eizellen unter bestimmten Voraussetzungen zu Forschungszwekken erlaubt ist[261]. Seit dem Erlass des „Act on a Scientific Ethical Commitee System and the handling of biomedical research projects“[262] wird Embryonenforschung bis zum 14. Entwicklungstag zugelassen, allerdings nur mit Bewilligung der nationalen Ethikkommissionen. Die Chimären- und Hybridbildung sowie das Klonen ist ebenso verboten wie die Erzeugung von Embryonen für Forschungszwecke. Kryokonservierte befruchtete Eizellen und Embryonen dürfen höchstens ein Jahr oder bis zum Tod eines Elternteils oder bis zu deren Trennung aufgehoben werden[263].
Auch *Spanien* lässt die Forschung an und Experimente mit (überzähligen) menschlichen Gameten und befruchteten Eizellen innerhalb des gesetzlichen Rahmens (Begriff des „Präembryo“) nach ausdrücklicher Einwilligung der Eltern zu. Dabei ist es aber verboten, Embryonen für Forschungszwecke zu entwickeln, für Forschungszwecke auszuspülen, zu klonieren und Chimären oder Hybridwesen zu bilden, das Geschlecht zu beeinflussen oder aus anderen als aus therapeutischen Gründen Eingriffe in die Gene vorzunehmen[264].
In *Finnland, Belgien, Luxemburg, Griechenland, Portugal* und *Italien* ergibt sich die Zulässigkeit dieser Forschung aus dem Fehlen gegenläufiger Regelungen, auch wenn vereinzelt bereits anderslautende Empfehlungen bzw. Entwürfe existieren[265].

---

259 Gesetz Nr. 68 vom 12.6.1987, Ziff. 3 Abs. 4 „Research on fertilized eggs shall be permitted“.
260 *Simon*, FN 12, S. 119, Rdnr. 276.
261 *Simon*. FN 12, S. 120, Rdnr. 278, *MacKellar*, FN 243, S. 13 f.
262 Act no. 503 vom 24.06.1992.
263 *Koechlin Büttiker*, FN 19, S. 185, m.w.N.
264 Siehe dazu: Gesetz 35/1988 vom 22. November 1988, geänd. durch Gesetz 10/1995 vom 23. November 1995 (Unterscheidung zwischen Präembryo, Embryo und Fetus), sowie Gesetz 42/1988 vom 28. Dezember 1988 (Bedingungen für Spende und Verwendung von Embryonen - http://www.europarl.eu.int/stoa/publi/pdf/briefings/14_de.pdf; FAZ vom 31. Juli 2003, Erlaubnis steht bevor - Embryonenforschung in Spanien, S. 30: Ein Gesetzentwurf sieht vor, dass die etwa 200 000 in Reproduktionskliniken eingefrorenen Embryonen zur Forschung etwa mit Stammzellen freigegeben werden sollen. Allerdings müssen die betroffenen Eltern einwilligen. Neue Embryonen dürfen nicht für die Forschung hergestellt werden. Verboten bleibt auch das „therapeutische“ Klonen.
265 *Linda Nielsen*, Legal consensus and divergence in Euroe in the area of human embryology - room for harmonisation ?, S. 325 ff.; *Simon*, FN 12, S. 119, Rdnr. 279.

III. In-vitro-Fertilisation, PID und Keimbahntherapie

Die In-vitro-Fertilisation ist, soweit ersichtlich, in keinem europäischen Land grundsätzlich gesetzlich verboten. Jedoch bestehen verschiedene Auffassungen bezüglich der Anwendungsvoraussetzungen und Zulassungsgründe.

In *Deutschland* ist, wie bereits dargestellt, gemäß § 1 Abs. 1 Nr. 2 ESchG die gezielte Erzeugung von Embryonen zu Forschungszwecken ausdrücklich verboten. Ähnlich stellt sich die Rechtslage in *Österreich* gemäß § 17 Abs. 2 Fortpflanzungsmedizingesetz (FMedG vom 01.07.1992) dar. Auch *Spanien*[266] und *Norwegen*[267] haben ein ausdrückliches Verbot verankert. In *Großbritannien* wird die Erzeugung von Embryonen in-vitro nur insofern eingeschränkt, als die Vornahme einer IVF nur mit entsprechender Bewilligung erlaubt ist[268]. Es besteht keine ausdrückliche Regelung auf Gesetzesebene, welche vorschreibt, dass Embryonen nur für die Herbeiführung einer Schwangerschaft entwickelt werden dürfen. Nach dem Code of Practice des HFEA dürfen im Rahmen einer IVF-Behandlung nicht mehr als drei Embryonen übertragen werden. Wenn trotzdem überzählige Embryonen entstehen und keine Kryokonservierung möglich ist, so darf mit Einwilligung des Gametenspenders an den überzähligen Embryonen geforscht werden[269].

Auch die genetische Untersuchung künstlich befruchteter Eizellen vor dem Einpflanzen (PID) wird in den europäischen Ländern sehr unterschiedlich beurteilt. In *Deutschland* wird diese Art der Diagnostik durch das ESchG wohl verboten, § 2 Abs. 1 ESchG[270]. In *Österreich* ist ebenfalls durch § 9 Abs.1 FMedG bestimmt, dass entwicklungsfähige Zellen nicht für andere als für medizinisch unterstützte Fortpflanzungen verwendet werden dürfen. Diese Zellen dürfen nur insoweit untersucht werden, als dies zur Herbeiführung einer Schwangerschaft erforderlich ist. Mithin ist die Durchführung der PID an entwicklungsfähigen Zellen unzulässig. Jedoch wird zu nicht entwicklungsfähigen Zellen keine Aussage getroffen. Insbesondere unterliegt die Durchführung einer In-vitro-Fertilisation als Methode zur Bereitstellung von untersuchbarem Zellmaterial nicht der Beschränkung, nur für Zwecke der Fortpflanzungsmedizin zulässig zu sein. Mithin ist PID an nicht mehr entwicklungsfähigen Zellen erlaubt[271]. In der *Schweiz* wird die Methode der PID derzeit nicht praktiziert, aber sehr kontrovers

---

[266] Gesetz Nr. 35/1988 vom 22.Novenber 1988 betreffend einige Techniken der assistierten Fortpflanzung, Art. 14 Abs. 3 i.V.m. Art.1.: http://www.europarl.eu.int/stoa/publi/pdf/briefings/14_de.pdf.

[267] Gesetz Nr. 68 vom 12.6.1987 über die künstliche Befruchtung, siehe auch ausführlich: *Leonhard Hennen / Arnold Sauter*, Präimplantationsdiagnostik, Praxis und rechtliche Regulierung in sieben ausgewählten Ländern, Sachstandsbericht Februar 2004, S. 113.

[268] Human Fertilisation and Embryology Act, FN 242, section (3) (1) a-b.

[269] HFEA, Third annual report (1994), FN 245, S. 14.

[270] Siehe dazu oben: Teil I, 2. Kap., IV., 2., c., Rechtliche Zulässigkeit, S. 33 f.

[271] *Simon*, FN 58, S. 67.

diskutiert[272]. Ein Gesetzesvorhaben soll sie verbieten. In *Spanien* existiert seit 16.02.2006 ein Gesetz, dass die PID unter bestimmten Voraussetzungen erlaubt[273]. Zum jetzigen Zeitpunkt ist es noch nicht in Kraft getreten, aber die PID wird bereits nach der kulturellen und rechtlichen Tradition, trotz des starken katholischen Einflusses, als erlaubt angesehen.

Ebenso gestaltet sich die Rechtslage in *Dänemark*. Zur Zeit bestehen hier bezüglich der PID keine speziellen Regelungen. Das Gesetz Nr. 503 vom 24. Juni 1992 lässt die Forschung an Embryonen zu, soweit sie der Verbesserung der In-vitro-Fertilisation zur Herbeiführung einer Schwangerschaft dienen soll, § 14. Die befruchtete Eizelle darf nicht länger als 14 Tage außerhalb der Gebärmutter der Frau aufgehoben werden. Allerdings ist davon nicht die Zeitspanne umfasst, in der das Ei gefroren aufbewahrt wird. Gemäß § 14 Abs. 4 dürfen befruchtete Eizellen, die der biomedizinischen Forschung gedient haben, nicht in die Gebärmutter eingesetzt werden, sofern die Gefahr einer genetischen Krankheit oder einer Missbildung oder Behinderung aufgrund der Forschung besteht. Im Mai 1997 ist der „Act on Assisted Reproduction in Connection with Medical Treatment, Diagnosis and Research" im Folketingets, dem dänischen Parlament, beraten worden. Dieses als Verbotsgesetz ausgestaltete Gesetz verbietet jede Art der PID, außer dem explizit benannten Fall, dass ein bekanntes, erhebliches Risiko einer Erbkrankheit für das Kind besteht und das durch diesen Eingriff die chromosomale Anormalität bestätigt oder ausgeschlossen werden kann[274].

1990 hat das „Nordic Council" die Regierungen der nordischen Staaten aufgefordert, auf eine einheitliche Gesetzgebung im Bereich der Biotechnologie hinzuarbeiten. Sowohl *Schweden, Norwegen* als auch *Dänemark* haben ein System von Ethikkomitees für die Forschung aufgebaut. Durch Gesetz bereits zulässig ist die PID in *Norwegen*[275]. Auch in *Schweden* und *Italien* laufen Gesetzesvorha-

---

[272] Der Nationalrat will - entgegen dem Ständerat - die PID nicht zulassen (Schweizer Tagesanzeiger vom 25.06.1998). Der Bundesrat schlägt vor, die PID zu verbieten (Entwurf des BundesfortpflanzungsmedizinG vom 26.06.1996). Die schweizerische Verfassung sieht in Art. 24 Abs. 2 S. 1 vor, dass Eingriffe in das Erbgut von menschlichen Keimzellen und Embryonen unzulässig sind. Auch die Landesgesetzgebung verbietet Eingriffe in das Erbgut von Keimzellen, lebenden Embryonen und Föten (§ 6 Abs. 1 Gesetz betreffend die Reproduktionsmedizin beim Menschen, Kanton Basel-Stadt). Gleiches gilt für die medizinisch-ethischen Richtlinien der Schweizer Akademie der medizinischen Wissenschaften für die ärztlich assistierte Fortpflanzung von 1990. Darüber hinaus soll im Rahmen einer Totalrevision der schweizerischen Bundesverfassung Art. 111 Abs. 2a eingeführt werden, wonach u.a. alle Eingriffe in das Erbgut von menschlichen Keimzellen und Embryonen verboten sind.

[273] Siehe dazu: www.epd.de/index_39881.html.

[274] *Simon*, FN 58, S. 64.

[275] Siehe dazu ausführlich: *Hennen / Sauter*, Präimplantationsdiagnostik, FN 267, S. 112 ff.: Das im Jahre 1994 verabschiedete norwegische Gesetz zur Biomedizin lässt die PID ausdrücklich zu, verbietet aber die Forschung an menschlichen Embryonen. Da die PID vom Gesundheitsministerium als Forschungsvorhaben betrachtet wurde, bestand ein faktisches Verbot der PID. Eine im November 2003 verabschiedete Gesetzesnovelle lässt die PID

ben, welche die PID erlauben wollen, anders wiederum in *Portugal*. Ohne Gesetz wird die PID in *Belgien, den Niederlanden* und *Griechenland* praktiziert[276]. Fast durchweg verboten ist die Keimbahntherapie, ausdrücklich allerdings nur in *Deutschland* (§ 5 ESchG), *Österreich* (§ 64 Gentechnikgesetz) und *England* (HFEA, section 3 (3) (d)).

D. Außereuropäische Regelungen

In den *USA* gestaltete sich die bioethische Entwicklung wie folgt: Im September 1999 gab das National Bioethics Committee in einer Stellungnahme die Empfehlung, der Staat solle nur die Stammzellforschung finanziell unterstützen, die mit abgetriebenen oder abgegangenen Föten oder mit überzähligen Embryonen nach einer Unfruchtbarkeitsbehandlung durchgeführt wird. Im Oktober 2001 haben die USA daraufhin das Verbot für die staatlich finanzierte Forschung mit embryonalem Gewebe aufgehoben und die Förderung der Forschung mit humanen embryonalen Stammzellen unter bestimmten Bedingungen erlaubt[277]. Gegenwärtig werden folglich weder die Forschung mit embryonalen Stammzellen noch ihre Entnahme aus Embryonen durch Bundesrecht verboten. Jedoch ist festgelegt, Forschung die einem Embryo schadet, nicht mit Bundesmitteln zu fördern. Im US-Kongress sind zur Zeit mehrere Bundesgesetze anhängig, die sich auf die Forschung mit humanen embryonalen Stammzellen beziehen.
Das President´s Council on Bioethics, das von Präsident George W. Bush eingerichtet wurde, legte am 11. Juli 2002 einen Report "Human Cloning and Human Dignity. An Ethical Inquiry" vor. In diesem Report stimmten 10 der 18 Mitglieder des Council für ein vierjähriges Moratorium des therapeutischen Klonens, 7 Mitglieder sprachen sich für eine sofortige, bedingte Zulassung des therapeutischen Klonens aus.
Am 27. Juni 2003 verabschiedete das amerikanische Repräsentantenhaus den Entwurf eines Gesetzes gegen das Klonen von Menschen, das auch ein Verbot der Herstellung von Kerntransfer-Embryonen vorsieht[278]. Dieses Klonverbot be-

---

nur im Falle eines bestehenden Risikos für eine geschlechtsgebundene, schwere und nicht behandelbare erbliche Erkrankung zu.

276 *Jachertz*, FN 54, S. 9.

277 Diese Bedingungen wurden am 9. August 2001 von Präsident George W. Bush festgesetzt. Demnach ist nur die Forschung mit solchen Stammzelllinien förderungsfähig, die bereits vor dem 9. August 2001 aus überzähligen, ursprünglich allein zu Fortpflanzungszwecken gezeugten Embryonen und mit dem informierten Einverständnis der Spender hergestellt wurden. Den Spendern dürfen keine finanzielle Vergünstigung versprochen worden sein. Nicht förderungsfähig sind die Gewinnung oder Verwendung von Stammzellen aus nach diesem Stichtag zerstörten Embryonen, die Zeugung von Embryonen zu Forschungszwekken oder das Klonen von Menschen unabhängig von dem verfolgten Zweck. Die National Institutes of Health haben ein Register mit den Stammzelllinien erstellt, auf die die geforderten Bedingungen zutreffen.

278 Die Gewinnung von Stammzellen aus vorhandenen Kerntransfer-Embryonen ist in den USA bundesrechtlich bisher nicht verboten. Jedoch wird sie nicht mit Bundesmitteln gefördert.

zieht sich auf den Kerntransfer einer menschlichen somatischen Zelle in eine entkernte Eizelle. Da der entstehende Organismus genetisch praktisch („virtually“) identisch ist mit einem lebenden oder verstorbenen menschlichen Organismus, enthält der Gesetzentwurf somit auch ein Verbot des therapeutischen Klonens. Darüber hinaus stellt er die Verwendung wie auch den Import auf solche Weise erzeugter Embryonen sowie jedweder daraus entwickelter Produkte unter Strafe. Der Senat hat dem Gesetzentwurf noch nicht zugestimmt[279].

Japan ahndet das Klonen von Menschen durch Gesetz vom Dezember 2000 mit einer Haftstrafe von bis zu 10 Jahren oder schweren Geldstrafen. Dies ist der Fall, da Klonen schwere Auswirkungen auf die Menschenwürde, die biologische Sicherheit des menschlichen Körpers und die öffentliche Ordnung haben könne[280].

In *China* existieren kaum Richtlinien zum Umgang und zur Forschung mit embryonalen menschlichen Stammzellen. Forscher, die sich mit Stammzellen beschäftigen, konnten in China bisher reichlich Grundlagenforschung betreiben. Nun diskutiert die chinesische Regierung über einen strengeren Embryonenschutz und Einschränkung der menschlichen Stammzellforschung[281].

In *Russland* gibt es keinerlei Gesetze, die die Genforschung behindern oder beeinträchtigen[282].

E. Fazit

Zusammenfassend lässt sich innerhalb Europas eine Abstufung bioethischer Regelungen in drei verschiedene Schutzniveaus feststellen.

Schutzstufe 1 - die Forschung am Embryo ist überhaupt nicht erlaubt, oder nur zur Erhaltung des konkret betroffenen Embryo. Dieser Standard wird neben Deutschland und Österreich auch in Irland, Luxemburg und der Schweiz erfüllt. Damit stellen diese Länder lediglich eine Minorität der europäischen Staaten dar[283].

---

279 Für weitere z. Zt. anhängige Gesetzentwürfe siehe: National Institutes of Health (NIH), unter: http://www.nih.gov/.

280 Siehe dazu: Gen-ethischer Informationsdienst Nr. 144, Februar/März 2001, Japan –Klonen verboten, unter: http://www.gen-ethisches-netzwerk.de/gid/TEXTE/ARCHIV/PRESSEDIENST_GID144/MEDIZIN144.HTML#Anker938532.

281 Siehe dazu: Bioethik Diskurs, 48/2 KW 2003 Embryonale Stammzellforschung in China und Russland, http://www.bioethik-diskurs.de/documents/archiv/News/News_2003/48KW20032/view.

282 www.krref.Krefeld.schulen.net/referate/ethik/r0766t00.htm (Stand: 24.07.2002).

283 *Simon*, FN 12, S. 118, Rdnr. 272.

Schutzstufe 2 - erlaubt die Forschung mit Embryonen, verlangt aber in einem weiteren Sinne einen „gruppennützigen" Forschungszweck, d.h. die Forschung muss sich z.B. auf die Verbesserung der Techniken künstlicher Befruchtung oder auf die Vermeidung von Fehlgeburten beziehen. Dieser Standard wird in Dänemark, Frankreich und Schweden verfolgt.

Schutzstufe 3 - erlaubt die weitestgehenden Forschungen. Eingeschränkt werden die Forschungsmöglichkeiten nur dadurch, dass die Forschung nur in den ersten vierzehn Tagen nach der Befruchtung zulässig ist. Dies ist in Großbritannien, teilweise aber auch in Finnland, Griechenland, Niederlande und Spanien der Fall[284].

Somit wird deutlich, dass sich die Politik und Gesetzgebung in Europa im Bereich des Klonens ähnlich uneinheitlich wie im Bereich der Stammzellenforschung präsentiert. Zu erwarten ist, dass immer mehr EU-Länder zumindest das Klonen für rechtswidrig erklären werden, schon wegen den Bestimmungen der Biomedizin - Konvention und deren Klonverbot - Protokoll, welches jeden Eingriff verbietet, der darauf abzielt, ein menschliches Lebewesen zu schaffen[285].

6. Kapitel: Rechtliche Rahmenbedingungen auf regionaler Ebene

A. Primärrechtliche Kompetenzen der Europäischen Union

Art. 6 Abs. 1 EU macht die Wahrung der Menschenrechte unter Achtung der nationalen Identitäten zu einem zentralen Anliegen der Union. Art. 3 Abs. 1 lit. c) EG verankert einen gemeinsamen Binnenmarkt, lit. n) die Förderung der Forschung und lit. p) die Gewährleistung eines hohen Gesundheitsschutzniveaus als Aufgabe der Gemeinschaft. Diese Ziele begründen jedoch keine Kompetenzen der EU zum Handeln in bioethischer Hinsicht[286]. Der Vertrag der Europäischen Gemeinschaften enthält jedoch auch einen Titel X „Gesundheitswesen". Als Kompetenzvorschrift käme somit zunächst dessen Art. 152 EG in Betracht.

I. Art. 152 EG

Art. 152 EG widmet sich dem Gesundheitsschutz. Durch den Vertrag von Amsterdam ist Art. 152 EG (ex - Art. 129 EGV) erheblich geändert worden. Der neue Art. 152 EG bündelt die Instrumentarien und Kompetenzen im Gesundheitsbereich, ohne dass es in diesem engen Bereich zu einer Kompetenzerweiterung der Gemeinschaft kommt. Er bringt, im Einklang mit dem Subsidiaritätsprinzip, das komplementäre Verhältnis der Gemeinschaftsmaßnahmen zur Gesundheitspolitik der Mitgliedsstaaten zum Ausdruck. Zielsetzung der Gemein-

---

284 *Holznagel*, FN 127, S. 4.

285 Siehe dazu ausführlich: Teil I, 7.Kap., E. Europäisches Protokoll zum Verbot des Klonens menschlichen Lebens, S. 145 ff.

286 *Schulz*, FN 40, S. 21.

schaft ist es, einen Beitrag zur Sicherstellung bzw. Erreichung eines hohen Gesundheitsniveaus zu leisten. Art. 152 EG gibt der Gemeinschaft koordinative und ergänzende Kompetenzen auf dem Gebiet der Krankheitsverhütung und Ursachenforschung[287].

Gemäß Abs. 1 umfassen die Kompetenzen den vorbeugenden Schutz der Gesamtbevölkerung vor Krankheiten sowie die allgemeine Prävention, Uabs. 2 und 3. Nach Art. 152 Abs. 1 Uabs. 2 EG umfasst die Tätigkeit der Gemeinschaft neben der Verhütung von Humankrankheiten und der Beseitigung von Ursachen für die Gefährdung der menschlichen Gesundheit jetzt ausdrücklich auch die Verbesserung der Gesundheit der Bevölkerung[288]. Die Stammzellforschung, die PID und das Klonen könnten als solche angesehen werden. Jedoch ist die Entwicklung - wie noch auszuführen sein wird - weit davon entfernt, einen gesundheitlichen Nutzen zu erzeugen. Die Zulässigkeit des Art 152 Abs. 1 Uabs. 2 EG als Kompetenzgrundlage muss insofern bezweifelt werden.

Die Tätigkeit der Gemeinschaft zur Verwirklichung eines hohen Gesundheitsschutzes kann, im Rahmen der Handlungsformen des Abs. 4, auch in der Förderung wirksamer Behandlungs- und Rehabilitationsmethoden bestehen. Da diese Regelung bisher wenig genutzt wurde bleibt abzuwarten, ob sie auf dem Gebiet der Biomedizin zukünftig vermehrt zur Anwendung gelangen wird.
Auf der Grundlage des Art. 152 Abs. 4 lit. a EG kann der Rat beispielsweise gemäß dem Verfahren des Art. 251 EG und nach Anhörung des Wirtschafts- und Sozialausschusses der Region „Maßnahmen zur Festlegung hoher Qualitäts- und Sicherheitsstandards für Substanzen und Organe menschlichen Ursprungs sowie für Blut und Blutderivate“ erlassen. Diese Maßnahmen hindern die Mitgliedsstaaten nicht, strengere Schutzmaßnahmen beizubehalten oder einzuführen“. Fraglich ist, ob auch die gezielte Veränderung, Untersuchung und Vermehrung von Zellen von dieser Vorschrift umfasst ist. Auch Zellen, und die sich daraus entwickelnden Embryonen, sind Substanzen menschlichen Ursprungs. Folglich könnte auch die Gewinnung, Lagerung und Verwendung dieser Zellen von Art. 152 Abs. 4 EG umfasst sein. Diese Tätigkeiten sind jedoch nicht unter das Merkmal „Festlegung hoher Qualitäts- und Sicherheitsstandards“ gemäß Abs. 4 lit. a zu subsumieren.
Insofern käme höchstens ein Handeln gemäß Abs. 4 lit. c EG in Betracht. Die Gemeinschaft kann demnach durch den Erlass von “Fördermaßnahmen, die den Schutz und die Verbesserung der menschlichen Gesundheit zum Ziel haben, un-

---

287 *Schulz*, FN 40, S. 21: Diese Kompetenzvorschrift wird z.Zt. in einem Vorschlag der Kommission zur Regelung der Sicherheitsstandards im Umgang mit Blutreserven zitiert (EU-Dokument 500PC0816).

288 Siehe dazu auch: *Johannes Christian Wichard*, in: Calliess / Ruffert, EUV/EGV-Kommentar, Art. 152 EGV, Rdnr. 5; *Wilfried Berg*, in: Schwarze, EU-Kommentar, Art. 152 EGV, Rdnr. 6.

ter Ausschluss jeglicher Harmonisierung der Rechts- und Verwaltungsvorschriften der Mitgliedsstaaten" handeln. Da jedoch die embryonale Stammzellforschung bislang noch keinen Schutz und keine Verbesserung der menschlichen Gesundheit auch nur ansatzweise in Aussicht stellen kann, und eine diesbezügliche Absicht allein nicht ausreichend erschient, muss hier nach Ansicht der *Verfasserin* bislang dieselbe Wertung wie zu Abs. 1 gelten.
Maßnahmen der Gentherapie und PID können ebenfalls nicht auf Art. 152 Abs. 4 EG gestützt werden, da die bisherigen Forschungsversuche nicht unter den Begriff der hohen „Qualitäts- und Sicherheitsstandards für Organe und Substanzen menschlichen Ursprungs" subsumiert werden können.

Aus der erstmaligen Nennung der Organe und Substanzen menschlichen Ursprungs in Art.152 Abs. 4a EG ist abzuleiten, dass Art. 152 EG als alleinige Rechtsgrundlage für Maßnahmen der Gemeinschaft in diesem Bereich in Betracht kommt. Somit entfaltet Art. 152 EG auch eine Sperrwirkung im Hinblick auf andere Rechtsgrundlagen für Maßnahmen der Gemeinschaft.

II. Art. 163 - 173 EG

Allgemeine Kompetenzen verleiht der EG-Vertrag den Gemeinschaften in den Art. 163 bis 173 EG für die Forschungsförderung. So wird die tatsächliche Basis für die genetische Forschung geschaffen. Ohne spezifisch gesundheitspolitischen Einschlag geben diese Artikel jedoch keine Grundlage für hoheitliche Regelungen[289].

III. Art. 95 EG

Gemeinschaftsrechtliche Regelungen auf dem Feld der Biomedizin wurden bislang zumeist auf Art. 95 EG gestützt, also mit der Gemeinschaftskompetenz zur Schaffung und Erhaltung eines funktionierenden Binnenmarktes nach Abs. 1 und 3 gerechtfertigt. Art. 95 Abs. 1 S. 1 EG enthält eine Subsidiaritätsklausel. Somit ist Art. 95 EG nur eine „Generalrechtsangleichungskompetenz"[290]. Ausreichende Ermächtigungsgrundlage ist Art. 95 EG nur dann, wenn die Maßnahme einen wesentlichen Beitrag zur Errichtung des Binnenmarktes zu leisten geeignet ist[291]. Es muss also eine Harmonisierungsmaßnahme vorliegen, welche nicht auf eine andere Bestimmung gestützt werden kann. Diese nationale Schutzverstärkung muss verhältnismäßig sein, nicht diskriminierend und darf keine Behinderung des Funktionierens des Binnenmarktes darstellen, Abs. 6.

Art. 95 EG erscheint vielfach zu vage als Kompetenzgrundlage auf dem Gebiet der Biomedizin[292]. Dies trug auch die Klägerin Niederlande im Fall C - 377/98

[289] *Schulz*, FN 40, S. 22.
[290] *Wolfgang Kahl*, in: Calliess / Ruffert, FN 288, Art. 95, Rdnr. 5.
[291] *Hans-Holger Hernfeld*, in: Schwarze, FN 288, Art. 95, Rdnr. 8.
[292] EuGH, Urteil vom 09.10.2001, Rs. C - 377/98, Slg. 2001 I-7079, Rdnr. 10 - NL/EP u. Rat.

(Nichtigkeitsklage gegen die Biopatentrichtlinie 98/44/EG) vor: Diese Richtlinie gehöre nicht zu den Maßnahmen zur Angleichung der Rechts- und Verwaltungsvorschriften der Mitgliedstaaten, welche die Errichtung und das Funktionieren des Binnenmarkts zum Gegenstand hätten, und sei zu Unrecht auf der Grundlage des Artikels 100a EGV (jetzt Art. 95 EG) erlassen worden[293]. Es bestünden nämlich keine Unterschiede in den Rechtsvorschriften und Praktiken der Mitgliedstaaten und es gäbe auch keine Gefahr ihrer Verschärfung oder sie bezögen sich nur auf nebensächliche Punkte, die eine Harmonisierung nicht rechtfertigten.
Der EuGH führte daraufhin aus, dass Artikel 100a EGV als Rechtsgrundlage herangezogen werden kann, um der Entstehung neuer Hindernisse für den Handel infolge einer heterogenen Entwicklung der nationalen Rechtsvorschriften vorzubeugen, wenn das Entstehen solcher Hindernisse wahrscheinlich ist und die fragliche Maßnahme ihre Vermeidung bezweckt[294]. Verschiedene Beispiele aus der Praxis zeigten, dass die unterschiedlichen Auslegungen im Hinblick auf die Patentierbarkeit von biotechnologischen Erfindungen, welche die vor Erlass der Richtlinie bestehenden einschlägigen nationalen Rechtsvorschriften erlaubten, Abweichungen in Praxis und Rechtsprechung ermöglichen, die für das ordnungsgemäße Funktionieren des Binnenmarkts schädlich sind. Auch käme zur Gefahr auseinander laufender Entwicklungen hinzu, dass sich bei einigen speziellen Punkten, wie der Patentierbarkeit des menschlichen Körpers, bereits bei Erlass der Richtlinie deutliche Unterschiede zwischen bestimmten nationalen Rechtsordnungen mit beträchtlichen Folgen gezeigt hätten. Darüber hinaus wolle die Richtlinie durch die Verpflichtung der Mitgliedstaaten, biotechnologische Erfindungen durch ihr nationales Patentrecht zu schützen, eine Gefährdung der Einheit des Binnenmarkts vermeiden, die sich daraus ergeben könnte, dass Mitgliedstaaten einseitig beschließen, diesen Schutz zu gewähren oder zu verweigern[295]. Folglich ist Art. 95 EG durchaus als Rechtsgrundlage auf diesem Gebiet tauglich.

IV. Art. 308 EG

Das Vertragslückenschließungsverfahren nach Art. 308 EG stellt eine Modifikation des Prinzips der begrenzten Einzelermächtigung dar. Nach dieser Norm ist der Rat zum Erlass von Rechtsakten auch ohne Befugnis ermächtigt, wenn dies zur Verwirklichung eines Ziels der Gemeinschaft nötig ist. Art. 308 EG greift also dann ein, wenn Zielbestimmungen und Kompetenzen der Gemeinschaft nicht übereinstimmen. Dabei begründet Art. 308 EG jedoch keine Kompetenz-Kompetenz.

---

[293] EuGH, C - 377/98, FN 292, Rdnr. 13.
[294] EuGH, C - 377/98, FN 292, Rdnr. 15 unter Hinweis auf die Urteile vom 13. Juli 1995 in der Rs. C-350/92, Slg. 1995 I-1985, Rdnr. 35 - Spanien/Rat, und vom 5. Oktober 2000 in der Rs. C-376/98, Slg. 2000 I-8419, Rdnr. 86 - Deutschland/EP u. Rat.
[295] EuGH, C - 377/98, FN 292, Rdnr. 17, 18.

Bisher wurden gemeinschaftsrechtliche Regelungen mit Auswirkungen auf das Feld der Biomedizin durchgehend mit der Gemeinschaftskompetenz zur Schaffung und Erhaltung eines funktionierenden Binnenmarktes nach Art. 95 Abs. 1 und 3 EG gerechtfertigt. Art. 308 EG scheidet daher aus.

B. Die Charta der Grundrechte

Am 7. Dezember 2000 wurde in Nizza die Charta der Grundrechte der Europäischen Union proklamiert[296]. Sie besitzt den Status einer Deklaration. Dies bedeutet, dass die Charta keine neuen rechtlich verbindlichen Regelungen schafft und auch kein Instrumentarium zur rechtlichen Durchsetzung ihrer Inhalte bietet. Auch ergibt sich aus den gemeinsamen Verfassungsüberlieferungen der Mitgliedstaaten nicht, dass der Embryo in vitro in den personalen Schutzbereich der Menschenwürdegarantie einzubeziehen ist. Dies deutet sich in systematischer Hinsicht durch die Regelungen der Grundrechtecharta an, die das Verbot des reproduktiven Klonens nicht als Fall der Verletzung der Menschenwürde (Art. 1 GR-Charta), sondern als Fall der Verletzung der körperlichen Unversehrtheit begreift (Art. 3 GR-Charta)[297].
In Art. 3 Abs. 2, 1. bis 4. Spiegelstrich wird jedoch deutlich, dass die Biomedizin aus dem modernen Leben nicht mehr wegzudenken ist. Demnach müssen im Rahmen der Medizin und Biologie insbesondere folgende Grundsätze eingehalten werden:

- die freie Einwilligung der betroffenen Personen nach vorheriger Aufklärung entsprechend den gesetzlich festgelegten Modalitäten,
- das Verbot eugenischer Praktiken, insbesondere derjenigen, welche die Selektion von Personen zum Ziel haben,
- das Verbot, den menschlichen Körper und Teile davon zur Erzielung von Gewinnen zu nutzen, sowie
- das Verbot des reproduktiven Klonens von Menschen.

Der Europäische Rat von Amsterdam forderte die Kommission bereits 1997 auf, die Möglichkeiten eines unmissverständlichen Verbots des reproduktiven Klonens auf EU-Ebene zu prüfen[298]. Die Grundrechtecharta zeigt nun deutlich, dass die Ächtung des reproduktiven Klonens des Menschen zum Kernbestand bioethischer Überzeugungen gehört. Jedoch kann man ebenso vertreten, es werde „lediglich" das reproduktive Klonen ausdrücklich verboten. Die Zulässigkeit des therapeutischen Klonens wurde bislang offengehalten. In den Erläuterungen des Konvents heißt es hierzu: „Die Charta [...] verbietet [...] lediglich das reproduk-

---

[296] Abgedruckt unter: ABl. EG Nr. C - 364/01 vom 18.12.2000.

[297] *Vöneky, Silja / Petersen, Niels*, Der rechtliche Status des menschlichen extrakorporalen Embryos: Das Recht der Europäischen Union, EuR 2006, S. 346.

[298] Erklärung des Europäischen Rates zum Verbot des Klonens von Menschen, 17. Juni 1997, Anlage IV des Bulletin EU 6-1997, Internet URL: http://europa.eu.int/abc/doc/off/bull/de/9706/i1031.htm.

tive Klonen. Die anderen Formen des Klonens werden von der Charta weder gestattet noch verboten. Sie hindert den Gesetzgeber also keineswegs daran, auch die anderen Formen des Klonens zu verbieten". Die Charta nimmt somit auch gegenüber der Gewinnung von humanen embryonalen Stammzellen durch therapeutisches Klonen eine neutrale Position ein.

Ohne Zweifel bedeutet dieser Katalog in der Grundrechtecharta einen Schritt hin zu einer wesentliche Grundwerte bewahrenden Grenzziehung im Bereich der Biotechnologien, auch wenn weitergehende, verbindliche Regelungen wünschenswert bleiben.

C. Der Europäische Verfassungsvertrag

Nach dem negativen Ausgang der Referenden in Frankreich am 29. Mai 2005 und den Niederlanden am 1. Juni 2005 wurde der Ratifizierungsprozess des EU-Verfassungsvertrages in Großbritannien, Tschechien, Dänemark, Irland, Portugal, Polen und Schweden auf zunächst unbestimmte Zeit verschoben. Am 16./17. Juni 2005 traf der Europäische Rat in Brüssel die Entscheidung, den Ratifikationsprozess auf der Basis des aktuellen Verfassungstextes fortzusetzen und über den 1. November 2006 hinaus zu verlängern, um allen Staaten eine Phase der gemeinsamen Überlegung und Reflektion einzuräumen sowie unter österreichischer Präsidentschaft im ersten Halbjahr 2006 eine Bewertung aller einzelstaatlicher Diskussionen vorzunehmen und den weiteren Fortgang des Ratifizierungsprozesses zu vereinbaren[299].
Insofern soll hier nur eine kurze Betrachtung der inhaltlichen Verbürgungen des Verfassungsvertrages bezüglich der bioethischen Problematik vorgenommen werden:
In Teil II der Verfassung ist nunmehr die Charta der Grundrechte verankert, welche unter dem Art. II-62 das „Recht auf Unversehrtheit" verkörpert und inhaltsgleich mit der bisherigen unverbindlichen Grundrechtecharta unter Abs. 2 Upkt. d das reproduktive Klonen von Menschen verbietet. Auch die Würde des Menschen (Präambel sowie Art. II-61) und die Vielfalt der Kulturen (Art. II–82) sind weiterhin verbürgt. Auch wird die Freiheit der Forschung gewährleistet (Art. II–3). Es erfolgt keine darüber hinausgehende explizite Regelung der bioethischen Problematik, was erneut auf die Schwierigkeiten einer diesbezüglichen Kompromissfindung hindeutet.

---

[299] Erklärung der Staats- und Regierungschefs der Mitgliedstaaten der Europäischen Union zur Ratifizierung des Vertrags über eine Verfassung für Europa, Tagung des Europäischen Rates am 16./17. Juni 2005 in Brüssel, Sn 117/05, online verfügbar unter: http://ue.eu.int/ueDocs/cms_Data/docs/pressData/de/ec/85329.pdf.

D. Das 7. Forschungsrahmenprogramm

Die EU-Rahmenprogramme für Forschung und technologische Entwicklung gehören zu den wichtigsten Instrumenten der Finanzierung europäischer Forschung. Auch hier zeigen sich die verschiedenen ethischen und politischen Grundhaltungen der Mitgliedstaaten.

Am 30. September 2002 wurde das „Sechste Rahmenprogramm der Europäischen Gemeinschaft im Bereich der Forschung, technologischen Entwicklung und Demonstration als Beitrag zur Verwirklichung des Europäischen Forschungsraums und zur Innovation (2002 - 2006)" verabschiedet. Einer der von diesem Programm geförderten Bereiche umfasst Biowissenschaft, Genomik und Biotechnologie. Obgleich das 6. Forschungsrahmenprogramm (RP 6) erst 2006 auslaufen wird, haben die Debatten über den Haushalt, die Struktur und die Schwerpunkte des 7. Forschungsrahmenprogramms (RP 7) bereits begonnen.

Bereits das 6. Forschungsrahmenprogramm war von Kompromissen gekennzeichnet: Deutschland, Irland, Österreich und Italien hatten die Umsetzung des 17,5 Milliarden Euro-Programms wegen ethischer Vorbehalte blockiert und somit auf EU-Ebene eine Verzögerung der Förderung von Forschungsprojekten durchgesetzt, die der Gewinnung embryonaler Stammzellen dienen. Bis Ende 2003 waren Forschungsarbeiten zum reproduktiven Klonen ebenso verboten wie solche zum Eingriff in die Keimbahn, zur Erzeugung von Embryonen zu Forschungszwecken oder zur Gewinnung von Stammzellen einschließlich des therapeutischen Klonens. Finanziert wurden von der EU nur noch Forschungsarbeiten mit bereits existierenden Stammzellen[300].

Dieses Moratorium hatte für die EU den Vorteil, dass vorerst keine Forschung gefördert wurde, die in einzelnen Staaten nicht erlaubt ist. In seinen Beratungen am 26. November und am 3. Dezember 2003 konnte der Rat bezüglich der

[300] Vertiefend zum schwierigen Verhandlungsverlauf ist Folgendes anzumerken: Bei der Durchführung des Programms sind laut Parlaments- und Ratsbeschluss vom 27. Juni 2002 die ethischen Grundprinzipien zu beachten, die sich aus der Charta der Grundrechte, der Biomedizin-Konvention sowie dem Zusatzprotokoll über das Verbot des Klonens von Menschen ergeben. Gemäß einer Ratsentscheidung vom 30. September 2002 sind Forschungstätigkeiten zur Züchtung menschlicher Embryonen ausschließlich zu Forschungszwecken oder zur Gewinnung von Stammzellen von der Förderung auszunehmen. Sonstige Forschungsvorhaben sollen von der Kommission ethisch geprüft und dann einem Regelungsausschuss vorgelegt werden. Am 9. Juli 2003 legte die Kommission dem Rat einen Regelungsvorschlag vor: Durch Gemeinschaftsmittel geförderte Forschungstätigkeiten sollten nur vorhandene überzählige menschliche Embryonen verwenden dürfen, die vor dem 27. Juni 2002 erzeugt worden sind. Das Parlament antwortetet am 19. November 2003 mit einem legislativen Entschließungsantrag, nach welchem die Herstellung embryonaler Stammzellen zwar ebenfalls nur dann finanziert wird, wenn es sich um überzählige Embryonen im Frühstadium bis zum vierzehnten Tag handelt, jedoch ohne Stichtagsregelung. Die Festlegung detaillierter Durchführungsvorschriften sollte durch den Rat bis zum 31. Dezember 2003 erfolgen. Die Kommission erklärte bis zur Festlegung der Durchführungsvorschriften die Förderung von Forschungsvorhaben mit menschlichen Embryonen oder humanen embryonalen Stammzellen auszusetzen.

Durchführungsbestimmungen keine Einigung erzielen. Am 18. Februar 2004 erklärte Forschungskommissar Philippe Busquin schließlich, dass die Kommission vorerst auf eine Förderung der umstrittenen Herstellung von humanen embryonalen Stammzellen verzichte. Damit geht die EU-Regelung allerdings nicht so weit wie das deutsche Stammzellgesetz mit seiner Stichtagsregelung.

Auch das 7. Forschungsrahmenprogramm (2007 - 2013)[301] stellt einen Kompromiss nach schwierigen Verhandlungen dar[302]. Das 7. FRP umfasst insgesamt 51 Mrd. Euro für Forschung und Entwicklung. Für die umstrittene Embryonenforschung sind 50 Mio. Euro vorgesehen. Der Kompromiss beinhaltet, dass der erste Schritt der Stammzellforschung, die Zerstörung von Embryonen mit dem Ziel der Stammzellgewinnung, nicht gefördert wird, die Forschung selbst aber mit verfügbaren Kulturen erlaubt ist. In einer bindenden Zusatzerklärung verpflichtete sich die EU zu zusätzlichen Restriktionen: Nicht gefördert werden – wie schon im 6. RP-Projekte zum therapeutischen und reproduktiven Klonen, Keimbahneingriffe und die gezielte Erzeugung von Embryonen zu Forschungszwecken. Bei Vorschlägen zu ethisch sensiblen Themen führt die Kommission systematisch eine ethische Prüfung durch. Nicht geregelt ist die Forschung an überzähligen Embryonen[303].

Für den Status des Embryo in vitro haben die Regelungen der beiden Forschungsrahmenprogramme lediglich zur Folge, dass die EG ihren aktiven Handlungsradius wegen des starken politischen Drucks sehr weitgehend einschränkt, möglicherweise sogar mehr, als dies der bestehende Konsens erforderlich gemacht hätte[304].

---

301 Beschluss Nr. 1982/2006/EG des Europäischen Parlaments und des Rates vom 18. Dezember 2006 über das Siebte Rahmenprogramm der Europäischen Gemeinschaft für Forschung, technologische Entwicklung und Demonstration (2007 - 2013), Abl. EG-Nr. L 412/1 vom 30.12.2006.

302 Vor dem Hintergrund des Bekanntwerdens eines Handels mit menschlichen Eizellen zwischen Rumänien und Großbritannien hat das Europäische Parlament am 10.03.2005 den Handel mit menschlichen Körpern und Teilen verurteilt, ergänzt durch einen Antrag, der das Klonen von Menschen von der Finanzierung im Rahmen des RP 7 ausschließen soll. Siehe zum RP 7 ausführlich: *Christof Tannert*, Der Schritt zum Menschen, Der Tagesspiegel vom 15. Dezember 2005, S. 25.

303 *Vöneky / Petersen*, FN 297, S. 362.

304 *Vöneky / Petersen*, FN 297, S. 362.

E. Richtlinien und Verordnungen

I. EG-RL (98/44/EG) zum Schutz biotechnologischer Erfindungen

1. Allgemeines

Die RL 98/44/EG vom 06.07.1998[305] hat herausragende Bedeutung im bioethischen Bereich. Sie beruht auf Art. 95 EG, zielt also auf die Rechtsangleichung im Binnenmarkt. Eine Nichtigkeitsklage der Niederlande kam zu dem Ergebnis, dass die Richtlinie durch die Kompetenznorm des Art. 95 Abs. 1 EG gedeckt ist[306].

Sie macht deutlich, dass neben der Regelung der ethischen Vorgehensweise auch eine Regelung der materiell-verwertungstechnischen Komponente nötig ist. Zwar waren nach dem geltenden europäischen Patentrecht biotechnologische Erfindungen auch vor Erlass der Richtlinie patentierbar, da der Erfindungsbegriff in § 1 des deutschen Patentgesetzes gleichlautend wie in Art. 52 Abs.1 des Europäischen Patentübereinkommens (EPÜ) nicht auf Innovationen auf dem Gebiet der unbelebten Natur begrenzt ist. Gleichwohl ist es sinnvoll, dass Art. 3 RL die Patentierbarkeit biotechnologischer Erfindungen positiv festschreibt, denn nur so ist sichergestellt, dass kein Mitgliedstaat zukünftig einen entsprechenden Patentierungsausschluss vornimmt[307].

Die Richtlinie stellt in ihren Erwägungsgründen klar, dass sie kein Sonderrecht für biotechnologische Erfindungen schafft, dass vielmehr die üblichen Patentierungsvoraussetzungen, wie die Neuheit der Erfindung, die erfinderische Leistung und die gewerbliche Anwendbarkeit, auch vorliegen müssen.

Die Richtlinie wird oft als das umstrittenste Rechtsdokument der EU bezeichnet. Ihre Zwiespältigkeit wird in der Entstehungsgeschichte deutlich, welche eine über neunjährige Verhandlungszeit in Anspruch nahm[308]. Zwar ist die Problema-

---

305 Abl. EG Nr. L - 213/13 vom 30.07.1998.

306 Siehe ausführlich dazu schon oben: Teil I, 6.Kap., Pkt. A, III. Art. 95 EG, S. 92 ff.

307 *Peter Mühlens*, EG-Richtlinie zum Schutz biotechnologischer Erfindungen, in: Winter / Fenger / Schreiber (Hrsg.), Genmedizin und Recht, S. 111, Rdnr. 252.

308 Siehe dazu ausführlich: *Mühlens*, FN 307, S. 109, Rdnr. 245 ff.; *Thomas Kienle*, Die neue EU-Richtlinie zum Schutz biotechnologischer Erfindungen, EWS 1998, S. 156: Der erste Richtlinienentwurf, welcher 1989 aufgrund eines Kommissionsvorschlages erarbeitet wurde, scheiterte. Es folgten jahrelange Beratungen in Rat und Parlament, bis es schließlich Ende 1994 zur Einleitung eines Verfahrens nach Art.189 b Abs. 3 EGV (Art. 251 EG n.F.) kam. Dem Vermittlungsausschuss gelang es, sich im 1995 auf einen gemeinsamen Entwurf zu einigen, welcher vom Rat angenommen wurde, jedoch im Parlament scheiterte. 1996 legte die Kommission einen neuen Entwurf vor KOM (95) 661 endg. (31.12.95), in dem sie versuchte, den Bedenken des Parlaments Rechnung zu tragen. Das Parlament unterzog den Richtlinienentwurf grundlegenden Veränderungen und schlug eine neue Systematik der Richtlinie vor (Stellungnahme v. 16.07.1997, Abl. EG Nr. C – 286/87 vom 22.09.1997). Aufgrund dieses Änderungsvorschlages des Parlaments kam es am

tik keinesfalls neu, denn bereits 1843 wurde erstmals patentrechtlicher Schutz für lebende Organismen erteilt. Ausschlaggebend für die Diskussion in ihrer derzeitigen Prägung ist vielmehr das gewandelte Bewusstsein breiter Bevölkerungskreise im Umgang mit natürlichen Ressourcen[309].

2. Zielsetzung, Zweck und Grundstrukturen

In den Erwägungsgründen der Richtlinie wird deutlich, dass das Europäische Parlament und der Rat davon ausgehen, dass dem Schutz biotechnologischer Erfindungen grundlegende Bedeutung zukommt[310]. Die Richtlinie ist nicht um Schaffung eines umfassenden patentrechtlichen Regimes bemüht, sondern zielt unter Hervorhebung einiger besonders relevanter Teilaspekte auf die Konstruktion allgemeiner Rahmenbedingungen. Auf dem Gebiet der Zukunftstechnologien soll einerseits, gemäß 5. Erwägungsgrund RL, die Schaffung eines einheitlichen rechtlichen Rahmens vollzogen werden um einer weiteren Zersplitterung von Rechtsprechung und Praxis mit dem Ergebnis noch stärkerer Behinderung des Binnenmarktes vorzubeugen und eindeutige Vorschriften zu den Patentierungsverboten im Zusammenhang mit biotechnologischen Erfindungen in die Patentgesetze der Mitgliedsstaaten aufzunehmen[311]. Somit soll sichergestellt werden, dass europäische Forscher und die Industrie denen ihrer Kollegen und Konkurrenten in Übersee vergleichbare Wettbewerbsbedingungen vorfinden[312]. Andererseits soll die Richtlinie, unter Berücksichtigung der in Europa vorherrschenden ethischen Vorstellungen, näher präzisieren, welche Erfindungen von der Patentierung unter dem Gesichtspunkt auszuschließen sind, dass deren Verwertung gegen die öffentliche Ordnung oder die guten Sitten verstoßen würde. Insofern ist die Richtlinie von besonderer Bedeutung, da sie klare ethische Grenzen für die Patentierbarkeit biologischen Materials zieht[313]. So sind nicht patentierbar: der menschliche Körper und seine Teile (Art. 5 Abs. 1 RL, jedoch ist es nach Abs. 2 möglich, mit technischen Mitteln isolierte Bestandteile des menschlichen Körpers zu patentieren, jedoch nicht Gensequenzen mit unbekanntem Verwendungszweck Art. 5 Abs. 3 RL[314]), Erfindungen, deren Veröffentlichung oder Verwertung gegen die öffentliche Ordnung oder die guten Sit-

---

26.02.1998 zur Verabschiedung eines gemeinsamen Standpunktes des Rates (Abl. EG Nr. C - 110/17 vom 08.04.1998). In diesem wurden nahezu alle wichtigen Änderungswünsche - insgesamt 66 - des Parlaments übernommen. Mit einer Gegenstimme (Niederlande) und zwei Enthaltungen (Italien, Belgien) wurde die Richtlinie angenommen.

309 BT-Drs. 14/5157 - Zwischenbericht der Enquete-Kommission Recht und Ethik der modernen Medizin, Teilbericht zum Thema: Schutz des geistigen Eigentums in der Biotechnologie, S. 3.

310 Erwägungsgrund 1, BT-Drs. 14/5157, FN 309, S. 6.

311 *Mühlens*, FN 307, S. 110, Rdnr. 248.

312 Der Erlass der Richtlinie wird nach den langjährigen Querelen um deren Fassung auch als ein Schritt der biotechnologischen Standortsicherung in Europa gewertet, so: *Kienle*, FN 308, S. 156.

313 *Straus*, FN 60, S. 221.

314 Ausführlich dazu: Teil I, 6. Kap., E., I., 2., b., bb., (b). Art. 5 Abs. 1 RL sowie (c.) Art. 5 Abs. 2 und 3 RL, S. 101 ff.

ten verstoßen (Art. 6 Abs. 1 RL), Verfahren zum Klonen menschlicher Lebewesen, Verfahren zur Veränderung der genetischen Identität der Keimbahn menschlicher Lebewesen sowie die Verwendung menschlicher Embryonen zu industriellen oder kommerziellen Zwecken (Art. 6 Abs. 2 lit. a-c RL[315]).

a. Aufbau

Systematisch definiert die Richtlinie zunächst zentrale Begriffe und fixiert, was patentierbar ist oder von der Patentierbarkeit ausgenommen werden muss, Art. 2 bis 6 RL. In diesem Rechtsrahmen haben die Mitgliedsstaaten biotechnologische Erfindungen durch das nationale Patentrecht zu schützen und dieses gegebenenfalls anzupassen, Art. 1 RL. Folglich bleibt das nationale Patentrecht wesentliche Grundlage für den Rechtsschutz biotechnologischer Erfindungen, 8. Erwägungsgrund RL. Dazu gehört jedoch auch die Beachtung der Rechte und Pflichten der Mitgliedstaaten aus internationalen Abkommen, wie etwa den handelsbezogenen Aspekten der Rechte am geistigen Eigentum (TRIPS[316]), 12. Erwägungsgrund und Art. 1 Abs. 2 RL.

b. Inhalt

aa. Der Begriff der „Erfindung"

Die Richtlinie behandelt die Abgrenzung der geschützten „Erfindung" zur nicht schutzfähigen „Entdeckung" bezogen auf die Patentierbarkeit bestimmter Bestandteile lebendigen Ursprungs[317].

Eine Erfindung ist gegeben, wenn eine technische Lösung für ein technisches Problem vorliegt. Maßgeblich ist folglich ein vom Menschen stammender weiterführender Beitrag zur Technik[318]. Grundsätzlich können Erfindungen, die biologisches Material zum Gegenstand haben oder verwenden, in gleicher Weise technische Erfindungen sein, wie beispielsweise die der Mechanik, Art. 3 RL. Durch Art. 6 RL werden die Gegenstände einer biotechnologischen Erfindung zudem negativ abgegrenzt.

---

315 Ausführlich dazu: Teil I, 6. Kap., E., I., 2., b., bb. ,(e). Art. 6 RL, S. 103 ff.

316 Agreement on Trade-Related Aspects of Intellectual Property Rights, BT-Drs. 12/7655, 133 ff.

317 Das Europäische Parlament hat für den Begriff der Entdeckung eine Definition geprägt, die in die Patentrechtspraxis aufgenommen wurde: Stellt jemand eine neue Eigenschaft eines bekannten Materials oder Erzeugnisses fest, so handelt es sich lediglich um eine Entdeckung, die nicht patentierbar ist. Wird für diese Eigenschaft jedoch eine praktische Verwertung gefunden, so handelt es sich um eine Erfindung, die möglicherweise patentierbar ist. Siehe dazu: Richtlinien zur Sachprüfung des Europäischen Patentamtes, nach: KOM (95) 661 endg. V. 13.12.1995 [95/0350(COD); Kat.-Nr.:CB-CO-95-753-DE-C].

318 *Claus Luttermann*, Patentschutz für Biotechnologie, RIW 1998, S. 918.

bb. Die wichtigsten Einzelvorschriften

Die Richtlinie enthält im wesentlichen folgende Regelungen, von denen insbesondere Art. 3 und 5 Abs. 2 RL Anlass zu heftiger inhaltlicher Kritik gaben, da sie letztlich die Patentierung von Gensequenzen, also von Teilen des menschlichen Körpers, sofern sie isoliert oder synthetisiert worden sind, erlauben. Demnach könnte nach Ansicht der Literatur künftig auch das menschliche Genom Gegenstand einer Patentanmeldung sein. Einige Vorschriften und die damit aufgeworfenen Problematiken und Lösungsansätze sollen vorgestellt werden.

(a). Art. 3 Abs. 2 RL

Art. 3 Abs. 2 RL hält fest, dass auch Erzeugnisse, die aus „biologischem Material" bestehen oder dieses enthalten, oder Verfahren mit denen „biologisches Material" hergestellt, bearbeitet oder verwendet wird, patentiert werden, wenn sie die international anerkannten Voraussetzungen der Neuheit, der erfinderischen Tätigkeit und der gewerblichen Anwendbarkeit erfüllen[319]. „Biologisches Material" wird in Art. 2 Abs. 1 definiert als Material, dass genetische Informationen enthält und sich selbst reproduzieren oder in einem biologischen System reproduziert werden kann.

(b). Art. 5 Abs. 1 RL

Die zentrale Bestimmung zur Patentierbarkeit menschlichen Erbguts findet sich in Art. 5 RL, welcher im Einzelnen eine mehrschichtige Lösung anbietet[320]. Die Richtlinie bekräftigt in Art. 5 Abs.1 den Grundsatz, dass der menschliche Körper in allen Phasen seiner Entstehung und Entwicklung, einschließlich der Keimzellen, sowie die bloße Entdeckung eines seiner Bestandteile oder seiner Produkte keine patentierfähige Erfindung darstellt. Damit wird dem ethischen Grundsatz der Nichtkommerzialisierbarkeit des menschlichen Körpers Rechnung getragen. Das Risiko unkalkulierbarer und übermäßiger Abhängigkeiten wird entschärft[321]. Zugleich handelt es sich bei Art. 5 Abs. 1 RL um eine besondere Ausprägung des in der 16. Begründungserwägung genannten Prinzips der Wahrung menschlicher Würde[322].

---

[319] Art. 3 Abs.1 RL: „Im Sinne dieser Richtlinie können Erfindungen, die neu sind, auf einer erfinderischen Tätigkeit beruhen und gewerblich anwendbar sind, auch dann patentiert werden, wenn sie ein Erzeugnis, das aus biologischem Material besteht oder dieses enthält, oder ein Verfahren, mit dem biologisches Material hergestellt, bearbeitet oder verwendet wird, zum Gegenstand haben."
Art. 3 Abs. 2 RL: „Als solches gilt jedes Verfahren, bei dem mikrobiologisches Material verwendet, ein Eingriff in mikrobiologisches Material durchgeführt oder mikrobiologisches Material hervorgebracht wird."

[320] Matthias *Spranger*, Ethische Aspekte bei der Patentierung menschlichen Erbguts nach der Richtlinie 98/44/EG, GRUR Int. 1999, S. 595.

[321] BT-Drs. 14/5157, FN 309, S. 7.

[322] *Spranger*, FN 320, S. 596.

(c). Art. 5 Abs. 2 und 3 RL

Demgegenüber gehen Art. 5 Abs. 2 und 3 davon aus, das eine Erfindung, die einen „isolierten Bestandteil des menschlichen Körpers oder einen auf eine andere Weise durch ein technisches Verfahren erzeugten Bestandteil" betrifft und gewerblich anwendbar ist, nicht von der Patentierbarkeit ausgeschlossen ist. Dies gilt sogar für den Fall, dass der Aufbau dieses Bestandteils mit einem natürlichen Bestandteil identisch ist, wobei sich die Rechte aus dem Patent laut den Erwägungsgründen nicht auf den menschlichen Körper und dessen Bestandteile in seiner natürlichen Umgebung erstrecken könnten. Sequenzen oder Teilsequenzen von Genen unterliegen damit prinzipiell den selben Patentierbarkeitskriterien wie alle anderen Technologiebereiche auch[323]. Dies ist der Fall, da beim „isolierten" oder „auf andere Weise erzeugten Bestandteil" technische Verfahren zur Identifizierung, Reinigung, Bestimmung und Vermehrung angewendet werden, die so in der Natur nicht vorkommen, sondern einen menschlichen Eingriff voraussetzen[324]. Auf diese Weise wird dem Umstand Rechnung getragen, dass mit Arzneimitteln, die aus isolierten Bestandteilen des menschlichen Körpers gewonnen bzw. auf andere Weise hergestellt werden, entscheidende Fortschritte bei der Behandlung von Krankheiten erzielt worden sind[325]. Lediglich in den rechtlich nicht verbindlichen, jedoch zur Auslegungsanleitung heranzuziehenden Erwägungsgründen der Richtlinie wird angesprochen, dass die Patentierung von Sequenzen oder Teilsequenzen von Genen „denselben Patentierbarkeitskriterien der Neuheit, erfinderischen Tätigkeit und gewerblichen Anwendbarkeit wie alle anderen Bereiche der Technologie" unterliegen muss, 22. Begründungserwägung. Ebenfalls nur in ihren Erwägungsgründen geht die Richtlinie ferner davon aus, dass die Entnahme von „biologischem Material" aus dem menschlichen Körper nur nach vorheriger Aufklärung und freiwilliger Zustimmung durch den Betroffenen zulässig ist, 26. Begründungserwägung. Die genaue Ausgestaltung dieser Rechte und Pflichten obliegt der nationalen Gesetzgebung[326].

Art. 5 Abs. 3 RL enthält eine wesentliche Einschränkung der grundsätzlichen Patentierbarkeit. So muss in der Patentanmeldung eine genaue Beschreibung der Sequenz oder Teilsequenz erfolgen[327].

[323] *Spranger*, FN 320, S. 596; sowie Begründungserwägung Nr. 22.
[324] *Spranger*, FN 320, S. 596; sowie Begründungserwägung Nr. 21.
[325] BT-Drs. 14/5157, FN 309, S. 7.
[326] BT-Drs. 14/5157, FN 309, S. 7.
[327] Damit sollen Patentanmeldungen ins „Blaue hinein" wie zuletzt bei amerikanischen Patent- und Warenzeichenamt, bei welchem ca. 350 Patentanmeldungen auf jeweils über 500000 Sequenzen anhängig waren, vermieden werden.

(d). Art. 8 und 9 RL

Art. 8 RL regelt den Schutzumfang des Patents. Der Patentschutz bleibt so lange bestehen, wie in jedwedem biologischen Material, dass von dem ursprünglich veränderten Material ausgeht, die entsprechenden Eigenschaften noch vorhanden sind[328]. Gemäß Art. 9 RL erstreckt sich der Schutzumfang weiterhin auf jedes Material, dass in dieses Erzeugnis Eingang findet und in dem die genetische Information enthalten ist und ihre Funktion erfüllt.

(e). Art. 6 RL

Art. 6 RL regelt die Ausnahmen von der Patentierbarkeit. In Art. 6 Abs. 1, 1. HS nimmt die Richtlinie solche Erfindungen von der Patentierbarkeit aus, „deren gewerbliche Verwertung gegen die öffentliche Ordnung oder gegen die guten Sitten verstoßen würde". Dieser Verstoß kann aber nicht allein daraus hergeleitet werden, dass die Verwertung durch Rechts- oder Verwaltungsvorschriften verboten ist, Art. 6 Abs. 1 2. HS RL. Die Begründungserwägungen verweisen auf die „in den Mitgliedsstaaten anerkannten ethischen und moralischen Grundsätze, deren Beachtung ganz besonders auf dem Gebiet der Biotechnologie wegen der potentiellen Tragweite der Erfindungen in diesem Bereich und deren inhärenter Beziehung zur lebenden Materie geboten ist."[329]

Hier klingt das Bekenntnis zu einem gemeineuropäischen ordre public an[330]. Näher zu konkretisieren wäre er durch Rückgriff auf die gemeinsame Verfassungsüberlieferung der Mitgliedsstaaten und die Garantien der Europäischen Menschenrechtskonvention. Dabei sind die normativen Wertungen zu beachten, die das Interesse Kranker an therapeutischen Verfahren und die Forschungsfreiheit stützen. Diese rechtlich geschützten Belange dürfen nicht voreilig durch ethische Vorbehalte ausgehöhlt werden. Geringere Valenz haben die Bestimmungen der Bioethik-Konvention des Europarates, solange dieses Übereinkommen nicht von allen EU-Mitgliedsstaaten ratifiziert worden ist[331].

Art. 6 Abs. 2 lit. a-c RL enthält eine Negativliste zur Konkretisierung des ordre public. Hier ist eine beispielhafte Auflistung nicht patentierbarer Verfahren enthalten: die „Keimbahnintervention am menschlichen Lebewesen", das „Klonen von menschlichen Lebewesen" und die „Verwendung menschlicher Embryonen zu industriellen und kommerziellen Zwecken". Gemäß dem Erwägungsgrund 38 sollen durch diese beispielhafte Aufzählung den nationalen Gerichten und Patentämtern allgemeine Leitlinien für die Auslegung der Bezugnahme auf die öffentliche Ordnung oder die guten Sitten gegeben werden.

---

328 *Luttermann*, FN 318, S. 917.

329 *Matthias Herdegen*, Die Patentierbarkeit von Stammzellenverfahren nach der Richtlinie 98/44/EG, GRUR Int 2000, S. 860.

330 Siehe auch: *Matthias Herdegen*, Die Erforschung des Humangenoms als Herausforderung für das Recht, JZ 2000, S. 633 ff.

331 *Herdegen*, FN 329, S. 860.

Die Richtlinie enthält jedoch keine Definitionen der Sanktionsvoraussetzungen. Zur Verdeutlichung seien beispielhaft die Begriffe „Klonen“, „menschliches Lebewesen“ und „Embryonen“ aus der Aufzählung des Art. 6 Abs. 2 RL betrachtet. Art. 6 knüpft insofern an nur scheinbar wissenschaftlich geklärte begriffliche Tatbestandsvoraussetzungen an:
Zwar kann über den Begriff des Klonens als Herstellung genetisch identischer Organismen trotz zunehmender Fragen im Bereich der Zellkerntransplantation unter Medizinern und Biologen noch eine Verständigung erreicht werden[332]. Trotzdem ist festzuhalten, dass das Klonverbot sehr weit gefasst ist, mit der Folge eines kategorischen Patentierungsausschlusses. So fällt nach Begründungserwägung 41 der Richtlinie „jedes Verfahren, [...] das darauf abzielt, ein menschliches Lebewesen zu schaffen, das im Zellkern die gleichen Erbinformationen wie ein anderes lebendes oder verstorbenes menschliches Lebewesen besitzt" darunter[333]. Diese Definition ist wortgleich mit dem 4. Zusatzprotokoll zur Bioethik-Konvention. Dies gilt sowohl für die Zellteilung als auch für den Zellkerntransfer. Dies bedeutet, das auch alle Verfahren der Kerntransplantation erfasst werden. Zwar ist bei diesen Verfahren die genetische Information der neuen Zellen nicht mit derjenigen der Ursprungszelle völlig identisch, da die außerhalb des Zellkerns liegende mitochondriale DNA nicht übertragen wird. Die Begründungserwägungen verlangen jedoch nur die Identität der Erbinformation „im Zellkern“ [334].

Einem dauerhaften Begriffsdisput im juristischen Diskurs unterliegen ebenfalls die Tatbestandsvoraussetzungen „menschliches Lebewesen“ (Art. 6 Abs. 2 lit. a RL) und „Embryonen“ (Art. 6 Abs. 2 lit. c RL) aufgrund bioethischer Grundzweifel und erheblich divergierender ethischer Vorverständnisse der Mitgliedstaaten. Die rein technisch bzw. naturwissenschaftlich geprägten Begriffe räumen keinen mitgliedschaftlichen Beurteilungsspielraum ein und bieten folglich keinen Raum für nationale Konstruktionen auf der Grundlage ethischer Gesichtspunkte. Dies belegt auch die Entstehungsgeschichte der Richtlinie mit der heftigen Auseinandersetzung im Europäischen Parlament. Die RL verzichtet auf eine Klarstellung, ab welchem Zeitpunkt der menschlichen Entwicklung vom Schutzgegenstand der Richtlinie, dem Embryo, gesprochen werden kann[335]. Die

---

[332] *Koenig, Christian / Müller, Eva-Maria*, EG-Rechtlicher Schutz biotechnologischer Erfindungen am Beispiel von Klonverfahren an menschlichen Stammzellen, EuZW 1999, S. 682.

[333] Die Begründungserwägungen liefern insoweit eine maßgebliche Konkretisierung, als das „Klonen“ als Rechtsbegriff bislang noch nicht mit einem festen Inhalt - etwa im Sinne einer völligen Identität der gesamten Erbinformation - besetzt ist, siehe dazu: *Herdegen*, FN 329, S. 860.

[334] *Herdegen*, FN 329, S. 860.

[335] Während der britische Gesetzgeber bspw. Forschung an „Embryonen“, die nicht der Reproduktion dient, binnen einer 14-Tage-Frist erlaubt, knüpft der deutsche Gesetzgeber den Schutz des Embryo bereits an die lebensfähige, befruchtete Eizelle, § 8 Abs.1 ESchG; siehe auch: *Koenig / Müller*, FN 332, S. 681.

Formulierung lässt einerseits offen, ob die Entstehung eines Embryo mit dem Beginn menschlichen Lebens, also der Befruchtung einer Eizelle gleichgesetzt werden soll. Gute Gründe sprechen dafür, unter einem Embryo alle Stufen der menschlichen Entwicklung ab Befruchtung der Eizelle bis zur Geburt zu verstehen[336]. Danach fällt die Gewinnung menschlicher Stammzellen grundsätzlich unter den Embryonenbegriff des Art. 6 Abs. 2 lit. c RL.

Die Formulierungen werfen darüber hinaus die Frage auf, ob das Patentierungsverbot auf verschiedene Entwicklungsstufen beschränkt ist, denn auffällig ist die jeweils selbständige Verwendung der Begriffe „Embryo" und „Lebewesen".
Man könnte schlussfolgern, dass sich der Begriff „Lebewesen" auf eine gewisse Entwicklungsstufe bezieht, die nicht in jedem embryonalen Stadium erreicht wird, denn „Embryo" umfasst stets das früheste Entwicklungsstadium eines Menschen, § 8 ESchG. Ein Embryo ist der Keim bis zum Erreichen seiner endgültigen ausdifferenzierten Gestalt, ein Stadium, welches jeder Klon durchlaufen muss. Hätte die Richtlinie also ein Verbot sämtlicher Klonierungsverfahren bezweckt, hätte die Formulierung: „Verfahren zum Klonen von Embryonen" ausgereicht. Es wären Verfahren im Hinblick auf sämtliche menschliche Entwicklungsstadien ausgeschlossen gewesen.
Eine andere Deutung ermöglicht die Ansicht in der Naturwissenschaft. Hier wird die Embryonalphase bis zum 85. Tag der Entwicklung verstanden. Später wird das Ungeborene im Mutterleib dann als Fötus bezeichnet. Sollte dies bedeuten, dass die Richtlinie unter „menschliches Lebewesen" erst das menschliche Leben ab dem 85. Entwicklungstag versteht? Das kann nicht sein. Jedoch hielte sich angesichts des differenzierenden Sprachgebrauchs in der Richtlinie ein eingeschränkter Patentausschluss von Klonierungsverfahren noch im Rahmen des Vertretbaren. Somit würden Verfahren zu menschlichen Klonen bei einfachsten Entwicklungsstadien noch nicht unter das Patentierungsverbot fallen. Eine solche einschränkende Auslegung muss dann aber festlegen, wann ein „menschliches Lebewesen" entsteht. Denkbar wäre eine Anknüpfung an die Nidation, also das Einnisten der befruchteten Eizelle in den Uterus oder aber das Erreichen des Achtzellstadiums[337]. Der deutsche Gesetzgeber hat den Lebensschutz des Embryo bereits an die befruchtete Eizelle geknüpft[338].

Auch für die Verwendung von Embryonen enthält die Richtlinie nur sparsame Vorgaben, die den beschränkten Grundkonsens innerhalb Europas offenbar ausschöpfen[339]. Gemäß Art. 6 Abs. 2 lit. c RL grenzt die Richtlinie die Verwendung menschlicher Embryonen zu industriellen oder kommerziellen Zwecken vom Patentschutz aus. Probleme bereitet hierbei aber der von der Richtlinie aufge-

[336] Siehe dazu weiterführend: *Herdegen*, FN 329, S. 862.
[337] *Herdegen*, FN 329, S. 861.
[338] BVerfGE 39, 1 (37), BVerfGE 88, 203 ff.; *Koenig / Müller*, FN 332, S. 681.
[339] *Herdegen*, FN 329, S. 861.

baute Dualismus von „therapeutischen und diagnostischen Zwecken“ (lit. c) einerseits und „industriellen oder kommerziellen Zwecken“ (lit. a) andererseits. Eine scharfe Trennung dieser Zweckbedingungen wäre lebensfremd, in der Regel wird ein Motivbündel vorliegen. Auch wäre es unsinnig, die Patentgewährung vom Ausschluss einer wirtschaftlichen Verwertung abhängig zu machen. Mithin bedarf die Vorschrift einer teleologischen Eingrenzung. Der Patentausschluss nach dieser Vorschrift kann nur dann eingreifen, wenn eine industrielle oder kommerzielle Verwertung das einzige Ziel ist, oder therapeutische oder diagnostische Zwecke völlig in den Hintergrund drängt.

Wie an vorliegenden Beispielen verdeutlicht, enthält die Richtlinie keine ausreichenden Legaldefinitionen der Sanktionsvoraussetzungen um eine gemeinschaftsweit einheitliche Anwendung des Patentverbotes in den Mitgliedsstaaten zu ermöglichen. Ein Verweis auf nationales Recht bei der präzisen begrifflichen Bestimmungen der Verbotsvoraussetzungen würde sowohl in Forschung und Entwicklung als auch auf den Vertriebsmärkten zu erheblichen Wettbewerbsverzerrungen führen[340].

3. Rechtslage in Deutschland und Europa

In Deutschland gilt das zwischenzeitlich verschiedentlichst geänderte Patentgesetz von 1981[341]. Deutschland setzte die Richtlinie erst nach Ablauf der Umsetzungsfrist am 31.07.2000 (Art. 15 Abs. 1 RL) im Jahr 2005 um[342], verspätet wie auch einige andere Mitgliedstaaten, darunter Großbritannien, Irland, Dänemark und Finnland. Die Richtlinie hatte unionsweit mit Ablauf der Umsetzungsfrist nur vereinzelt Akzeptanz gefunden. Sie war beispielsweise im Zuge einer Nichtigkeitsklage angefochten worden[343]. Die französische Regierung hat die Umsetzung der EU-Biopatentrichtlinie in nationales Recht wegen der Nichtvereinbar-

---

340 *Koenig / Müller*, FN 332, S. 681.

341 Siehe FN 231.

342 Die Bundesregierung hatte bereits im Jahr 2000 einen Gesetzentwurf für ein Biopatentgesetz vorgelegt (Entwurf eines Gesetzes zur Umsetzung der Richtlinie 98/44/EG des Europäischen Parlamentes und des Rates über den rechtlichen Schutz biotechnologischer Erfindungen v. 06.07.98, siehe unter wwww.bmj.bund.de). Aus einem Kabinettsbeschluss vom 18.08.2000 ergab sich bereits, dass die Bundesrepublik „einen Änderungsprozess auf europäischer Ebene initiieren und für erforderliche Verbesserungen und Präzisierungen eintreten wird“. Am 18.10.2000 beschloss die Bundesregierung ihren Entwurf für ein Gesetz zur Umsetzung der Bio-Patentrichtlinie in deutsches Recht. Am 01.12.2000 gab der Bundesrat seine Stellungnahme zum Entwurf der Bundesregierung ab und begrüßte ausdrücklich die Absicht der Bundesregierung, sich bei der EU-Kommission dafür einzusetzen, über Änderungen und Präzisierungen der Richtlinie zu verhandeln und bat weiterhin um Konkretisierung der Richtlinie. Siehe dazu weiterführend: *Haedicke*, FN 43, S.114.

343 Siehe: Teil I, 6. Kap., A., III. Art. 95 EG, S. 92 ff.

keit der Patentierung des menschlichen Gens mit der Menschenwürde einstweilen zurückgestellt und die EU-Kommission zu einer Revision der Richtlinie aufgefordert[344].

In diesem Zusammenhang ist auch an die *Problematik des Edinburgh-Patents* zu denken, welche hier jedoch nur angerissen werden soll. Am 24. Juli 2002 entschied das Europäische Patentamt (EPA) in München, dass weder menschliche noch tierische embryonale Stammzellen in Europa patentfähig sind. Es widerrief somit seine Entscheidung von 1999, in welcher das Patent „EP 695 351" an die schottische Universität Edinburgh erteilt worden war. Alle Ansprüche auf die Herstellung menschlicher und tierischer embryonaler Stammzellen wurden gestrichen. Das Patent bezieht sich jetzt nur noch auf adulte Stammzellen. Dies hatte die zuständige Einspruchsabteilung des EPA im Einspruchsverfahren entschieden, da das erteilte Patent die Erfordernisse des Art. 83 wie auch des Art. 53 a) in Verbindung mit der Regel 23d c) des Europäischen Patentübereinkommens (EPÜ) nicht ausreichend erfülle[345]. Die Einspruchsabteilung wies auf ihre Mitteilung vom 14.4.2000 hin, in der bereits ausgeführt worden war, dass das Klonen von Menschen und Tieren niemals Gegenstand dieses Patents war[346]. Des weiteren war bereits vor Ende der Einspruchsfrist durch eine freiwillige Einschränkung des Patents seitens der Patentinhaberin die Keimbahnintervention am Menschen unmissverständlich vom Patentumfang ausgeschlossen worden. Die Einspruchsabteilung betonte, dass sie bei ihren Entscheidungen an das EPÜ sowie an das geltende internationale und europäische Recht, darunter die Biopatentrichtlinie der EU, jedoch nicht das nationale Recht gebunden ist[347]. 14 Einspruchsparteien, darunter Deutschland, Italien und die Niederlande hatten vor allem ethisch begründete Einwände geltend gemacht[348]. Der Marburger Bund und der Verband forschender Arzneimittelhersteller begrüßten die Entscheidung ebenso wie die Bundesregierung, da Verfahren zur Veränderung menschlicher Keimbahnen und damit der genetischen Identität oder der industriellen und kommerziellen Nutzung menschlicher Lebewesen oder Verfahren zum Klonen von Menschen grundsätzlich nicht patentierbar sind[349].

---

344 BT-Drs. 14/5157, FN 309, S. 7.

345 Nach Art. 83 ist die Erfindung so vollständig zu beschreiben, dass ein Fachmann sie ausführen kann. Regel 23d c) schließt die Verwendung von menschlichen Embryonen zu industriellen oder kommerziellen Zwecken von der Patentierbarkeit aus.

346 Das EPA hatte 1999 das Patent unter dem Titel „Isolierung, Selektion und Vermehrung von tierischen Transgen - Stammzellen" für „animal cells" erlassen, was nach dem englischen Sprachgebrauch nicht nur tierische, sondern auch menschliche Zellen umfasst.

347 http://www.european-patent-office.org/news/pressrel/2002_07_24_d.htm.

348 Die Welt, vom 25. Juli 2002, Europa darf embryonale Stammzellen nicht patentieren, S. 1.

349 www.text.bundesregierung.de/frameset/.

4. Ergebnis

Erfreulich ist, dass mit der Richtlinie 98/44/EG eine grundsätzliche Klärung der Patentierbarkeit des menschlichen Genoms stattfindet. Die Patentierung des menschlichen Körpers und seiner Bestandteile werden zu Recht abgelehnt, die Patentierbarkeit isolierter Bestandteile hingegen zugelassen. Es ist festzustellen, dass die Biopatent-Richtlinie kein völlig neues Patentrecht schafft, vielmehr das „bestehende Gebäude des allgemeinen Erfindungspatentrechts“[350] aufnimmt und darin gezielt spezifische Regeln für die Biotechnologie einfügt. Es handelt sich insofern nicht um einen „Neubau“, sondern um einen harmonischen „Um- und Ausbau“ des geltenden Patentrechts[351].

Jedoch besteht auf diesem Gebiet weiterhin Konkretisierungs- und Regelungsbedarf, denn aufgrund mangelnden gemeinschaftlichen Bewusstseins und fehlendem gemeinschaftlich verwertbarem ordre public sowie widersprüchlichen Regelungen in den USA und Europa folgen zum Teil unklare Begriffsdefinition und teilweise undifferenzierte und unkonkrete Regelungen. Es ist aber auch zu bedenken, dass der Patentschutz in erster Linie vergleichbare Wettbewerbsbedingungen sicherstellen soll, somit weder vorrangig ethische Ziele verfolgt, noch ethische oder unethische Verhaltensweisen regelt. Dies ist Aufgabe beispielsweise der Bioethik-Konvention.

Die Richtlinie trägt den Erfordernissen von Praxis und Wirtschaft somit im Rahmen ihrer europaweit realisierbaren Möglichkeiten weitestgehend Rechnung.

II. Andere spezifische Regelungen, Richtlinien und Stellungnahmen

1. EWG-VO (Nr. 2309/93) über die Zulassung von Hochtechnologiearzneimitteln

Auf der Grundlage der Verordnung Nr. 2309/93[352] wurde zur Erleichterung des freien Handels mit Arzneimitteln ein zentralisiertes Gemeinschaftsverfahren für die Genehmigung und Überwachung von technologisch wertvollen Arzneimitteln, insbesondere aus dem Bereich der Biotechnologie, geregelt. Mit diesem Verfahren wird in Europa ein einheitliches wissenschaftliches Beurteilungssystem für die Qualität, Wirksamkeit und Unbedenklichkeit neuer Arzneimittel eingeführt[353].

---

[350] *Luttermann*, FN 318, S. 917.
[351] *Luttermann*, FN 318, S. 917.
[352] ABl. EG Nr. L - 214/1 vom 24.08.1993.
[353] *Karl Feiden*, EWG-Verordnung Nr. 2309/93 über die Zulassung von Hochtechnologiearzneimitteln, in: Winter / Fenger / Schreiber, Genmedizin und Recht, S. 87, Rdnr. 191.

2. EWG-Gentechnik-Richtlinie 90/219 und 90/220 „contained use" und „deliberate release"

Die Richtlinie des Rates der Europäischen Gemeinschaften 90/219/EWG[354] über die Anwendung genetisch veränderter Mikroorganismen in geschlossenen Systemen, sowie RL 90/220/EWG über die absichtliche Freisetzung genetisch veränderter Organismen in die Umwelt wurden im April 1990 erlassen und waren bis Oktober 1991 von den Mitgliedsstaaten umzusetzen[355]. Diese Richtlinien legen gemeinschaftliche Maßnahmen im Hinblick auf die Anwendung und Freisetzung genetisch veränderter Mikroorganismen fest.

3. EG-RL (98/79/EG) über In-vitro-Diagnostika

Von Bedeutung ist auch die RL (98/79/EG) über In-vitro-Diagnostika vom 27.10.1998[356]. In-vitro-Diagnostika (IVD) werden zur Analytik von Genen angewandt, d.h. aus dem menschlichen Körper stammende Proben werden auf Anomalien und sonstige physiologische und pathologische Zustände hin überprüft[357]. IVD sind im Wesentlichen Reagenzien und Geräte für medizinische Laboruntersuchungen, z.B. HIV- und Gentests[358]. Mit dieser Richtlinie werden IVD in den Medizinproduktebereich einbezogen, welcher für IVD zusätzlich spezifische Regelungen enthält. Auf europäischer Ebene ist der Bereich der Medizinprodukte durch drei Richtlinien harmonisiert[359]. Bislang waren diese Produkte dem Arzneimittelbereich und der Medizingeräte-Verordnung zuzuordnen. Die Richtlinie legt grundlegende Anforderungen an die IVD fest. So muss eine

---

[354] Mittlerweile mit der EU Richtlinie 98/81/EG geändert. Diese trat am 5. Dezember 1998 in Kraft und soll innerhalb von 18 Monaten von den EU-Mitgliedsstaaten umgesetzt werden.

[355] ABl. EG Nr. L - 117/1 vom 08.05.1990, sowie: ABl. EG Nr. L - 117/15 vom 08.05.1990.

[356] ABl. EG Nr. L - 331/1 vom 07.12.1998.

[357] *Gert H. Schorn*, EG-Richtlinie über In-vitro-Diagnostika, in: Winter / Fenger / Schreiber, Genmedizin und Recht, S. 94, Rdnr. 202.

[358] Art. 1 Abs. 2 lit. b RL definiert In-vitro-Diagnostika. Es handelt sich folglich um jedes Medizinprodukt, das als Reagenz, Reagenzprodukt, Kalibriermaterial, Kontrollmaterial, Kit, Instrument, Apparat, Gerät oder System zur in-vitro-Untersuchung von aus dem menschlichen Körper stammenden Proben, einschließlich Blut- und Gewebespenden, verwendet wird und ausschließlich oder hautsächlich dazu dient, Informationen zu liefern.

[359] Dabei handelt es sich um die RL des Rates vom 20.06.1990 zur Angleichung der Rechtsvorschriften der Mitgliedsstaaten über aktive, implantierbare medizinische Geräte (90/385/EWG, Abl. EG Nr. L - 189/17 vom 20.07.1990) zuletzt geändert durch die RL 93/68/EWG vom 22.07.1993 (Abl. EG Nr. L - 220/1 vom 30.08.1993), die Richtlinie 2000/70/EG zur Änderung der Richtlinie 93/42/EWG des Rates vom 14.06.1998 über Medizinprodukte (Abl. EG Nr. L - 169/1 vom 12.06.1998: Mit ihr werden Medizinprodukte, die stabile Derivate aus menschlichem Blut oder Blutplasma enthalten, in den Medizinproduktebereich einbezogen. Zu diesen Medizinprodukten gehören z.B. mit Albumin beschichtete Katheter. Diese Richtlinie kann ab dem 13.06.2002 angewendet werden), sowie die RL 98/79/EG des Europäischen Parlaments und des Rates vom 27.10.1998 über In-vitro-Diagnostika (Abl. EG Nr. L - 331/1 vom 07.12.1998) - siehe dazu ausführlich: *Schorn*, FN 357, S. 94, Rdnr. 201.

Gefahrenanalyse und Leistungsbewertung durchgeführt werden. Weiterhin müssen über die Entwicklung, Konstruktion, Charakteristika, Kennzeichnung, Bedienungsanleitung sowie Qualitätssicherung Dokumentationen angelegt werden und für die Überwachungsbehörden bereitgehalten werden. Soweit IVD in den Verkehr gebracht werden, müssen sie eine CE-Kennzeichnung tragen[360]. Bemerkenswert sind hier die Erwägungsgründe 32 und 33, welche es für zulässig erklären, medizinische Diagnoseverfahren unter Verwendung menschlichen Gewebes oder menschlicher Zellen herzustellen. Weiterhin verweist Art. 1 Nr. 4 RL auf die Bioethik-Konvention des Europarates. Deren Prinzipien sind anwendbar, ohne dass die EU ihrerseits diese Konvention unterzeichnet hat. Somit wird ein pan-europäischer Bogen auch ohne explizite Kompetenzen gespannt.
Mit den neuen Regelungen wird der Marktzugang für diese Produkte wesentlich erleichtert, da sie im gesamten Europäischen Wirtschaftsraum verkehrsfähig werden, wenn die im Gesetz vorgegebenen Voraussetzungen für das Inverkehrbringen erfüllt sind und die CE-Kennzeichnung angebracht wurde.

4. EG-RL (2001/20/EG) über die Durchführung von klinischen Prüfungen mit Humanarzneimitteln

Diese Richtlinie vom 04.04.2001[361] macht deutlich, dass eine versteckte Harmonisierung von Forschungsverboten manchmal erst auf den zweiten Blick erkennbar wird. Sie ist generell nicht auf die Humangenetik fokussiert, schließt allein in Art. 9 Abs. 6 die Prüfungen von Behandlungsmethoden mit Eingriff in das Erbgut aus und verbietet damit effektiv die Keimbahntherapie in der Union[362]. Die Richtlinie ist daneben für die Erprobung, die Einfuhr und die Etikettierung humangenetisch hergestellter Präparate relevant.

5. Entschließungen des Europäischen Parlaments

Das Europäische Parlament hat sich seit 1989 in zahlreichen Resolutionen zu Fragen der Biomedizin geäußert. Dies geschah vielfach in Form von Entschließungen. Diese besitzen keine Rechtsnormqualität, so dass ihr Wert zweifelhaft ist. Jedoch ist ihr Willensausdruck und argumentativer Charakter nach außen nicht zu unterschätzen.

Auffällig ist, dass sich das Europäische Parlament mehrfach und besonders engagiert für eine Ächtung der gesamten Technik am Menschen eingesetzt hat. Einige relevante Entschließungen seien hier genannt:
Entschließung zur Biotechnologie in Europa und der Notwendigkeit einer integrierten Politik[363], Entschließung zu den ethischen und rechtlichen Problemen

---

[360] *Schulz*, FN 40, S. 25.
[361] Abl. EG Nr. L - 121/34 vom 01.05.2001.
[362] *Schulz*, FN 40, S. 21.
[363] Abl. EG Nr. C - 76/25 vom 23.03.1987.

der Genmanipulation[364], Entschließung zu künstlichen In-vivo- und In-vitro-Befruchtungen[365], Entschließung zur Klonierung des menschlichen Embryo[366], Entschließung zum Schutz der Menschenrechte und der Menschenwürde hinsichtlich der Anwendung von Biologie und Medizin[367], Entschließung zum Klonen von Tieren und Menschen[368], Entschließung zu dem Mandat der Beratergruppe für Fragen der Ethik in der Biotechnologie bei der Kommission[369], Entschließung zum Klonen von Menschen[370], Entschließung zu dem Beschluss des Europäischen Patentamtes bezüglich des am 8. Dezember 1999 erteilten Patents Nr. EP 695 351[371], Entschließung zum Klonen von Menschen[372], Beschluss zur Einsetzung eines nichtständigen Ausschusses für Humangenetik und die anderen neuen Technologien in der modernen Medizin[373] sowie die Entschließung zur Zukunft der Biotechnologie[374].

---

364 Abl. EG Nr. C - 96/195 vom 16.03.1989. In dieser Entschließung wurden die Staaten aufgefordert, gleichfalls die Chimären- und Hybriderzeugung unter Strafe zu stellen (siehe Punkt 41 f., S. 165 - 171 des Doc. A2-327/88).

365 Abl. EG Nr. C - 96/171 vom 17.04.1989.

366 Abl. EG Nr. C - 315/24 vom 22.11.1993.

367 Abl. EG Nr. C - 320/268 vom 28.10.1996.

368 Abl. EG Nr. C - 115/92 vom 14.04.1997: Interessanterweise wird hier in der Präambel u.a. auch auf die PID Bezug genommen, die nach dem Text unter keinen Umständen von irgendeiner Gesellschaft gerechtfertigt oder toleriert werden kann, da es sich dabei um die Verletzung der Menschenwürde handelt. Das Parlament betont, dass "keine Gesellschaft unter irgendwelchen Umständen das Klonen von menschlichen Wesen [...] rechtfertigen oder hinnehmen darf, weil es eine schwerwiegende Verletzung der grundlegenden Menschenrechte darstellt und dem Grundsatz der Gleichheit der Menschen widerspricht, denn es ermöglicht eine eugenische und rassistische Selektion der menschlichen Art, verstößt gegen die Würde des Menschen und macht Menschenversuche erforderlich„; siehe weiterführend: *Simon*, FN 58, S. 63.

369 Abl. EG Nr. C - 200/258 vom 30.06.1997.

370 Abl. EG Nr. C - 34/164 vom 02.02.1998: Das Parlament bekräftigt „dass das Klonen von Menschen verboten sein muss". Weiterhin fordert es „die Mitgliedstaaten des Europarates auf, das Übereinkommen des Europarates über die Menschenrechte und die Biomedizin und sein Zusatzprotokoll zum Verbot des Klonens von Menschen zu unterzeichnen und zu ratifizieren".

371 vom 30.03.2000, Dok.-Nr. B5-02888, online verfügbar unter: http://www.europarl.eu.int/comparl/tempcom/genetics/links/b5_0288_de.pdf.

372 vom 07.09.2000, Dok.-Nr. B5-0710, online verfügbar unter: http://www.europarl.eu.int/omk/omnsapir.so/calendar?APP=PDF&TYPE=PV2&FILE=20000907DE.pdf&LANGUE=DE: das Parlament vertritt die Ansicht, „dass das ‚therapeutische Klonen', dass die Produktion menschlicher Embryonen allein zu Forschungszwecken impliziert, ein grundlegendes ethisches Dilemma aufwirft, eine nicht wieder rückgängig zu machende Grenzüberschreitung der Forschungsnormen darstellt und der öffentlich vertretenen Politik der Europäischen Union widerspricht". Es ruft zu einem weltweiten Verbot des reproduktiven Klonens auf.

373 vom 13.12.2000, Dok.-Nr. A5-0080/2000, online verfügbar unter: http://www.europarl.eu.int/omk/omnsapir.so/calendar?APP=PDF&TYPE=PV2&FILE=20001213DE.pdf.

374 vom 15. März 2001, Dok.-Nr. A5-0080/2001, online verfügbar unter: http://www.europarl.eu.int/comparl/tempcom/genetics/links/a5_0080_de.pdf.

Allen Entschließungen ist gemeinsam, dass das Europäische Parlament, mit Schwerpunkt auf der Klontechnik, vor allem vor unbedachter Fortschrittsgläubigkeit warnt und den Wert der Menschenwürde gegenüber Gewinnstreben und Forschungsdrang unterstreicht. Weiterhin empfiehlt es der Kommission die Koordinierung der Biotechnologiepolitik auf europäischer Ebene.

Trotz fehlender rechtlicher Bindungswirkung ist den Entschließungen des europäischen Parlaments üblicherweise ein prägender Einfluss auf die zukünftige Rechtsetzung und Rechtsprechung der Europäischen Union immanent.

6. Stellungnahmen der Europäischen Gruppe für Ethik der Naturwissenschaften und der Neuen Technologien bei der Europäischen Kommission (EGE)

Die von der Europäischen Kommission eingesetzte Gruppe wies bereits 1997 darauf hin, dass das reproduktive Klonen Gefahren der Instrumentalisierung und Eugenik sowie erhebliche Risiken für das Individuum und die Gesellschaft berge. Daher sei es als solches ethisch inakzeptabel und sollte verboten werden[375].
1998 kam die EGE in einem Bericht zu dem Schluss, dass die Forschungsförderung nicht grundsätzlich ausgeschlossen sein sollte; jedenfalls nicht für diejenigen Länder der EU, deren nationale Regelungen Forschung an Embryonen zulassen[376].
In einer Stellungnahme aus dem Jahr 2000 führte die Beratergruppe aus, dass es im Rahmen des Europäischen Pluralismus jedem Mitgliedstaat selbst obliege, Embryonenforschung zu verbieten oder zu erlauben. Im letzteren Fall erfordere die Achtung der Menschenwürde eine Regelung der Embryonenforschung sowie Garantien gegen die Gefahr eines willkürlichen Experimentierens und einer Instrumentalisierung menschlicher Embryonen. Wo Forschung mit embryonalen Stammzellen erlaubt sei, müsse sie einer strengen öffentlichen Kontrolle durch eine zentrale Stelle, ähnlich der HFEA in Großbritannien, unterstellt werden. Die Erzeugung von Embryonen, mit für die Stammzellgewinnung gespendeten Keimzellen, sei ethisch inakzeptabel, wenn überzählige Embryonen eine alternative Quelle darstellten. Auch sei die Herstellung von Embryonen durch Zellkerntransfer für die Erforschung von Stammzelltherapien gegenwärtig noch verfrüht, weil ein großer Bereich der Forschung zunächst mit alternativen Quellen humaner Stammzellen wie überzähligen Embryonen, fetalen Geweben und adulten Stammzellen durchzuführen sei[377].

---

[375] EGE, Ethische Aspekte der Klontechniken, Stellungnahme Nr. 9 vom 18.05.1997, online verfügbar unter: http://europa.eu.int/comm/european_group_ethics/avis_en.htm.

[376] EGE, Ethische Aspekte von Forschungstätigkeit am menschlichen Embryo, die durch das fünfte Rahmenprogramm gefördert werden, Stellungnahme Nr. 12 vom 23.11.1998, S.11/12, zu finden unter: http://europa.eu.int/comm/european_group_ethics/docs/avis12_en.pdf.

[377] EGE, Ethische Aspekte de Stammzellforschung und deren Gebrauch, Stellungnahme Nr. 15 vom 14.11.2000, unter: http://europa.eu.int/comm/european_group_ethics/docs/avis15_en.pdf.

F. Ergebnis

Gerade in den letzten Jahren ist viel Bewegung auf dem Gebiet der Biotechnologie zu verzeichnen. Es entstanden zahlreiche Regelungen, deren Nützlichkeit und spezifischer Regelungsumfang sich in den nächsten Jahren zeigen wird. Erst die zukünftige technische Weiterentwicklung wird verdeutlichen, ob der vorliegende rechtliche Rahmen einen ausreichenden Schutz für die Grundwerte der Gemeinschaft bietet.

Auch wenn die Menschenwürdegarantie im Verfassungsvertrag der Europäischen Union als Rechtssatz anerkannt ist, erstreckt sich die Würde nicht auf den Embryo in vitro. Gleiches gilt für das auf Unionsebene gewährleistete Lebensrecht. Angesichts divergierender Schutzkonzeptionen kann dieses nicht so konkretisiert werden, dass es Embryonen in vitro erfasst. Über die Regelungen zum Forschungsrahmenprogramm und die patentrechtlichen Bestimmungen werden Anreize geschaffen, bestimmte Verhaltensweisen im Umgang mit Embryonen zu unterlassen[378].

7. Kapitel: Initiativen auf völkerrechtlicher Ebene sowie weitere internationale Vereinbarungen

Es ist offensichtlich, dass hohe rechtliche Schranken im eigenen Land sowie auf regionaler Ebene nicht genügen, um einen verantwortungsvollen Umgang mit den neuen biotechnologischen Möglichkeiten sicherzustellen. Vielmehr bedarf es weltweiter grenz- und kulturüberschreitender Regelungen, welche Mindestnormen verbindlich machen. Die Ankündigung einzelner Forscher im Ausland, sich dem reproduktiven Klonen von Menschen zuzuwenden, erweist einmal mehr die Notwendigkeit eines weltweit gültigen Rechtsinstruments, zumindest gegen das reproduktive Klonen. Ein internationales Verbot des reproduktiven Klonens von Menschen wird seit Jahren u.a. vom Europarat, der UNESCO und der WHO gefordert. Aufgrund der hohen Zahl der in Einklang zu bringenden Staaten, der unterschiedlichen Kulturen und ethischen Anschauungen war es bisher fast unmöglich, einen verbindlichen Konsens zu finden. Es bestehen lediglich folgende Regelungsansätze:

A. Die Europäische Menschenrechtskonvention

Die Europäische Menschenrechtskonvention (EMRK) vom 04.11.1950[379] sieht eine Reihe von Grundrechten und -freiheiten vor, wie z.B. das Recht auf Leben, das Recht auf Freiheit und Sicherheit oder einen Anspruch auf Achtung des Pri-

---

[378] *Vöneky / Petersen*, FN 297, S. 368.

[379] Konvention zum Schutze der Menschenrechte und Grundfreiheiten vom 04.11.1950, BGBl. 1958 I S. 210. Für die Bundesrepublik Deutschland gültig durch Gesetz vom 07.08.1952 (BGBl. 1952 II S. 685); die Konvention ist am 03.09.1953 für die Bundesrepublik Deutschland in Kraft getreten. Das Protokoll Nr. 11 vom 11.05.1994, welches den Abschnitt 2 der Konvention änderte, ist für die Bundesrepublik Deutschland durch Gesetz vom 24.07.1995 (BGBl. 1995 II S. 578) in Kraft.

vat- und Familienlebens. Probleme der Bioethik werden nicht ausdrücklich erwähnt. Auch wird bei Prüfung der vorhandenen Vorschriften deutlich, dass diese nicht auf die Probleme der Bioethik „passen".

So wird beispielsweise diskutiert, ob ein möglicher Schutz der Embryonen vor Forschungsverwendung beispielsweise durch Art. 2 Abs. 1 S. 1 EMRK („Das Recht jedes Menschen auf das Leben wird gesetzlich geschützt.") erreicht werden kann. Hier stellt sich wiederum die Frage, wann das menschliche Leben beginnt. Sowohl die Europäische Menschenrechtskommission (EKMR) als auch der Europäische Gerichtshof für Menschenrechte (EGMR) hatten wiederholt die Möglichkeit, sich zu diesen Fragen des vorgeburtlichen Lebensschutzes zu äußern.

Die EKMR lehnt die Zuerkennung eines vollen Lebensschutzes für den Embryo ab. In der Entscheidung *X v. Vereinigtes Königreich*[380] aus dem Jahr 1980 kam sie zu dem Ergebnis, dass die Verwendung des Begriffes Mensch in Art. 2 EMRK sich im Zusammenhang mit der Verwendung in anderen Artikeln (Art. 1, 5, 6, 8-11 und 13 EMRK) ausnahmslos auf bereits geborene Menschen bezieht. Zudem enthält Art. 2 EMRK in Abs.1 S. 2 und in Abs. 2 Einschränkungen des Rechts auf Leben, die ihrer Art nach ebenfalls nicht für Ungeborene gelten können. Beides wertete die Kommission als Indizien dafür, Ungeborene nicht als „Menschen" i.S. von Art. 2 Abs. 1 S. 1 EMRK anzusehen. Auch die Prüfung des Ausdrucks „Leben" führte zu keinem anderen Ergebnis. Die Möglichkeit eines abgestuften Lebensschutzes ließ die EKMR offen[381].

Der Europäische Gerichtshof sprach sich in jüngster Zeit gegen die Einbeziehung des ungeborenen extrakorporalen Lebens in den Lebensschutz aus.[382] Zwar ließ der Gerichtshof in einer Entscheidung aus dem Jahre 2004 noch offen, ob dem Embryo das Lebensrecht iSd. Art. 2 EMRK zuzuerkennen sei. In dieser Entscheidung, *Vo v. Frankreich,* ging es um den Tod eines Embryo, der durch einen ärztlichen Eingriff an der falschen Person aufgrund einer Namensverwechselung fahrlässig verursacht worden war[383]. Schon hier äußerte sich das Gericht in einem *obiter dictum* jedoch sehr zurückhaltend, da es zwischen den Konventionsstaaten an einem entsprechenden Konsens fehle[384]. In der nachfolgenden Entscheidung *Evans v. UK* lehnte der Gerichtshof einstimmig durch Bezugnahme auf das *obiter dictum* in *Vo gegen Frankreich* eine Einbeziehung des Embryo in vitro in den Schutzbereich des Lebensrechts ab[385]. In diesem Fall ging es um den Vater eines in vitro erzeugten Embryo, welcher seine Einwilli-

---

[380] EKMR, Nr. 8416/79, *X v. United Kingdom*, Decisions and Reports 19 (1980), S. 244 (252).

[381] Siehe dazu ausführlich die Besprechung der Entscheidung des EGMR vom 08.07.2004 *Vo v. Frankreich* in: *Thomas Groth / Nils Lange-Bertalot*, Der Schutz des Lebens Ungeborener nach der EMRK, NJW 2005, S. 713 ff.

[382] EGMR, Urt. v. 07.03.2006, Nr. 6339/05, *Evans v. The United Kingdom.*

[383] EGMR, Urt. v. 08.07.2004, Nr. 53924/00, *Vo v. France*, NJW 2005, S. 727, Rdnr. 85 ff.

[384] EGMR, Fn. 383, Rdnr. 83.

[385] EGMR, Fn. 382, Rdnr. 46.

gung in die Übertragung des Embryo auf die Mutter - seiner zwischenzeitlich geschiedenen Frau - widerrief. Dieser Widerruf war im Ergebnis zulässig.
Auch in der Literatur herrscht die Ansicht vor, dass insbesondere aus der Schrankendogmatik des Art. 2 Abs. 2 EMRK die Schlussfolgerung zu ziehen sei, dass der Schutzbereich des Art. 2 EMRK erst eröffnet ist, wenn der Embryo selbständig lebensfähig ist[386]. Die Schrankensystematik lasse darauf schließen, dass bei der Ausarbeitung der Konvention von einem engen persönlichen Schutzbereich ausgegangen worden sei[387].
Das Leben des Embryo wird folglich nicht durch Art. 2 EMRK geschützt. Die in Großbritannien erlaubte Forschung mit Embryonen bis zum Stadium der Nidation fällt somit nicht unter den Schutzbereich von Art. 2 EMRK[388].

Kein anderes Ergebnis zeigt sich bzgl. des Würdeschutzes des Embryo.
Die Menschenwürde wird in der Konvention nicht ausdrücklich erwähnt, allerdings wird sie indirekt durch die Inbezugnahme der Allgemeinen Erklärung der Menschenrechte von 1948 eingeführt. Folglich legt der EGMR die Konventionsgarantien im Lichte der Menschenwürde aus[389] und hat in seinem Urteil *Vo v. Frankreich* zum Ausdruck gebracht, dass dem Menschen von der Befruchtung an Würde zustehe. Jedoch handelt es sich hier um ein unbegründetes *obiter dictum*, welches nicht dem differenzierten Bild, welches die unterschiedliche Ausgestaltung der Menschenwürdegarantie hinsichtlich des Embryonenschutzes in den Rechtsordnungen der einzelnen Mitgliedstaaten abgibt, entspricht. So ist beispielsweise die verbrauchende Embryonenforschung, die unter deutschen Maßstäben als würdeverletzend anzusehen ist, in der Mehrheit der Mitgliedstaaten bedingt erlaubt oder zumindest nicht verboten. Diese unterschiedliche Ausgestaltung spricht entscheidend gegen eine Einbeziehung des Embryo in vitro in den konventionsverbürgten Menschenwürdeschutz. Obwohl bisher kaum systematische Versuche unternommen wurden, den Gehalt der Menschenwürde in der Konvention zu konkretisieren, muss man wohl davon auszugehen, dass der Menschenwürdeschutz der EMRK mangels entsprechenden Konsenses der Mitgliedstaaten eine begrenzte Reichweite haben soll[390].

---

386 *Irene Fahrenhost*, Fortpflanzungstechnologien und Europäische Menschenrechtskonvention, EuGRZ 1998, S. 125.

387 *Silja Vöneky / Niels Petersen*, Der rechtliche Status des menschlichen extrakorporalen Embryos: Das Recht der Europäischen Union, EuR 2006, Heft 3, S. 340 ff. (352).

388 Jedoch kann daraus bzw. aus der Entscheidung, dass es keine Konventionsverletzung darstelle, wenn zwei norwegische Ärzte in der 14. Woche ohne Indikation eine Abtreibung vornehmen, nicht auf die Irrelevanz des Art. 2 EMRK für das menschliche Leben geschlossen werden, so: *Klein*, FN 111, S. 85.

389 bspw. EGMR, Urt. v. 29.04.2002, *Pretty v. The United Kingdom*, Recueil des arrets es décisions, Rdnr. 26, demnach sei die Achtung der Würde und Freiheit Grundlage und durchgehendes Motiv der Konvention.

390 Siehe dazu ausführlich : Vöneky/Petersen, Fn. 387, S. 345 ff.

Ferner kann Art. 3 EMRK (Verbot unmenschlicher und erniedrigender Strafe und Behandlung) nicht für den Würdeschutz des frühen Embryo herangezogen werden. Dieser Artikel stellt, selbst wenn man „eine objektivrechtliche Ausstrahlungswirkung auf die Embryonalphase bejahen wollte [...] nach dem bisherigen Verständnis ganz zentral auf Kriterien wie Leiden und Schmerzen ab" und kann „daher auf die Blastozyste nicht sinnvoll angewendet werden"[391].

Darüber hinaus scheitert ein Schutz durch die Gewährleistungen des Art. 8 EMRK (Recht auf Achtung des Privat- und Familienlebens), da dieser den Schutz der bereits vorhandenen Familie umfasst, nicht jedoch deren Gründung[392]. Auch wird die in Art. 8 EMRK verbürgte Reproduktionsfreiheit nicht uneingeschränkt gewährt; im Rahmen der Zweckbindung des Art. 8 Abs. 2 EMRK, die eine Enumerierung bestimmter kollektiver und individueller Werte enthält, ist eine Beschränkung der Fortpflanzungsfreiheit nach verhältnismäßiger Abwägung legitim.

Auch Art 10 EMRK (Meinungsfreiheit), welcher die Wissenschaftsfreiheit nicht ausdrücklich gewährleistet, jedoch in Teilbereichen miterfasst und Art. 12 EMRK (Recht auf Heirat und Familiengründung) verbürgen keine bioethischen Regelungen für die Behandlung von Embryonen. Entschieden wurde lediglich, dass staatliche Kindesverbote und Zwangssterilisationen mit Art. 12 EMRK unvereinbar sind[393]. Die EMRK spricht somit zwar das Recht auf Familie an, nicht aber Fragen der „assistierten" Reproduktion. Ob eine Versagung des Zugangs zu Fortpflanzungstechnologien eine Verletzung des Art. 12 EMRK darstellt[394] bedarf in diesem Zusammenhang keiner Klärung, denn jedenfalls kann daraus kein Rückschluss für die hier zu klärende Frage der Behandlung des Embryo gezogen werden.

Die EMRK bietet folglich keinen ausreichenden Schutz für die Problemstellungen der Embryonenforschung.

---

391 *Christian Kopetzki*, Embryonale Stammzellen im Rechtsstaat. Thesen zur künftigen Biopolitik, in: Pichler (Hrsg.), Embryonalstammzelltherapie versus „alternative" Stammzelltherapien, S. 162.

392 *Fall Dungeon*, Serie A, Bd. 45, Ziff. 60, abgedruckt in: EuGRZ 1983, S. 488 ff. (493).

393 *Fahrenhost*, FN 386, S. 131.

394 Bejahend: *Hans-Georg Koch*, Fortpflanzungsmedizin im europäischen Rechtsvergleich, Das Parlament, „Aus Politik und Zeitgeschichte", B 27/2001, S. 2.

B. Internationaler Pakt über bürgerliche und politische Rechte

Die Präambel des Internationalen Paktes über bürgerliche und politische Rechte vom 19.12.1966 (IPBPR)[395] leitet die im Einzelnen verbürgten Rechte, so auch das Recht auf Leben, aus der dem Menschen innewohnenden Würde ab[396]. Da die dem Menschen innewohnende Würde bereits im Embryo angelegt ist, sind Teile der Literatur der Ansicht, den internationalen Pakt entsprechend den heutigen medizinischen Möglichkeiten so auszulegen, das auch den Embryonen das Recht auf Leben iSd. Art. 6 IPBPR zukomme[397].

Es stellt sich jedoch dieselbe Problematik wie schon bei der EMRK: Die Frage nach dem Beginn des Lebensschutzes wurde in den Verhandlungen zum Art. 6 IPBPR ausführlich diskutiert und im Ergebnis einschränkend beantwortet. Aus der Entstehungsgeschichte des Paktes ergibt sich nämlich, dass das werdende Leben gerade nicht erfasst werden sollte. Die Initiative von fünf Staaten (Belgien, Brasilien, El Salvador, Mexiko und Marokko), den Lebensschutz bereits mit der Empfängnis beginnen zu lassen, wurde unter Hinweis auf die unterschiedlichen nationalen Rechtsordnungen und deren Mangel an übereinstimmenden Aussagen zum Würde- und Lebensbeginn nicht verwirklicht[398]. Auch wurde argumentiert, es wäre wissenschaftlich nicht möglich, den genauen Zeitpunkt der Befruchtung zu bestimmen[399]. Man kam zu dem Ergebnis, dass Art. 6 IPBPR gerade nicht so auszulegen ist, dass er geborenes und ungeborenes Leben gleichermaßen schützt.

C. Allgemeine Erklärung der Menschenrechte

Auch die Allgemeine Erklärung der Menschenrechte (AllgErklMR)[400] schweigt weitgehend zu Problemen der modernen Medizin. In Art. 1 der unverbindlichen Erklärung ist der Würdeschutz aller Menschen verankert. Mangels Konsenses der Mitgliedstaaten bzgl. Reichweite und inhaltlicher Ausgestaltung der Menschenwürdegarantie ergibt sich nicht, dass der Embryo in den Schutzgehalt einzubeziehen ist. Den Lebensschutz in Art. 3 der AllgErklMR ab der Befruchtung anzusetzen, wurde unter Hinweis auf die nationalen Regelungen des Schwanger-

[395] Internationaler Pakt über bürgerliche und politische Rechte vom 19.12.1966, BGBl 1973 II S. 1534, abgedruckt in Sartorius II, Internationale Verträge, Nr. 20.

[396] „...die Annerkennung der allen Mitgliedern der menschlichen Gesellschaft innewohnenden Würde..." Präambel IPbürgR vom 19.12.1966, siehe FN 395.

[397] *Starck*, FN 176, S. 1068.

[398] *Christian Kopetzki*, Grundrechtliche Aspekte der Biotechnologie am Beispiel der „therapeutischen Klonens", in Kopetzki / Mayer (Hrsg.), Biotechnologie und recht, Veröffentlichungen des Ludwig-Boltzmann-Institutes für Gesetzgebungspraxis und Rechtsanwendung, Band 11, Verlag Mainz, Wien 2002, S. 33.

[399] *Niels Petersen*, The Legal Status of the Human Embryo in vitro: General Human Rights Instruments, ZaöRV 65 (2005), S. 450.

[400] G.A. Res. 217A (III), UN Doc. A/810 (1948); abgedruckt in Sartorius II, Internationale Verträge, Europarecht, Nr. 19.

schaftsabbruchs abgelehnt[401]. Darüberhinaus kann auch die Erklärung in Art. 25 Abs. 2 AllgErklMR, dass „Mütter und Kinder Anspruch auf besondere Hilfe und Unterstützung" besitzen, kann keine konkreten Antworten geben[402].

Nachdem bekannte völkerrechtliche Regelungen nicht die gewünschte Regelungssicherheit gewährleisten, wurde eine eigene Konvention notwendig.

D. Die Biomedizin-Konvention

Im Zusammenhang mit dem Europarat[403] gibt es das einzig rechtsverbindliche Übereinkommen im Bereich von Bioethik und Biomedizin. Erstmals liegt auf internationaler Ebene ein Instrument vor, dass verbindliche Rechtsregeln für den Bereich der Medizin statuiert - die sog. Biomedizin-Konvention (BMK) vom 4. April 1997[404].

Die BMK trat am 01.12.1999 in Kraft, nachdem gemäß der sog. Ratifikationsklausel des Art. 33 Ab. 2 BMK fünf Staaten (die Slowakei, San Marino, Griechenland, Slowenien und Dänemark) ihre Ratifikationsurkunden in Straßburg hinterlegt hatten[405]. Nicht unterzeichnet haben bisher: Albanien, Andorra, Armenien, Österreich, Aserbaidschan, Belgien, Irland, Lichtenstein, Monaco, Malta, Russland, Großbritannien und Deutschland[406]. Der damalige Bundesjustizminister *Schmidt-Jortzig* begründete die deutsche Enthaltung mit dem in Deutschland noch nicht abgeschlossenen innerstaatlichen Meinungsbildungsprozess und dem noch ausstehenden Diskussionsbedarf, insbesondere den anhaltenden Diskussionen im Deutschen Bundestag, in den Medien, in kirchlichen Kreisen und Sozialverbänden. Die deutsche Öffentlichkeit würde eine Zustimmung zum jetzi-

---

401 *Kopetzki*, Fn. 398, S. 34.

402 *Detlev v. Bülow*, Die Menschenrechte angesichts der Entwicklung von Wissenschaft und Medizin - Rechtsfragen der Medizin, S. 9, in: v. Bülow / Fritsche, Menschenrechte in der modernen Medizin, Arbeitstagung vom 13.-15. Juni 1986 in Kiel, 2. Teil.

403 Der Europarat wurde am 5. Mai 1949 mit Sitz in Straßburg gegründet. Er war die erste internationale Organisation nach dem Zweiten Weltkrieg mit dem Ziel, Einheit und Zusammenarbeit in Europa zu fördern. Hauptanliegen des Europarates als „Hüter der demokratischen Sicherheit" ist die Festigung der Einheit des Kontinents und der Schutz der Würde des Bürgers. Um dieses Ziel zu erreichen ist er Hüter der Grundrechte: Demokratie, Menschenrechte, Rechtstaatlichkeit.

404 ETS No. 164, Text, Explanatory Report and updated Chart of Signatures, online verfügbar unter: http://www.legal.coe.int/bioethics/gb/html/conv.htm.

405 Außerdem haben zwischenzeitlich Zypern, die Türkei, die Tschechische Republik, Estland, Kroatien, Island, Norwegen, Georgien, Bulgarien, Dänemark Griechenland, Portugal, Rumänien, Spanien, Slowakei, Serbien und Montenegro, Moldawien, Litauen, San Marino und Ungarn das Übereinkommen ratifiziert. So sind jetzt 20 Staaten zur Einhaltung der Schutzstandards verpflichtet. 14 weitere Staaten (Bosnien und Herzegowina, Mazedonien, Finnland, Frankreich, Lettland, Litauen, Luxemburg, die Niederlande, Polen , Schweden, Schweiz, Serbien und Montenegro und die Ukraine) haben das Übereinkommen ebenfalls unterzeichnet. Die Ratifikation steht noch aus.

406 Stand: 15.03.07, siehe unter: http://conventions.coe.int/Treaty/Commun/ChercheSig.asp?NT.

gen Zeitpunkt nicht verstehen und die Bundesregierung wolle den Fortgang offen halten[407]. Erst nach Fortgang der Debatte soll eine Entscheidung über die Unterzeichnung und die Einleitung eines Gesetzgebungsvorhabens zur Ratifizierung getroffen werden[408]. Es stellt sich die grundlegende Frage, ob die Konvention dem deutschen Recht in wesentlichen Punkten widerspricht, so dass ein Beitritt aus rechtlichen oder politischen Gründen nicht möglich ist.

I. Notwendigkeit einer eigenen Konvention

Oft wird darauf hingewiesen, dass sich die biomedizinische Forschung auch bisher nicht im rechtsfreien Raum bewegte, und somit die Notwendigkeit eines eigenen Menschenrechtsübereinkommens bezweifelt.
Beispielsweise gibt es auf internationaler Ebene seit langem Deklarationen des Weltärztebundes, die sich ähnlich grundlegend wie das Übereinkommen mit Fragen der Medizin und Forschung am Menschen befassen[409]. Jedoch ist zu beachten, dass die Regelungsform „Deklaration" lediglich eine Selbstverpflichtung darstellt, während die BMK ein völkerrechtlicher Vertrag ist, der nach Ratifizierung unmittelbar Gesetzeskraft erlangt. Auch ist die Verpflichtungskraft der internationalen Deklarationen keineswegs sicher[410]. In den ärztlichen Berufsordnungen, die von den Ärztekammern zur verbindlichen Regelung der ärztlichen Berufsausübung in Form von Satzungen erlassen werden, findet sich keine ausdrückliche Verweisung auf die internationalen Deklarationen, die deren Regeln zum Inhalt unmittelbar verbindlichen Standesrechts machen würden. Bedeutung erlangen die Deklarationen damit lediglich über die Generalklauseln der ärztlichen Berufsausübung („Der Arzt übt seinen Beruf...nach den Geboten der ärztlichen Ethik...aus", „Der Arzt hat seinen Beruf gewissenhaft auszuüben...".), zudem über eine Selbstverpflichtung der jeweiligen Ethikkommission, welche auf die Deklarationen des Weltärztebundes verweisen. Darüber hinaus überlassen die Empfehlungen des Europarates den Mitgliedsstaaten oftmals die konkreten Entscheidungen oder es findet sich ein Vorbehalt zugunsten abweichender Regelungen durch die Mitgliedsstaaten[411].

---

407 die Tageszeitung vom 08.11.1996, Mindeststandards sind sehr hilfreich, S. 4.

408 *Bundesministerium der Justiz*, Das Übereinkommen zum Schutz der Menschenrechte und der Menschenwürde im Hinblick auf die Anwendung von Biologie und Medizin - Übereinkommen über Menschenrechte und Medizin - des Europarates vom 04.04.1997, Januar 1998/2, S. 10.

409 Ausführlich dazu siehe unten, Teil I, 7. Kap., H.,IX. WMA, S. 161 ff. - zu nennen ist beispielsweise die revidierte Deklaration von Lissabon über die Rechte des Patienten in der Fassung von 1995, oder die revidierte Deklaration von Helsinki über die biomedizinische Forschung am Menschen in der Fassung von 1996.

410 *Jochen Taupitz*, Vereinbarungen zur Bioethik – Ziele, Möglichkeiten und Grenzen aus juristischer Sicht, in: Honnefelder / Taupitz / Winter, Das Übereinkommen über Menschenrechte und Biomedizin des Europarates - Argumente für einen Beitritt, Hrsg: Konrad-Adenauer-Stiftung, Interne Studien 171/1999, S. 19.

411 Z.B. bezüglich Angaben über genetische Charakteristika des Spenders.

Ein förmliches Gesetz bringt insofern mehr Klarheit, auch im Hinblick auf die Verbindlichkeit[412]. Folglich war eine eigene Konvention notwendig.

II. Die Entwicklung der Biomedizin-Konvention

Aufgrund seiner allgemeinen Kompetenz zur Überwachung der Grundrechtssituation und der Einhaltung der EMRK in den Mitgliedsstaaten befasst sich der Europarat bereits seit etwa 1980 mit Fragen der Fortpflanzungsmedizin und Gentechnologie[413]. Der Europarat stützt diese Beschäftigung auch auf seine Zuständigkeit zur Schaffung von Grundlagen zur Rechtsvereinheitlichung in Bereichen, die die menschliche Person betreffen. Er bediente sich dazu bisher des Instruments der Resolution, deren rechtliche Bedeutung nicht ganz zweifelsfrei ist, letztlich jedoch nicht die Verpflichtungskraft vergleichbarer Hoheitsakte der Europäischen Gemeinschaften, wie etwa der EG-Richtlinie, besitzt. Immerhin wird den Resolutionen des Europarates als Ausdruck gewisser gemeinsamer Rechtsüberzeugungen der Mitgliedsstaaten im nationalen Regelungsprozess Bedeutung beigemessen[414].

Zunächst beschäftigte sich der Europarat mit einer Resolution zur künstlichen Insemination beim Menschen (Resolutionsentwurf von 1979), die Fragen der heterologen Insemination sehr „inseminationsfreundlich“ behandelte[415], bei der parlamentarischen Versammlung des Europarates jedoch abgelehnt wurde. In einem weiteren Resolutionsentwurf von 1981 wurde die Spenderanonymität gelockert, der Anwendungsbereich der künstlichen Insemination beschränkt und eine strafrechtliche Absicherung gegen den Missbrauch der künstlichen Insemination eingeführt[416]. Eine Resolution wurde aber nicht verabschiedet. Einerseits erschienen einige Fragen der Spenderanonymität und Abstammung als nicht konsensfähig, andererseits wurde das Problem der künstlichen Insemination

---

[412] Auch ist darauf hinzuweisen, dass es in der Schlussfassung der „UNESCO-Erklärung zum Schutz des menschlichen Genoms“ nur deshalb zu einer Erhöhung des Schutzniveaus kam, weil die BMK dieses Niveau vorgab und Teilformulierungen daraus in die Deklaration übernommen werden konnten. Das gleiche gilt für die Biopatent-RL, in welcher z.B. das Keimbahninterventionsverbot übernommen wurde. Siehe weiterführend: *Ludger Honnefelder*, Intention und Charakter des Übereinkommens über Menschenrechte und Biomedizin, in: Honnefelder / Taupitz / Winter, Das Übereinkommen über Menschenrechte und Biomedizin des Europarates - Argumente für einen Beitritt, Hrsg: Konrad-Adenauer-Stiftung, Interne Studien 171/1999, S.11.

[413] *Thomas Wiesenbart*, Europarat, in: Eser / Koch / Wiesenbart (Hrsg), Regelungen der Fortpflanzungsmedizin und Humangenetik, S. 275.

[414] *Wiesenbart*, FN 413, S. 275.

[415] Council of Europe, Draft Recommendation on Artificial Insemination of Human Beings, 05.03.1979.

[416] Council of Europe, Draft Recommendation on Artificial Insemination of Human Beings, 22.09.1981, Doc. 4776.

mittlerweile im Zusammenhang mit den übrigen Fragen moderner Fortpflanzungsmedizin gesehen und behandelt.
Die Diskussion im Europarat verlagerte sich in Richtung Gentechnologie und In-vitro-Fertilisation. Eine Empfehlung von 1986, welche die aus dem Jahre 1982[417] ersetzte, fasste den Umgang mit Embryonen und Föten in-vitro wie in-vivo zusammen. Sie unterscheidet dabei bereits diagnostisch und therapeutisch motivierte Maßnahmen[418]. Diese Empfehlung wurde später um die Forschungsfrage und die Beantwortung einiger anderer offen gebliebener Fragen ergänzt[419]. Als weiterer Schritt ist das 1983 vom Ministerkomitee des Europarates eingesetzte Ad-hoc-Komitee von Experten im Bereich der biomedizinischen Wissenschaften (CAHBI) anzusehen. Das CAHBI legte 1986 vorläufige Empfehlungen zur Fortpflanzungsmedizin vor[420] und schließlich einen weiteren Empfehlungsentwurf, welcher 21 fortpflanzungsmedizinische Prinzipien enthielt[421]. Im Wesentlichen ist hierin die Zulassung reproduktionsmedizinischer Maßnahmen vorgesehen, wenn andere Infertilitätstherapien erfolglos geblieben sind oder ein ernsthaftes Risiko der Übertragung schwerer Erb- oder einer sonstigen Krankheit besteht, die zum frühen Tod oder schwerer Behinderung des Kindes führen können. Nichttherapeutische Zwecke dürfen nicht verfolgt werden. Wenig konkrete Empfehlungen werden zur Aufbewahrung von Gameten und Embryonen abgegeben, lediglich Post-mortem-Befruchtungen werden ausdrücklich abgelehnt[422]. Dem folgte als nächster bedeutender Schritt bereits die Ausarbeitung der BMK.

III. Die Biomedizin-Konvention im Einzelnen

1. Ziele und Inhalte des Übereinkommens

Ziel des Übereinkommens ist es, im Hinblick auf die Anwendung von Biologie und Medizin die Würde und die Identität menschlichen Lebens in all seinen Formen zu schützen. Jedem Menschen sollen ohne Diskriminierung seine Integrität sowie seine sonstigen Grundrechte und Grundfreiheiten gewährleistet werden. Durch die BMK soll ein gemeinsamer europäischer Grundkonsens zu biomedizinischen Fragen eingeführt werden, um dadurch insbesondere in Staaten

---

417 Council of Europe, Parliamentary Assembly, Recommendation 934 (1982), Report on genetic engineering, Doc. 4832.
418 Council of Europe, Parliamentary Assembly, Recommendation 1046 (1986) on the use of human embryos and foetuses fpr diagnostic, therapeutic, scientific, industrial and commercial purposes.
419 Council of Europe, Parliamentary Assembly, Recommendation 1100 (1989) (1) on the use of embryos and foetuses in scientific research.
420 Council of Europe, CAHBI/INF 86 (1), Provisional principles on the techniques of human artificial procreation and certain procedures carried out on embryos in connection with those techniques.
421 Council of Europe, CAHBI, Draft Recommendation No R (87), 16.07.1987.
422 *Wiesenbart*, FN 413, S. 284.

ohne entsprechende gesetzliche Regelung ein gewisses Mindestschutzniveau sicherzustellen[423]. Es soll gewährleistet werden, dass der Nutzen und die Vorteile der Forschung allen Menschen gleichmäßig zuteil werden, andererseits sollen ihre rechtlichen Grenzen bestimmt werden.

Der Konventionstext ist in 14 Kapitel gegliedert, die sich aus 38 Artikeln zusammensetzen und folgende Grundsätze enthalten, zu deren Einhaltung und Durchsetzung die Vertragsparteien verpflichtet sind:
Kapitel 1 enthält grundlegende Aussagen. So beschäftigen sich Art. 1 und 2 BMK mit dem Schutz der Würde, der Identität und Integration des Menschen und Vorrang des Menschen gegenüber gesellschaftlichen und wissenschaftlichen Interessen[424]. In Art. 3 und 4 BMK wird der Anspruch auf gleichen Zugang zu Gesundheitsleistungen und auf Einhaltung professionellen ärztlichen Standards manifestiert.

Kapitel 2 beschäftigt sich mit der Einwilligung. So bindet Art. 5 BMK alle medizinischen Eingriffe an eine vorherige freie Einwilligung nach Aufklärung. Art. 6 bis 8 BMK widmen sich dem Schutz von einwilligungsunfähigen Personen, Personen mit einer Geisteskrankheit und Personen in Notfallsituationen bei medizinischer Behandlung. Art. 9 BMK garantiert die Berücksichtigung vorheriger Patientenverfügungen.

Kapitel 3 befasst sich mit dem Privatleben und der informationellen Selbstbestimmung. Art. 10 BMK wahrt das Recht auf Privatsphäre, auf Informationen und Aufklärung sowie auf Nicht-Wissen.

Kapitel 4 regelt die Humangenetik. So nennt Art. 11 BMK ein Diskriminierungsverbot im Hinblick auf die genetische Ausstattung eines Menschen. Art. 12 BMK bindet die Vornahme prädiktiver genetischer Tests ausschließlich an medizinische Zwecke mit der Pflicht zu vorheriger genetischer Beratung. Gemäß Art. 13 BMK ist die gezielte Manipulation des Genoms von Nachkommen ver-

---

[423] *Jochen Taupitz / Uwe Fröhlich*, Medizinische Forschung mit nichteinwilligungsfähigen Personen - Stellungnahme der zentralen Ethikkommission, VersR 1997, S. 912, *Jochen Taupitz*, Die Menschenrechtskonvention zur Biomedizin - akzeptabel, notwendig oder unannehmbar für die Bundesrepublik Deutschland?, VersR 1998, S. 543.

[424] Art. 1 BMK: "Parties to this Convention shall protect the dignity and identity of all human beings and guarantee everyone, without discrimination, respect for the integrity and other rights and fundamental freedoms with regard to the application of biology and medicine.....". Mit dem Bezug auf den Schutz der Würde und Identität aller menschlicher Lebewesen, kommt die Entscheidung zum Ausdruck, Leben von Anfang an zu schützen.
Art. 2 BMK trifft eine grundsätzliche Entscheidung über den Vorrang des menschlichen Lebewesens vor den Interessen der Gemeinschaft und der Wissenschaft. Dieser Vorrang wird hier als Prinzip normiert, siehe dazu: Erläuternder Bericht, DIR/JUR (97) 5, Mai 1997, S. 9, Nr. 21.

boten[425] und Art. 14 BMK verbietet die Geschlechtswahl bei Techniken der Fortpflanzungsmedizin, außer der Samenauswahl bei schwersten geschlechtsgebundenen Erbkrankheiten[426].

Kapitel 5 beschäftigt sich mit der wissenschaftlichen Forschung. Art. 15 BMK statuiert den Schutz von Patienten bei Forschungsvorhaben im Allgemeinen[427]. Art. 16 BMK stellt die Voraussetzungen zum Schutz von Personen bei Forschungsvorhaben auf, während die umstrittene Vorschrift des Art. 17 BMK einwilligungsunfähigen Personen einen besonderen Schutz bei Forschungsvorhaben zuspricht[428]. Art. 18 Abs. 1 BMK gewährleistet einen „angemessenen Schutz des Embryo", Art. 18 Abs. 2 BMK spricht ausdrücklich ein generelles Verbot der Erzeugung von Embryonen zu Forschungszwecken aus[429].

Kapitel 6 erfasst die Organspende vom lebenden Spender. Art. 19 BMK schützt den Lebendspender bei der Organentnahme und Gewebeentnahme zum Zwecke der Transplantation. Art. 20 Abs. 1 BMK spricht ein generelles Verbot der Organentnahme bei einwilligungsunfähigen Personen aus und Art. 20 Abs. 2 BMK widmet sich dem verstärkten Schutz bei Transplantationen von regenerierbarem Gewebe zum Zwecke der Lebensrettung unter Geschwistern.

---

425 Art. 13 BMK ist für die Erforschung des menschlichen Erbmaterials einschlägig. Eingriffe, die auf eine Veränderung des menschlichen Genoms gerichtet sind, sind nur zu diagnostischen, präventiven und therapeutischen Zwecken erlaubt. Weiterhin muss sichergestellt werden, dass keine Veränderung des Genoms der Nachkommen auftritt. Nach dem erläuternden Bericht zum Übereinkommen besitzt diese Vorschrift eine beeindruckende Regelungsdichte. So soll der Artikel die gezielte Manipulation des menschlichen Genoms vorbeugen, so dass die Erzeugung eines Menschen mit bestimmten Merkmalen oder erwünschten Eigenschaften ausbleibt, siehe dazu: Erläuternder Bericht, DIR/JUR (97) 5, Mai 1997, S. 23, Nr. 89.

426 Wenn Art. 14 in Ausnahmefällen den Einsatz eines Verfahrens zur Geschlechtswahl zulässt, so wird damit implizit die PID erlaubt. Insofern besteht ein Wertungswiderspruch zwischen Art. 14 und Art. 18, denn Art. 18 gewährt das Recht, soweit es die Forschung an Embryonen in-vitro zulässt, einen angemessenen Schutz des Embryo zu gewährleisten, siehe unten. Danach wäre die PID ein Eingriff ohne ausreichenden Schutz des Embryos, so auch: *Simon*, FN 58, S. 63.

427 Verboten sind nach dem Erläuternden Bericht (DIR/JUR (97) 5, Mai 1997, S. 23, Nr. 91) die Veränderungen des Genoms von menschlichen Spermien und Eiern, die für eine Befruchtung eingesetzt werden sollen. Wenn keine Befruchtung bezweckt ist, sind solche Veränderungen erlaubt, solange sie in-vitro vorgenommen werden. Als Voraussetzung solcher Eingriffe wird auch die Zustimmung einer Ethikkommission oder einer anderen zuständigen Instanz verlangt. Eine solche Voraussetzung ist aber nicht dem Text des Übereinkommens zu entnehmen.

428 Siehe dazu: Teil I, 7. Kap., D., III., 2, g. Art. 17 BMK als Kernpunkt der inhaltlichen Kritik, S. 131 ff.

429 Problematisch ist hierbei, dass der Begriff des "angemessenen Schutzes" in Art. 18 Abs. 1 BMK nicht definiert ist: das Wort „angemessen" lässt Raum für verschiedene Interpretationen.

Kapitel 7 bis 13 widmen sich formellen Fragen. Kapitel 7 verbietet finanziellen Gewinn und die unerlaubte Verwendung von Körperteilen, d.h. u.a. den Verbot des Organhandels und der Weiterverwendung entnommener Körperteile. Kapitel 8 beinhaltet Sanktionen für Verstöße gegen die Konvention. Kapitel 9 behandelt die Beziehung der Konvention zu anderen Übereinkommen. Kapitel 10 widmet sich der öffentlichen Diskussion und Kapitel 11 zeigt die Möglichkeit einer Interpretation der Konvention durch den Europäischen Gerichtshof für Menschenrechte auf, Kapitel 12 beschäftigt sich mit den Protokollen und Kapitel 13 mit den Änderungen der Konvention. Umfangreiche Schlussbestimmungen sind in Kapitel 14 niedergelegt.

2. Kritiken und Unklarheiten

Trotz dieser scheinbar umfassenden Regelungen sieht sich die BMK weitreichenden Kritiken, sowohl inhaltlicher als auch formaler Art, ausgesetzt:

a. Mangelnde Effektivität

Zunächst unterliegt die Konvention der Kritik mangelnder Effektivität. Diese liegt in erster Linie darin begründet, dass durch den Zusatz in Art. 24 BMK (Entschädigung für unbillig erlittenen Schaden[430]) ein weitgehend formloser Verweis auf das nationale Recht ermöglicht wird und in Art. 26 BMK die Möglichkeit der Einschränkung im Hinblick auf die Ausübung der Rechte zulässig ist[431]. Diese Befürchtung wird durch die Wortwahl sowie die Wahl unbestimmter Rechtsbegriffe in diesen Artikeln, z.B. „öffentliche Sicherheit" und „öffentliche Gesundheit", verschärft.

Einen weiteren Kritikpunkt stellt die Regelung des Art. 36 Abs. 1 BMK dar, wonach die Unterzeichnerstaaten „zu jeder einzelnen Bestimmung" des Übereinkommens einen Vorbehalt anbringen können. Zudem besteht die Möglichkeit, das Übereinkommen zu kündigen, Art. 37. Andererseits sind die Staaten frei, Gesetze zu erlassen, die den Schutzbereich gegenüber der Bioethik-Konvention ausweiten.

---

[430] Art. 24 BMK: „Eine Person, die infolge eines Eingriffs unbilligen Schaden erlitten hat, hat Anspruch auf eine angemessene Entschädigung nach Maßgabe der gesetzlich vorgeschriebenen Voraussetzungen und Verfahren".

[431] Demnach darf die Ausübung der im Übereinkommen vorgesehenen Rechte insoweit eingeschränkt werden, als diese Einschränkung durch die Rechtsordnung vorgesehen ist und eine Maßnahme darstellt, die in einer demokratischen Gesellschaft für die öffentliche Sicherheit, zur Verhinderung von strafbaren Handlungen, zum Schutz der öffentlichen Gesundheit oder zum Schutz der Rechte und Freiheiten anderer notwendig ist. Diese Regelung versucht zwar, den Eintritt der Staaten in das Übereinkommen zu erleichtern, kann aber als Bremse der Wirkung seiner Garantien fungieren, indem eine Aushöhlung des vom Übereinkommen vorgesehenen Mindestschutzes, welcher der Rechtsvereinheitlichung abträglich ist, eintreten könnte.

Somit wird den Vertragsstaaten neben vielen Interpretationsmöglichkeiten der Konvention sehr viel Spielraum gelassen. Es ist aber nur dieser Weite und den verankerten Ausnahmeregelungen zu verdanken, dass die BMK überhaupt in dieser relativ geringen Zeit beschlossen werden konnte. Somit ist diese Aushöhlung im Ergebnis kaum zu vermeiden[432].

Im Sinne der effektiven Anwendung des Übereinkommens wäre es nach Ansicht der *Verfasserin* förderlich und überlegenswert, wenn die Europäische Gemeinschaft - die grundsätzliche, rechtliche Möglichkeit vorausgesetzt[433] - der BMK beiträte. Jede Konvention, an welcher die Gemeinschaft direkt beteiligt ist, erlangt einen Legitimationswert und entfaltet eine gewisse Integrationsdynamik, die für die Vertiefung der Einheitsbildung im europäischen Raum notwendig ist. Dann würde dieses Übereinkommen in das Gemeinschaftsrecht übernommen, und wäre für die Gemeinschaft und ihre Mitgliedsstaaten gem. Art. 300 Abs. 7 EGV völkerrechtlich verpflichtend[434], ohne „vergemeinschaftet" zu werden[435]. Nach der Rechtsprechung des EuGH bildet ein so geschlossenes Abkommen trotz seines Charakters als völkerrechtliches Abkommen einen „integrierenden Teil der Gemeinschaftsordnung"[436]. Die praktische Bedeutung einer solchen Einordnung liegt in der Anerkennung der Verantwortung der Mitgliedsstaaten für die Einhaltung der völkerrechtlichen Verpflichtungen auch der Europäischen Gemeinschaft gegenüber[437].

Aus der Sicht des Gemeinschaftsrechts hätte es einen Geltungsrang zwischen Primär- und Sekundärrecht und würde als Teil der gemeinschaftlichen Rechtsordnung Vorrang gegenüber dem nationalen Recht genießen. Auswirkungen hätte dies auf das Schutzniveau jedoch nur, wenn die Normen der BMK unmittelbar wirksam wären.

Fraglich bleibt daher, ob die in der BMK verbürgten Rechte unmittelbare Wirkung haben können. Nach der Rechtsprechung des EuGH ist eine solche Wirkung für völkerrechtliche Abkommen der Gemeinschaft nicht auszuschließen[438], wenn mit Rücksicht auf die Rechtsnatur, Systematik und Konkretheit der entscheidungserheblichen Einzelbestimmungen eine solche unmittelbare Wirkung

---

[432] *Taupitz*, FN 423, S. 546.

[433] Strittig sind insofern - trotz Art. 33 Abs. 1 BMK - die Handlungs- und Organkompetenz der EG im Rahmen des Prinzips der begrenzten Einzelermächtigung, Art. 5 EG, siehe: *Ekaterini Iliadou*, Forschungsfreiheit und Embryonenschutz, S. 239, im Ergebnis eine konkurrierende Kompetenz der EG zur Unterzeichnung der BMK aber doch bejahend, im Gegensatz zum Beitritt der EG zur EMRK, welcher aufgrund der fehlenden Staatseigenschaft der EG nicht möglich ist, Art. 66 EMRK, Art. 4 EuRS.

[434] *Thomas Oppermann*, Europarecht, Rn. 510.

[435] *Christian Tomuschat*, in: Groeben/Thiesing/Ehlermann: EU- / EGV-Kommentar, Art. 228, Rdnr. 58.

[436] EuGH, Urteil vom 30.09.1987, Rs. 12/86, Slg. 1987 S. 7079 (3750) - Demirel.

[437] EuGH, Urteil vom 26.10.1982, Rs. 104/81, Slg. 1982, S. 3641 (3662) - Kupferberg.

[438] EuGH, Rs. 12/86, FN 436, S. 3752.

anzunehmen ist[439]. Das heißt, es müssen klare und eindeutige Verpflichtungen vorhanden sein, deren Erfüllung und Wirkung nicht vom Erlass eines weiteren Aktes abhängen[440].
Aufgrund der Mindestschutzgarantien (siehe dazu näher im Folgenden) und des Grundsatzcharakters und des daraus folgenden Abstraktheitsgrads des Übereinkommens würde eine unmittelbare Wirkung jedoch scheitern.
Ein Beitritt der Europäischen Gemeinschaft zur BMK würde somit keine unmittelbare Wirkung des Übereinkommens zur Folge haben und würde folglich keine Minderung des innerstaatlichen Schutzniveaus nach sich ziehen. Entsprechende Befürchtungen sind also unbegründet. Möglicherweise würde dieser Schritt aber zu einer schnelleren Vereinheitlichung auf europäischer Ebene und somit zu einer höheren Effektivität des Übereinkommens, nicht zuletzt durch die Vergegenwärtigung des erreichten Menschenrechtsstandards für die Menschen Europas, führen.

In formeller Hinsicht wird darüber hinaus die fehlende Klagbarkeit kritisiert. Eine internationale Überwachung der Einhaltung des Konventionsrechts ist bisher ebenso wenig geplant wie ein System der Klagbarkeit der in ihr enthaltenen Rechte[441]. Selbst bei Ratifizierung der Konvention durch die Mitgliedsstaaten des Europarates ist damit der von ihr angestrebte Schutz nicht sichergestellt.

b. Idee der universellen Menschenrechtsverbürgung nicht berücksichtigt

Weiterhin wird Kritik bezüglich der Spezialisierung des Übereinkommens laut. Die BMK bezieht sich auf die spezifischen Probleme des Menschenrechtsschutzes in ausgewählten Bereichen. Die Konvention wird deshalb in die allgemeine Tendenz einer Spezialisierung der Menschenrechtsverbürgungen eingeordnet und ist damit den Zweifeln am Erfolg der traditionellen, universellen Menschenrechtsidee ausgesetzt[442]. Diskutiert wird folglich, ob in der Spezialisierungstendenz auch das Scheitern der Idee universeller Menschenrechtsverbürgungen liegt[443].

c. Regionalisierungstendenz

Kritisiert wird weiterhin die Regionalisierungstendenz des Übereinkommens, soweit es nur ein „europäisches" Übereinkommen ist. Jedoch ist hier an Art. 33 BMK zu erinnern, wonach auch Nicht-Mitgliedsstaaten des Europarates das Übereinkommen unterzeichnen können, soweit sie an seiner Ausarbeitung be-

---

[439] EuGH, Urteil vom 12.12.1972, Rs. 21-24/72, Slg. 1972, S. 1219 (1228) - Intern. Fruit Company.
[440] EuGH, Rs. 12/86, FN 436, S. 3752.
[441] *Richard Giesen*, Internationale Maßstäbe für die Zulässigkeit medizinischer Heil- und Forschungseingriffe, MedR 1995, S. 359.
[442] *Iliadou*, FN 433, S. 212.
[443] *Hasso Hofmann*, Menschenrechtliche Autonomieansprüche, JZ 1992, S. 173.

teiligt waren. Das gilt für Australien, Kanada, Japan, die Vereinigten Staaten von Amerika, Mexiko und den Heiligen Stuhl. Das Übereinkommen zeigt damit eine Offenheit, die Regionalisierungsbefürchtungen nicht rechtfertigt. Kritik könnte sich vielmehr auf die begrenzten Mitwirkungsmöglichkeiten von Entwicklungsländern richten, Art. 34 BMK.

d. Lückenhaftigkeit und Unbestimmtheit

Auch wurde häufig Kritik laut, dass das Übereinkommen, konzipiert als Rahmenkonvention mit Zusatzprotokollen, zu viele Fragen ungeregelt lasse und zu den geregelten Fragen zu unbestimmt sei. Da der in der BMK verabschiedete Mindestschutz von keinem Unterzeichnerstaat unterschritten werden darf, fällt um so mehr auf, dass gerade höchst umstrittene Themen, wie z.B. die Sterbehilfe, Abtreibung oder Genpatentierung mangels erreichbarem Konsens nicht geregelt werden. Weiterhin ist auffällig, dass andere Bereiche, wie etwa die Transplantationsmedizin, in wenigen Worten abgehandelt werden (siehe Art. 19 BMK) und später in Zusatzprotokollen geregelt werden sollen[444]. Auch weitere detaillierte Schutzbestimmungen, z.B. zu den Fragen der medizinischen Forschung, der Humangenetik und des Embryonenschutzes sind den Zusatzprotokollen überlassen, welche die einzelnen Begriffe und Schutzstandards näher präzisieren. Auch wird der Schutz des menschlichen Lebens an seinem Beginn und an seinem Ende sehr vernachlässigt. Rechtsfragen des Schwangerschaftsabbruchs und seine Grenzen, die damit in Zusammenhang stehende Pränataldiagnostik und weitere drängende Rechtsfragen der Fortpflanzungsmedizin, wie Insemination, Leihmutterschaft und Embryotransfer oder der Sterbehilfe, bleiben von der Konvention ausgeklammert[445]. Diese Lückenhaftigkeit hat mehrere Gründe:

aa. Gesetzgebungstechnik

Zunächst ist auf die unterschiedliche Gesetzgebungstechnik in den verschiedenen Ländern hinzuweisen. So kodifiziert das angloamerikanische Recht, im Blickwinkel Europas also vor allem das englische Recht, traditionellerweise punktuell, einzelfallbezogen und lückenhaft, jedoch nicht abstrakt und umfassend[446]. Demgegenüber ist das kontinentaleuropäische Recht eher von Vollständigkeit und abstrakter Regelbildung geprägt. Da ein internationales Übereinkommen diesen Unterschieden Rechnung tragen muss, kann man es nicht an den gleichen Maßstäben wie ein nationales Gesetz messen.

---

[444] *Hans-Walter Schmuhl*, FAZ vom 05. September 1996, „Ich war eine Rohstofftonne", S. 35.
[445] *Taupitz*, FN 423, S. 544.
[446] *Taupitz*, FN 423, S. 543.

bb. Technik der Rahmenkonvention mit Zusatzprotokollen
Ein erheblicher Teil der Unbestimmtheit des Abkommens ist auch durch die normative Bedeutung geprägt, der Technik der Rahmenkonvention, welche sich auf die Festlegung der wichtigsten Grundsätze im biomedizinischen Bereich beschränkt[447]. Weiterhin sind bezüglich besonderer Probleme Zusatzprotokolle vorgesehen. Dieser Charakter des Übereinkommens impliziert, dass seine Vorschriften meist auf innerstaatliche Regelungen zu ihrer Durchsetzung angewiesen sind und nicht direkt anwendbar sind[448].
Diese, auf völkerrechtlicher Ebene sehr geläufige Technik, hat den Vorteil, das relativ abstrakt gefasste Dachnormen einfacher zu ratifizieren sind. Die Präzision erfolgt erst später, durch separat zu ratifizierende Protokolle, welche die eigentlich wichtigen Entscheidungen enthalten. Gemäß Art. 31 BMK darf ein Staat nur dann ein solches Zusatzprotokoll ratifizieren, wenn er auch das Übereinkommen selbst unterzeichnet und ratifiziert hat. Vor allem haben nur Vertragsstaaten des Übereinkommens ein eigenes maßgebliches Vorschlagsrecht nach Art. 32 Abs. 5 BMK. Wer, wie Deutschland, das Übereinkommen nicht unterzeichnet, untergräbt zumindest moralisch und politisch sein Mitwirkungsrecht bei weiteren Ausgestaltungen, insbesondere bei der Präzisierung durch Zusatzprotokolle[449].

cc. Kompromisscharakter
Eine weitere Ursache für die Lückenhaftigkeit der BMK ist ihr Kompromisscharakter. Zwar sollten die Vorschriften nicht zu vage formuliert werden, denn eine solche Formulierung hätte nicht viel Neues zu den schon vorhandenen Vorschriften hinzufügen können. Auf der anderen Seite sollten sie, um Einigungsprobleme bei Verhandlungen zu minimieren, nicht zu spezifisch abgefasst werden[450].

dd. Unklare ethische und moralische Grundkonzeption
Weiterhin wird kritisiert, dass die ethische und moralische Grundkonzeption, an welcher sich die einzelnen Bestimmungen der Konvention orientieren, nicht zweifelsfrei zu erkennen ist. Nach Ansicht der Ethiker *Mieth* und *Düwell* tritt schon in den ersten beiden Artikeln der Konvention eine nicht zu akzeptierende Unklarheit offen zutage. Art. 1 BMK erwecke den Eindruck, dass die Ethik der Menschenwürde grundlegend sei. Er fixiert den Schutz der Würde und Identität aller Menschen. Diese Ethik spricht dem Menschen Rechte und Pflichten zu, die

---

447 *Cornelia Rudloff-Schäffer*, Das Übereinkommen über Menschenrechte und Biomedizin des Europarats vom 4. April 1997 - Europäische Standards in biomedizinischer Forschung und Praxis, in: Winter / Fenger / Schreiber: Genmedizin und Recht, S. 66.
448 *Iliadou*, FN 433, S. 210.
449 *Taupitz*, FN 423, S. 544.
450 *Octavi Quintana-Trias*, Internationale Bioethik: Die Rolle des Europarates, JbWissEthik 1 (1996), S. 199.

aufgrund des besonderen moralischen Status des Menschen nicht zur Disposition stehen. Art. 2 BMK hingegen wechselt die Terminologie. Er verwendet den Begriff der „Interessen" anstelle von „Rechten". Mithin werde eine Interessenabwägung vorgenommen, und obwohl in dieser Abwägung dem Individuum der Vorrang zukommt, ist dieser Vorrang in einen Abwägungsprozess eingebunden, in dem Individual- und Kollektivinteresse in ein Verhältnis gestufter Berücksichtigung gegeneinander gehalten werden[451]. Dies bedeute, dass moralische Beurteilungen aufgrund von Individualinteressen bzw. der Summe individueller Präferenzen vorgenommen werden. Damit wäre die leitende Ethik-Konzeption eine gänzlich andere als Art. 1 BMK vermuten lässt.

Die begrifflichen Ungenauigkeiten sind nach Ansicht der *Verfasserin* wie folgt zu interpretieren: Die Konvention folgt einer Ethik der Würde, nicht einer Ethik der Interessen. Die Unterscheidung zwischen Personsein und Menschsein ist ihr fremd. Sie verwendet daher wie das „Mutterdokument" EMRK die Begriffe Person, Menschen und jedermann äquivalent[452]. In Art. 2 BMK wird eindeutig festgestellt, dass im Rahmen der Wahrung der Menschenwürde und der daraus folgenden Grundrechte die Interessen des Individuums vor denen der Wissenschaft und der Gesellschaft betrachtet werden müssen. Dem zentralen Gedanken des Schutzes der individuellen Menschenwürde entspricht ebenfalls, dass Art.5 BMK ausdrücklich alle medizinischen Interventionen an die Zustimmung des Betroffenen nach Aufklärung bindet (Informed Consent). Damit wird eine zentrale Bestimmung des Nürnberger Kodex[453] das erste Mal international rechtsverbindlich.

In diesem Zusammenhang wird auch die Frage nach der moralischen Bedeutung der Konvention laut. Zum Einen ist die Konvention denkbar als Element eines moralischen Lernprozesses in einem zusammenwachsenden Europa. Ferner kann sie aber auch als Fixierung eines erreichten moralischen Schutzniveaus verstanden werden. Da wenige Formulierungen geeignet sind, einen konkreten Schutz zu fixieren, drängt sich *Mieth* und *Düwell* der Eindruck auf, dass der Effekt vornehmlich darin bestehe, eine moralische Verantwortungsbereitschaft zu suggerieren, die von der Reichweite und Relevanz der konkreten Schutzbestimmungen nicht ausreichend gedeckt ist[454].
Dem ist jedoch der Gedanke entgegenzuhalten, dass die Konvention allein ein erster Schritt auf dem Weg zu einem europaweiten ethisch-moralischen Grund-

---

451 *Dietmar Mieth / Marcus Düwell*, Überblick über einige kritische Punkte der „Konvention über Menschenrechte und Biomedizin", in: Vorbereitung zur Sitzung der Bioethik-Kommission Rheinland-Pfalz am 02.10.1996, S. 2.

452 So auch: *Honnefelder*, FN 412, S. 13.

453 Nürnberger Kodex von 1947, abgedruckt in *Alexander Mitscherlich / Fred Mielke (Hrsg.)*, Medizin ohne Menschlichkeit. S. 271 f.

454 *Mieth / Düwell*, FN 451, S.1.

konsens ist, welcher zu erreichen jedoch aufgrund der vielfältigen kulturellen Hintergründe schwierig ist. Sie ist als Versuch einer Manifestation einer ethisch-moralischen Grundaussage zu verstehen, welche es zu diskutieren und zu vervollständigen gilt.

e. Slippery-slope-Argument

Es wird darüber hinaus befürchtet, dass das Übereinkommen Druck auf die nationalen Rechte im Hinblick auf eine Absenkung ihres bisherigen Schutzniveaus entfalten könnte. Insbesondere die Betonung der Forschungsfreiheit und des Gemeinwohls in Abwägung zu den individuellen Menschenrechten ist auffällig und aus deutscher Sicht nicht ohne Weiteres nachvollziehbar[455]. Besonders Art. 17 Abs. 2 BMK ist umstritten[456]. Die für das deutsche Recht befürchtete Sogwirkung würde allerdings nicht erst durch einen Beitritt Deutschlands ausgelöst, sondern unabhängig davon schon dann, wenn das Übereinkommen in zahlreichen anderen Ländern Europas in Kraft gesetzt wird und damit Ausdruck eines gemeineuropäischen Standards wird[457].

Art. 27 BMK kann jedoch zur Lösung dieses Problems beitragen. Nach Art. 27 BMK bleiben weitergehende Schutzvorschriften des nationalen Rechts nämlich nicht nur „unberührt", wie es sonst üblicherweise formuliert ist. Art. 27 BMK enthält vielmehr einen Auslegungsimperativ. Danach darf das Übereinkommen nicht so interpretiert werden, als beschränke oder beeinträchtige es die Möglichkeit einer Vertragspartei, einen weitergehenden Schutz zu gewährleisten. Art. 27 BMK enthält also den Versuch, der gerade in Deutschland artikulierten Befürchtung des „Dammbruchs" und der negativen „Sogwirkung"[458] durch Anpassung deutscher Regelungen an die weniger strengen Bestimmungen des europäischen Übereinkommens entgegenzuwirken.

Mit dieser Interpretationsvorschrift hat das Übereinkommen alles getan, was aus juristischer Sicht gegen das „Slippery-slope-Argument" möglich ist[459].

f. Generalklauseln

Neben den bereits erwähnten inhaltlichen Lücken der BMK, sind auch terminologisch einige Unklarheiten festzustellen. Die häufige Formulierung der Regelungen als Generalklauseln bedeutet, dass sie unscharf und offen für eine Auslegung sind. Sie haben also keinen kodifikatorischen Charakter im Sinne der kontinentaleuropäischen Tradition. Wenn aber die generalklauselartige Formulierung Elastizität garantiert, bleiben die Normen des Übereinkommens auch für Manipulationen offen und können im allgemeinen keinen befriedigenden Schutz

---

455 *Ilka Kamp*, Die Europäische Bioethik-Konvention, S. 1.
456 Siehe dazu bereits FN 428.
457 *Taupitz*, FN 423, S. 543.
458 *Taupitz / Fröhlich*, FN 423, S. 912.
459 *Taupitz*, FN 423, S. 543.

garantieren[460]. Jedoch ist in diesem Zusammenhang daran zu erinnern, dass die BMK auf der Basis ihrer institutionellen Anknüpfung an den Europarat und ihres prinzipiellen Zusammenhangs mit der EMRK zu verstehen und entsprechend auszulegen ist, so dass jeder Manipulationsversuch ihrer Vorschriften mittels Auslegung ausbleiben sollte. Auch die Annahme der Auslegungskompetenz des Europäischen Gerichtshofes für Menschenrechte, Art. 29 BMK (Auslegung des Übereinkommens), kann hier für die Entwicklung eines allgemein akzeptierten Verständnisses über die Menschenrechtsgewährleistungen des Übereinkommens hilfreich sein.

g. Art. 17 BMK als Kernpunkt der inhaltlichen Kritik

Zu den wichtigsten und gleichzeitig umstrittensten Regelungen der Biomedizin-Konvention gehören die Bestimmungen zum Schutz nichteinwilligungsfähiger Personen und Probanden bei wissenschaftlichen Forschungsuntersuchungen, Art. 17 BMK, welcher wiederum auf Art. 16 BMK[461] und die allgemeinen Bestimmungen des Art. 5 BMK verweist.
Art. 17 Abs. 1 BMK betrifft die Forschung mit potentiellem Nutzen. Demnach sind Forschungsvorhaben an einwilligungsunfähigen Personen nur dann zulässig, wenn die erwarteten Forschungsergebnisse für die Gesundheit der betroffenen Personen von tatsächlichem und unmittelbarem Nutzen sind und keine erfolgversprechenden Forschungsmöglichkeiten bei einwilligungsfähigen Personen bestehen. Weiterhin muss die Einwilligung des gesetzlichen Vertreters eigens für diesen Fall schriftlich erteilt worden sein und ein vertretbares Risiko-Nutzen-Verhältnis vorliegen. Darüber hinaus ist zu prüfen, ob die betroffene Person keine ablehnende Haltung zeigt und das zustimmende Votum einer Ethikkommission vorliegt.
Dieser Absatz zielt in erster Linie auf Forschungsvorhaben in der Kinderheilkunde ab, sowie bei Krankheiten, die zur Einwilligungsunfähigkeit geführt haben. Damit wird erstmals international rechtsverbindlich festgeschrieben, was in der Helsinki-Deklaration des Weltärztebundes auf berufsrechtlicher Ebene festgelegt worden ist.

Die Deklaration von Helsinki enthält jedoch keine eindeutigen Regelungen zur nichttherapeutischen Forschung mit einwilligungsunfähigen Personen. Artikel 17 Abs. 2 BMK regelt solche Forschungen, bei denen wahrscheinlich kein un-

---

[460] *Gudrun Roitzheim*, Viele Fragen bleiben offen, DRiZ 1997, S. 92.

[461] Art. 16 BMK betrifft den Schutz von einwilligungsfähigen Personen und bindet Forschungsvorhaben an mindestens fünf Voraussetzungen: Zunächst ist die freie Zustimmung der betroffenen Personen, welche zuvor über den Zweck, die Folgen und Risiken aufgeklärt worden sind, erforderlich. Weiterhin muss das Forschungsvorhaben von einer unabhängigen Stelle, in der Regel durch eine Ethikkommission, wissenschaftlich und ethisch geprüft worden sein. Auch darf es keine Alternative zur Forschung am Menschen geben und es muss eine Risikoabwägung erfolgen.

mittelbarer Nutzen für den Probanden zu erwarten ist. Diese sog. fremdnützige Forschung mit einwilligungsunfähigen Personen wird im Grundsatz für unzulässig erklärt. Um dennoch krankheitsbezogen die Grundlagen für neue Therapien zu erforschen, lässt das Übereinkommen jedoch ausnahmsweise und unter Einhaltung strenger, im einzelnen genannter und kumulativ wirkender Schutzbestimmungen die Einbeziehung nicht-einwilligungsfähiger Personen auch in solchen Forschungsvorhaben zu, die für den Betroffenen keinen unmittelbaren Vorteil erwarten lassen, wenn sich ein Vorteil jedenfalls für andere Personen gleichen Alters oder gleicher Krankheit erwarten lässt, so z.B. bei Demenz, Kinderkrankheiten, Notfallpatienten etc. Dies bedeutet, dass ein direkter Nutzen für die untersuchte Person nicht versprochen werden kann, die angestrebten Ergebnisse jedoch zur wesentlichen Erweiterung des Verständnisses für die Krankheit und ihre Ursachen dienen können[462].
Bedingung ist weiterhin, das die Zielsetzung der von der Konvention angesprochenen Forschungsvorhaben mit dem Umstand der fehlenden Einwilligungsfähigkeit in unmittelbarem und engem Zusammenhang steht. So ist Voraussetzung für die Forschung mit Kindern, dass die Untersuchung spezifische Kinderkrankheiten betrifft. Voraussetzung für die Einbeziehung von einwilligungsunfähigen Demenzkranken ist, dass die fragliche Maßnahme nicht zu einem früheren Zeitpunkt, in welchem der Demenzkranke noch einwilligungsfähig war, durchgeführt werden konnte. Darüber hinaus sind weitere Schutzkriterien zu beachten: Es muss die schriftliche Einwilligungserklärung der gesetzlichen Vertreter nach entsprechender Aufklärung vorliegen, welche gem. Art. 6 Abs. 5 BMK jederzeit widerrufen werden kann. Auch geht ein ablehnendes Verhalten der betroffenen Person einer eventuell erteilten Zustimmung stets vor. Weiterhin fordert Art. 17 Abs. 2 BMK bei einem derartigen gruppenspezifischen Nutzen ein „minimales Risiko" und eine „minimale Belastung" für die beteiligten einwilligungsunfähigen Personen. Folglich muss bei jedem einzelnen Vorhaben das objektivierbare Risiko und die subjektive Belastung für die Betroffenen durch Ethikkommissionen geprüft werden.

aa. Kritik an der Bestimmung des Art. 17 Abs. 2 BMK

Der Rechtsbegriff der „Einwilligungsunfähigkeit" ist weder in Deutschland noch in anderen europäischen Ländern definiert, sondern beruht auf kasuistischer Rechtsprechung. Es wird die Ansicht vertreten, dass allein aus diesem Grunde ein einheitlicher europäischer Rechtsstandard mit der BMK nicht erreicht werden kann[463].

---

[462] *Rudloff-Schäffer*, FN 447, S. 69.

[463] In der englischen Originalfassung wird hier der Begriff „incapacity" verwandt, der nicht zwingend mit Einwilligungsunfähigkeit, sondern auch mit „Geschäftsunfähigkeit" oder „Beurteilungsunfähigkeit" übersetzt werden kann. In der Sache dürfte es sich aber überwiegend um Personen handeln, die nach deutschem Recht als einwilligungsunfähig anzu-

Auch an der Verwendung der unbestimmten Rechtsbegriffe „minimales Risiko" und „minimale Belastung" ist Kritik geübt worden, da eine allgemeine Definition nicht möglich ist und ihr Inhalt im konkreten Einzelfall unter Berücksichtigung des Ziels der gesetzlichen Regelung zu bestimmen ist. Da es sich bei Art. 17 Abs. 2 BMK um eine Schutzvorschrift handelt, die Forschungsvorhaben nur in Ausnahmefällen und unter restriktiven Bedingungen zulässt, müssen diese Begriffe stets unter dem Gesichtspunkt des Schutzes der betroffenen Personen ausgelegt werden[464]. Orientierung kann die vorläufige Liste der Britischen Gesellschaft für Pädiatrie[465], an der sich auch Deutschland orientiert, geben. Nach der bisherigen Praxis der Ethikkommissionen können als „minimal" in diesem Sinne beispielsweise Blut- und Speichelproben anzusehen sein, die im Rahmen von ohnehin notwendigen diagnostischen Maßnahmen gewonnen oder mitverwertet werden, oder aber nichtinvasive Untersuchungen, wie z.B. Wiegen, Messen, Befragen oder Beobachten. Absolut unzulässig ist hingegen eine Abwägung eines möglicherweise hohen Risikos gegen einen potentiell hohen Nutzen der Forschung. Nach anderer Ansicht liegt ein „minimales Risiko" dann vor, wenn die Intervention im Einzelfall nach Art und Umfang allenfalls mit vorübergehenden und sehr geringen nachteiligen Auswirkungen auf den Gesundheitszustand der betroffenen Person verbunden ist[466]. Eine „minimale Belastung" ist demnach gegeben, wenn die damit im Einzelfall verbundenen Unannehmlichkeiten oder Belästigungen von der betroffenen Person allenfalls vorübergehend und als sehr gering empfunden werden.

Somit wird deutlich, dass ein einheitlicher europäischer Rechtsstandard erst möglich ist, wenn die Definition dieser grundlegenden Begriffe verbindlich festgelegt wird. Eine Präzisierung dieser Rechtsbegriffe im Rahmen der Möglichkeiten einer völkerrechtlichen Vereinbarung ist für das Zusatzprotokoll zur medizinischen Forschung vorgesehen. Da diese Begriffe jedoch erst kurze Zeit in der wissenschaftlichen Diskussion verwendet werden, bleibt der Versuch einer Definition insofern Neuland.

bb. Vergleich mit der deutschen Rechtslage

Die deutsche Rechtslage bestimmt sich nach dem Betreuungs- und Kindschaftsrecht, sowie nach spezialgesetzlichen Regelungen und natürlich nach dem Grundgesetz. Fraglich ist, ob alle diese Regelungen das Mindestschutzniveau des Art. 17 Abs. 2 BMK gewährleisten.

---

sehen sind. Siehe dazu weiterführend:. *Theresia Degener*, Chronologie der Bioethik-Konvention und ihre Streitpunkte, KritV 1998, S. 23.

464 *Rudloff-Schäffer*, FN 447, S. 70.

465 British Paediatric Association, (08/1992).

466 *Rudloff-Schäffer*, FN 447, S. 71.

(a). Einfachgesetzliche Rechtslage

Die Regelungen des Betreuungsrechts finden sich in §§ 1896 ff. BGB. Soweit der Betreute im natürlichen Sinne nicht-einsichtsfähig oder -steuerungsfähig ist, obliegt die Entscheidung über die Zulässigkeit jeden medizinischen Eingriffs grundsätzlich dem Betreuer. Wenn der tatsächliche Wille des nicht-einsichtsfähigen Betreuten einem zum Zwecke der medizinischen Forschung beabsichtigten Eingriff nicht entgegensteht, hat der Betreuer im Rahmen seines Aufgabenkreises unter Beachtung der Voraussetzungen insbesondere der §§ 1901 und 1904 BGB über die Zulässigkeit des Eingriffs zu entscheiden. Maßstab ist hierbei das Wohl des Betreuten, wozu auch die Möglichkeit gehört, „im Rahmen seiner Fähigkeiten sein Leben nach seinen eigenen Wünschen und Vorstellungen zu gestalten", § 1901 Abs. 2 BGB. Da sich fremdnützige Forschung jedoch gerade dadurch auszeichnet, dass ein Nutzen für den Betroffenen gerade nicht gegeben ist, d.h. diese Forschung nicht dem Wohl des Betroffenen dient, sondern ausschließlich dem anderer Menschen, ist eine Einwilligung des Betreuers in eine fremdnützige Forschung an der Person des Betreuten ausgeschlossen[467]. Diese Regelungen entsprechen somit auf jeden Fall dem Mindestschutzniveau des Art. 17 Abs. 2 BMK.
Nach dem Kindschaftsrecht sind die Inhaber der Personensorge zur Entscheidung über einen medizinischen Eingriff berufen. Entscheidend hierbei für die Ausübung der elterlichen Sorge ist gemäß § 1627 S. 1 BGB das Wohl des Kindes. Demnach ist nach vorzugswürdiger Meinung eine Einwilligung in eine ausschließlich fremdnützige medizinische Forschung, ohne therapeutischen Vorteil für das Kind, ausgeschlossen[468]. Das Mindestschutzniveau der BMK ist hier ebenfalls gewahrt.

Spezialgesetzliche Bestimmungen für die Forschung mit Einwilligungsunfähigen sind auch im Arzneimittelgesetz, §§ 40 ff AMG, enthalten. Der sachliche Anwendungsbereich des Arzneimittelgesetzes umfasst zwar nur die klinische Prüfung von Arzneimitteln am Menschen (§ 40 AMG), es gilt jedoch weithin wegen des „richtigen Ansatzes" als analogie- und verallgemeinerungsfähig[469]. Nach dem Arzneimittelgesetz ist Forschung ohne zumindest die Möglichkeit, dass sie der Gesundheit des Betroffenen dient, gem. § 40 Abs. 1 Nr. 2 AMG nur zulässig, wenn, abgesehen von weiteren Voraussetzungen, der Betroffene eingewilligt hat. Dies setzt Einsichtsfähigkeit voraus, § 40 Abs. 2 AMG. An Personen, die nicht einsichtsfähig, und damit nicht einwilligungsfähig sind, ist solche

---

[467] *Andreas Jürgens*, Fremdnützige Forschung an einwilligungsunfähigen Personen nach deutschem Recht und nach dem Menschenrechtsübereinkommen für Biomedizin, KritV 1998, S. 42.

[468] *Eberhard Schmidt-Elsäßer*, Medizinische Forschung an Kindern und Geisteskranken, S. 164 ff.; a.A. *Wolfram H. Eberbach*, Forschung an menschlichen Embryonen: Konsensfähiges und Begrenzungen, ZRP 1990, S. 217 ff.

[469] *Laufs*, FN 94, Rdnr. 689.

Arzneimittelforschung also grundsätzlich nicht zulässig[470]. Das Mindestschutzniveau der BMK ist auch hier gewahrt. Somit weist das deutsche Recht durchaus ein erhöhtes Schutzniveau gegenüber der umstrittenen Regelung des Art. 17 Abs.2 BMK auf, nach welcher die Zugehörigkeit zu einer bestimmten Gruppe ausreicht, um Forschung an einer nicht einwilligungsfähigen Person trotz fehlendem individuellem Nutzen für den Betroffenen zu legitimieren[471]. Die Mindeststandards werden insofern keinesfalls unterschritten.

(b). Grundgesetz

Der Grundrechtskatalog des Grundgesetzes soll elementare Voraussetzungen eines Lebens in Freiheit und menschlicher Würde schaffen und erhalten. Vor dem Hintergrund der geschichtlichen Entwicklung in Deutschland kommt den Grundrechten in erster Linie die Funktion der Abwehr staatlicher Eingriffe in die individuelle Lebenssphäre zu[472]. Entscheidend ist wiederum, ob die Mindestschutzgarantien der BMK gewährleistet sind. Auch das Grundgesetz hält einen Schutz für Einwilligungsunfähige im Bereich der Forschung bereit: Mit dem in Art. 2 Abs. 2 S. 1 GG garantierten Recht auf Leben wird das körperliche Dasein als unverletzlich garantiert. Weiterhin wird ein Recht auf körperliche Unversehrtheit verbürgt. Dieser sehr komplexe Begriff enthält jedenfalls vier Komponenten, nämlich die Freiheit vor Unfruchtbarmachung, die Freiheit vor Verletzung der körperlichen Gesundheit im biologisch-medizinischen Sinne, die Freiheit von Schmerzen, Angstzuständen und Deformationen der psychischen Struktur und die Freiheit vor Verunstaltungen[473].

Für die in Art. 17 Abs. 2 BMK unter gewissen Grenzen für zulässig erklärten nichttherapeutischen Maßnahmen an einwilligungsunfähigen Menschen ist zunächst klarzustellen, dass diese nur im Falle der Erheblichkeit eine Beeinträchtigung von Art. 2 Abs. 2 S. 1 GG enthalten. Sofern diese Erheblichkeitsschwelle überschritten ist - und dies ist zumindest in jedem Fall des tatsächlichen Einwirkens auf den Körper gegeben - kann nur eine Einwilligung der Person selbst ei-

---

[470] Ausnahmen bestehen nur, wenn die Voraussetzungen des § 41 AMG bzw. des § 18 MPG vorliegen. Dies gilt zum einen für Heilversuche die dem Kranken einen Nutzen versprechen, entsprechend Art. 17 Abs. 1 BMK. Hinzu kommt gem. § 40 Abs. 4 AMG zusätzlich die klinische Prüfung von diagnostischen und prophylaktischen Mitteln bei gesunden minderjährigen Kindern, und zwar ähnlich wie bei Art. 17 Abs. 2 BMK im Sinne eines Gruppenbezuges, ohne das diese einen unmittelbaren Nutzen davon haben. Weiter muss ein individueller Vorteil für den minderjährigen Probanden dadurch erwartet werden, das er selbst durch das neue Arzneimittel vor einer Krankheit besonders geschützt wird oder diese früher diagnostiziert wird, § 40 Abs. 4 Nr. 2 AMG. Eine soziale Verpflichtung von Minderjährigen gegenüber kranken Altersgenossen wird hier also deutlich zurückgenommen. Auch sind für nichteinwilligungsfähige Erwachsene keine Ausnahmen vorgesehen. Forschungsvorhaben mit einwilligungsunfähigen Menschen bleiben grundsätzlich verboten.

[471] *Rudloff-Schäffer*, FN 447, S. 73.

[472] BVerfGE 7, 198 (204 f.).

[473] *Di Fabio*, in: Maunz / Dürig, FN 92, Art. 2, Abs. 2 (Lfg. 43, Febr.04), Rdnr. 55.

nen Grundrechtsverstoß abwenden. Eine Dritteinwilligung ist insofern unbeachtlich. Insgesamt ist zumindest jede nicht „angezeigte" nicht-therapeutische Maßnahme ausschließlich zum Wohle Dritter, die zugleich eine Einwirkung auf den Körper beinhaltet, „erheblich" und somit nicht mit Art. 2 Abs. 2 Satz 1 GG vereinbar[474]. Somit ist das Mindestschutzniveau der BMK gewahrt.

In der Wertordnung des Grundgesetzes ist die Menschenwürde des Art. 1 Abs. 1 GG der oberste Wert und dann verletzt, wenn die Subjektqualität des Menschen prinzipiell in Frage gestellt wird oder in einer konkreten Behandlung die Verachtung des Wertes des „Personseins" zum Ausdruck kommt[475].
Medizinische Versuche verstoßen dann nicht gegen das Gebot der Achtung der Menschenwürde, wenn der Proband in Kenntnis der Risiken höchstpersönlich seine Einwilligung erteilt hat[476]. Seine Grenze findet das Selbstbestimmungsrecht in der Gefahr für Leib und Leben, weil die Menschenwürde eine Verfügung insofern begrifflich ausschließt[477]. Hinsichtlich der hier einzig in Betracht kommenden Dritteinwilligung wird vertreten, dass - da die höchstpersönliche Einwilligung Ausdruck des Selbstbestimmungsrechts ist, die den Menschen davor bewahrt zum austauschbaren und beliebig verfügbaren Objekt abgestuft zu werden - die Forschung an einwilligungsunfähigen Personen bei fehlendem individuellem Nutzen iSd. Art 17 Abs. 2 BMK nicht mit Art. 1 Abs. 1 GG vereinbar ist[478]. Der Betroffene wird zum bloßen Forschungsobjekt degradiert und so zum „Objekt staatlichen Handelns" gemacht[479]. Mithin ist wiederum ein höheres als das geforderte Mindestschutzniveau vorhanden.

Darüber hinaus wird in diesem Zusammenhang verstärkt die Frage diskutiert, ob die Vorschrift des Art. 17 Abs. 2 BMK nicht sogar unvereinbar mit dem Grundgesetz ist.
Die Bundesvereinigung Lebenshilfe, die größte Vereinigung Eltern geistig behinderter Menschen, ist der Ansicht, dass die Ausdehnung medizinischer Eingriffe an einwilligungsunfähigen Menschen über die unmittelbare Heilabsicht hinaus in Richtung diagnostische Forschung und Grundlagenforschung ein Übergriff sei, der weder durch das Grundgesetz noch durch das Betreuungsgesetz der Bundesrepublik Deutschland gedeckt sei[480]. Es wird die Besorgnis for-

---

474 *Kamp*, FN 455, S. 97.
475 BVerfGE 30, 1 (26), siehe dazu ausführlich: Teil I, 4. Kap., A., III. Die Menschenwürde, S. 56 ff.
476 *Kunig*, in: v. Münch / Kunig, FN 90, Art. 1, Rdnr. 36 (Stichwort: Medizinische Versuche).
477 *Adalbert Podlech*, in: Erhard Denninger (Hrsg.), AK-GG, Art. 1, Rdnr. 48.
478 *Dieter Schmalz*, Grundrechte, S. 10 f.
479 BVerfGE 27, 1(6), BVerfGE 57, 250 (275).
480 *Bundesvereinigung Lebenshilfe*, Stellungnahme zum Entwurf der Konvention zum Schutz der Menschenrechte und der Menschenwürde im Hinblick auf die Anwendung von Biologie und Medizin: Konvention über Menschenrechte und Biomedizin des Europarates, Straßburg Juni 1996 (DIR / Jur (96) 7) vom 05.09.1995, S. 4.

muliert, dass Menschen mit Behinderungen „zu Forschungsobjekten und Materiallagern für Transplantate degradiert" werden könnten[481]. Unter Hinweis auf die Rechtsprechung des Bundesverfassungsgerichts hat die Bundesregierung in der 13. Legislaturperiode diesen Vorwurf zurückgewiesen. Sie betont, dass Forschungsvorhaben, welche die Menschenwürde verletzen, durch die Regelungen der Konvention nicht zugelassen werden[482]. Auch die Antwort der Bundesregierung auf die Kleine Anfrage zum „Schutz einwilligungsunfähiger Menschen bei Forschungsvorhaben" entsprach diesem Ergebnis[483]. Das Bundesministerium der Justiz vertrat bezüglich geringfügiger Eingriffe mit minimalem Risiko und Belastungen ebenfalls die Ansicht, dass die einwilligungsunfähige Person nicht im Kern betroffen ist[484].
Auch einige Teile der Literatur sind der Ansicht, dass sich trotz mancher Kontroverse der hohe Rang des Selbstbestimmungsrechts und die Notwendigkeit des Schutzes Einwilligungsunfähiger auch in der Biomedizin-Konvention spiegeln[485]. Die Einschränkung des Autonomieprinzips sei angesichts der engen Grenzen und Schutzvorkehrungen, in denen nach der Regelung der Konvention gruppenbezogene Forschung nur stattfinden darf, als so geringfügig und behutsam anzusehen, dass dies für das Selbstbestimmungsrecht und die Menschenwürde nicht relevant wird[486].

Diese Begründung vermag jedoch nicht zu überzeugen. Sie birgt vielmehr die Gefahr, durch Kriterien mit völlig offenen Grenzen klare Schutzstandards zu verwässern. Die Objektivierung eines Menschen kann nicht davon abhängig sein, ob der Eingriff mehr oder weniger einschneidend ist, sofern ein persönlicher Nutzen definitiv ausscheidet. Dann wird in den unantastbaren Bereich der menschlichen Persönlichkeit eingegriffen. Auch unterliegt die Garantie der Menschenwürde keinen Beschränkungsmöglichkeiten. Die ausschließlich nichttherapeutische Forschung an einwilligungsunfähigen Menschen ist auch durch die Einwilligung des gesetzlichen Vertreters nicht zu rechtfertigen und widerspricht der unantastbaren Würde des Menschen.

---

[481] „Grafenecker Erklärung" in Frankfurter Allgemeiner Zeitung vom 05.09.1996, S. 12.

[482] BVerfGE 30, 1 (26): Auch das BVerfG nimmt eine Menschenwürdeverletzung mit der h.M. jedoch schon dann an, wenn der Einzelne einer Behandlung ausgesetzt wird, dies seine Subjektqualität in Frage stellt, oder wenn in der Behandlung im konkreten Fall eine willkürliche Missachtung der Würde des Menschen liegt.

[483] BT-Drs. 13/9577, S. 4 ff.

[484] *Bundesministerium der Justiz*, FN 408, S. 20.

[485] *Adolf Laufs*, Das Menschenrechtsübereinkommen zur Biomedizin und das deutsche Recht, NJW 1997, S. 776.

[486] *Gabriele Wolfslast*, Einwilligungsfähigkeit im Lichte der Bioethik-Konvention, KritV 1998, S. 87; *Laufs*, FN 485, S. 776, *Ludger Honnefelder*, Das Menschenrechtsübereinkommen zur Biomedizin des Europarates, JbWissEthik 2 (1997), S. 314 f.; *Giesen*, FN 441, S. 359.

Ob nun letztendlich, wie teilweise befürchtet, ein „Dammbruch zentraler Werte unserer Verfassung“[487] und ein „schwarzer Tag für Menschenrechte“[488] angesichts des „eindeutigen Überschreitens der Grenzen der Menschenwürde“[489] durch Art. 17 Abs. 2 BMK manifestiert wird, bleibt umstritten und kann im Rahmen dieser Arbeit nicht abschließend diskutiert werden. Da die Konvention aber lediglich einen Mindeststandard festlegt und weitergehende nationale Vorschriften unberührt lässt, ist die BMK formal in jedem Fall mit dem Grundgesetz vereinbar. Jedoch ist die Verfassung auch Ausdruck einer Werteordnung. Bevor nicht geklärt ist, ob die Konvention im materiellen Sinne alle in der deutschen Verfassung verbürgten Werte schützt und beachtet, sollte eine kritische Betrachtung erlaubt und erforderlich sein. Diese Frage kann erst dann abschließend beantwortet werden, wenn eindeutige Definitions-, Interpretations- und Auslegungsvorschläge für die Vorschriften der BMK vorliegen

cc. Vergleich mit der europäischen und internationalen Rechtslage

Im Gegensatz zu den im europäischen Vergleich eher restriktiven Regelungen Deutschlands, finden sich in anderen europäischen Staaten Rechtsnormen mit weitreichenden Forschungsmöglichkeiten gegenüber Einwilligungsunfähigen.

Im Bereich der medizinischen Forschung an einwilligungsunfähigen Menschen war in *Frankreich* zunächst ein persönlicher Nutzen erforderlich[490]. Seit Dezember 1988 ist der sog. „Huiet Sérusclat” Akt in Kraft, welcher partiell Vorbildfunktion für die Biomedizin-Konvention hatte. Demnach sind auch nicht-therapeutische Versuche an Einwilligungsunfähigen zulässig, soweit keine ernsthafte Gesundheitsgefährdung damit verbunden ist, die Forschung Personen derselben Kategorie zugute kommt und keine Alternative zu der Forschungsmaßnahme besteht. Inhaltlich entspricht dies dem Art. 17 Abs. 2 BMK[491]. Somit ist die Einhaltung des Mindestschutzes garantiert.

In *Großbritannien* existieren mehrere „Guidelines”, also nicht-rechtsverbindliche Empfehlungen, die vielfach durch das Richterrecht Gesetzesrang erlangt haben. Hervorzuheben ist hier eine Richtlinie des Department of Health von 1991, wonach die nicht-therapeutische Forschung an „incapacitated persons” nach Zustimmung einer Ethikkommission zulässig ist, wenn Vor- und Nachteile sowie Risiken für die betroffene Person in einem Gleichgewicht zu den er-

---

[487] Frankfurter Rundschau vom 03. Januar 1998, Braunataler Werkstätten, S. 5.
[488] Süddeutsche Zeitung vom 19. Juli 1996, S. 11.
[489] *Thomas Edinger*, Bioethik-Konvention stößt auf Kritik, DRIZ 95, S.150 (bezieht sich allerdings auf die frühere BMK-Fassung).
[490] Décret No. 79-506 vom 28.06.1979.
[491] *Kamp*, FN 455, S. 9.

warteten Forschungsergebnissen stehen, und so Personen mit einer Geisteskrankheit davon profitieren können[492]. Auch dies entspricht den Mindestschutzgarantien des Art. 17 Abs. 2 BMK.

Auf internationaler Ebene regelt Art. 7 IPbürglR, dass niemandem Folter oder grausame, unmenschliche oder erniedrigende Strafe zugefügt werden darf. Satz 2 erklärt, dass insbesondere niemand ohne seine freiwillige Zustimmung medizinischen oder wissenschaftlichen Versuchen unterworfen werden darf[493]. Mithin sind nicht-therapeutische Experimente ohne freie Zustimmung des Betroffenen unzulässig, sofern sie zugleich eine unmenschliche Behandlung darstellen. Fraglich ist, ob das „minimale Risiko" und die „minimale Belastung", welche Art. 17 Abs. 2 BMK voraussetzt, immer eine solche Behandlung darstellen. Jedoch kann unabhängig vom Inhalt der konkreten Maßnahme allein die fehlende Zustimmung den Charakter der unmenschlichen Behandlung ausmachen[494]. Eine gesetzliche Vertretung in der Zustimmung ist nicht vorgesehen und daher unzulässig[495]. Somit ist bei der Forschung mit Einwilligungsunfähigen, unabhängig von der Definition des „minimalen Risikos" in Art. 17 BMK, Art. 7 S. 2 IPbürglR einschlägig und folglich das Mindestschutzniveau erfüllt.

In Art. 3 EMRK wird das Verbot der Folter und unmenschlicher oder erniedrigender Strafe festgeschrieben. Somit umfasst Art. 3 EMRK einen weiten Bereich. Hierunter fallen sowohl Verstöße gegen die Menschenwürde, aber auch weit weniger schwerwiegende Maßnahmen[496]. Eine medizinische Behandlung ohne persönliche Einwilligung ist jedoch nur dann zulässig, wenn sie der betroffenen Person selbst nutzt[497]. Diese Interpretation entspricht auch der Ausgestaltung des Art. 3 EMRK als absolutes Recht, dass keine Einschränkung zugunsten der alleinigen Interessen der Allgemeinheit duldet[498]. Folglich ist auch das Schutzniveau der EMRK höher als das von Art. 17 Abs. 2 BMK geforderte.

dd. Schlussfolgerungen

Diese Betrachtung lässt die Schlussfolgerung zu, dass weder nationale noch internationale Regelungen das Mindestschutzniveau der BMK unterschreiten. Der Vergleich mit der internationalen Rechtslage zeigt, dass auch hier bisher eher re-

---

492 Health Service Guidelines, 1991, 5, of: Department of Health, Local Research Ethics Commitee, Heywood, Lancashire, 1991.

493 BGBl. 1973 II S. 1533 ff.

494 *Kamp*, FN 455, S. 53.

495 *Aart Hendriks*, Article 17 of the European Convention on Human Rights and Biomedicine: incompatible with international human rights law? KritV 98, S. 115.

496 *Ireland v. United Kingdom*, EuGRZ 1979, S. 149, 162 ff., siehe dazu bereits oben, S. 113 bzgl. einer anderen Problemstellung (Anwendbarkeit auf den frühen Embryo).

497 *Kamp*, FN 455, S. 67.

498 *Mark W. Janis / Richard S. Kay / Anthony W. Bradley*, European Human Rights Law, S. 139.

striktive Regelungen typisch waren. Ein Verstoß gegen diese Regelungen liegt jedoch aufgrund des Art. 27 BMK nicht vor. Rechtsdogmatisch ergeben sich hier somit keine Probleme.
Rechtspolitisch könnte aber der Eindruck entstehen, die Konvention trägt auf diesem schwierigen Teilgebiet eher geringfügig zur Klärung der aufgeworfenen Fragen bei und stellt vielmehr einen vernachlässigbaren Minimalkonsens dar, welcher der Fortentwicklung des nationalen und internationalen Rechts nicht förderlich ist. Darüber hinaus nährt diese Auswertung die Befürchtung, dass der bereits diskutierte „Effekt der schiefen Ebene" praktisch doch eintritt.
Diese Furcht manifestiert sich gerade in Anbetracht der am 01.11.1997 - also nur ein halbes Jahr nach der Ausfertigung der BMK - veröffentlichten Stellungnahme: „Zum Schutz nicht-einwilligungsfähiger Personen in der medizinischen Forschung" der Zentralen Ethikkommission der Bundesärztekammer[499]. In dieser Stellungnahme werden verschiedene Arten von Forschungen mit nicht-einwilligungsfähigen Personen aufgelistet, zunächst der Heilversuch, dann Versuche die nicht unmittelbar der aktuellen Heilung der beforschten Person dienen und schließlich Forschungsmaßnahmen, die zwar nicht im Interesse des Betroffenen sind, aber jedenfalls Personen aus der gleichen Altersgruppe oder mit der gleichen Krankheit betreffen. Mit dieser „Gruppensolidarität" wird nun auch hier die Grenze zwischen Fremd- und Eigennützigkeit verwischt. Eine klare Grenzziehung ist unmöglich[500].
Zwar hat diese „Stellungnahme" keine direkten Rechtsfolgen, sie spiegelt jedoch die Tendenz in der Entwicklung des ethischen Verständnisses in der Bundesrepublik wieder[501]. Die Bundesregierung wertet diese Mindestschutzregeln als Zeichen für eine bestehende Rechtsunsicherheit in deutschen Fachkreisen[502]. Sie interpretiert die Stellungnahme der Zentralen Ethikkommission insofern, als dass sie deutlich mache, dass man keineswegs der Meinung war, dass das Biomedizin-Übereinkommen insgesamt einen Rückschritt beim Schutz der Probanden in Deutschland bedeute.

Es ist vor dem Hintergrund dieser Entwicklungen aber darauf zu achten, dass die Medizin nicht hinter Standards zurückfällt, die bereits 1947 im Nürnberger Kodex - vor dem Hintergrund der nationalsozialistischen Medizinverbrechen - bzw. 1964 in der Deklaration von Helsinki als allgemeine und anerkannte Basis medizinischer Ethik formuliert wurden. Demnach muss jeder medizinischen Forschung die freiwillige Einwilligung nach umfassender Information zugrunde liegen (Nürnberg, 1947) und Heilversuche an nicht-einwilligungsfähigen Personen

[499] Abgedruckt in: DÄBl. 15 (Jg.97), S. 15 f.: Bei der Zentralen Ethikkommission der Bundesärztekammer handelt es sich um eine unabhängige und interdisziplinäre Kommission zur Meinungsbildung und Entscheidungsfindung.
[500] Sehr kritische Stellungnahme dazu: *Jürgens*, FN 467, S. 49.
[501] http://www.zentrale-ethikkommission.de/20/10Statut.html.
[502] *Bundesministerium der Justiz*, FN 408, S. 21.

sind statthaft, sofern sie einen Nutzen für den Betroffenen haben und der gesetzliche Vertreter zustimmt (Helsinki, 1964). Wird fremdnützige Forschung an nicht-einwilligungsfähigen Menschen freigegeben, könnte dies auf eine schiefe Ebene führen, auf der es kein Halten mehr gibt. Da sich das gesamte Schutzniveau an der BMK orientiert, ist das befürchtete Abrutschen des höheren deutschen Standards zu beobachten. Es scheint, als würden die strengeren Regeln des deutschen Rechts angetastet und - zumindest auf diesem speziellen Teilgebiet - im Zuge einer Vereinheitlichung den weniger strengen europarechtlichen Bestimmungen weichen.

Somit wird deutlich, dass diese rechtsdogmatisch eher unproblematische Regelung rechtspolitisch zu einigen Schwierigkeiten geführt hat. Die Regelungen des Art. 17 Abs. 2 BMK sind weder mit deutschen Gesetzen und deren grundsätzlichen Werten noch mit den geltenden Menschenrechten in Einklang zu bringen. Durch die Betonung der Menschenrechte in der Präambel erweckt die BMK jedoch den Eindruck, eine Unvereinbarkeit mit den bestehenden Regelungen sei nicht zu befürchten. Dieser falsch vermittelte Eindruck kann zu einer Menschenrechtsgefährdung führen. Die Menschenrechte werden durch dieses leise Vorgehen wahrscheinlich nachhaltiger beeinträchtigt, als dies eine offen ausgesprochene Beschränkung bewirken könnte.

h. Ergebnis und Stellungnahmen

Es ist festzustellen, dass aufgrund einer Vielzahl unbestimmter Rechtsbegriffe, fehlendem individuellen Rechtsschutz und unklarer ethisch-moralischer Grundkonzeption die Effektivität des Übereinkommens eingeschränkt ist. Insbesondere durch unbestimmte Formulierungen wird die Möglichkeit zur nationalen qualitativen Differenzierung zwischen Menschen eröffnet und letztlich auch das Setzen eines internationalen Standards verhindert[503]. Weiterhin ist die Gefahr immanent, die Universalität der Menschenrechte außer Kraft zu setzen. Wegen all dieser Überlegungen, sowie der Regelung des Art. 17 Abs. 2 BMK, konnte sich Deutschland noch nicht entschließen, dem Übereinkommen beizutreten.

Die von dem Hamburger Psychologen *Michael Wunder* verfasste, vom Arbeitskreis zur Euthanasie-Geschichte veröffentlichte „Grafenecker Erklärung zur Bioethik", die mittlerweile von über 2000 Menschen unterzeichnet worden ist, lehnt die Biomedizin-Konvention kategorisch ab[504]. Begründet wird dies mit den als unvertretbar angesehenen Regelungen zum Embryonenschutz, dem Eingriff in das menschliche Genom und insbesondere der Regelungen des Art. 17 Abs. 2 BMK.

---

[503] *Degener*, FN 463, S. 22.

[504] *Grafenecker Erklärung,* FN 481; *Schmuhl*, FN 444, S. 35.

Nach anderer Ansicht bestehen insgesamt aus juristischer Sicht keine durchgreifenden Bedenken gegen einen Beitritt der Bundesrepublik Deutschland zur BMK. So entspräche es in seinen wesentlichen Bestimmungen dem geltenden deutschen Recht, und würde für Deutschland zum Teil sogar eine Anhebung des Schutzniveaus zur Folge haben[505].

Auch die *Bundesregierung* wandelt sich offen zu einer Anhängerin des Übereinkommens. Die zuvor als strittig und verfassungsrechtlich schwierig eingestuften Aspekte des Übereinkommens, wie Art. 17 Abs. 2 BMK, werden nun als eher unproblematisch dargestellt. Festgestellt wird hingegen, dass die BMK in einigen Bereichen, so z.B. Art. 12 BMK, sogar einen höheren Schutzstandard als die deutsche Rechtsordnung gewähre[506]. Dieser Wandel in der Haltung der Bundesregierung lässt eine Unterzeichnung der Konvention durch die Bundesregierung erwarten. Jedoch ist insofern der Bundesratsbeschluss vom 18. Oktober 1996 bedeutsam, welcher daran erinnert, dass gemäß dem Lindauer Abkommen eine Ratifizierung durch Deutschland erst nach Zustimmung aller Bundesländer erfolgen kann[507]. Zumindest Hessen hat diesbezüglich bereits einen ablehnenden Beschluss formuliert[508].

Andere Stimmen in der Literatur erinnern daran, dass der Entwurf der Biomedizin-Konvention gut gemeint war. Er wollte die biologisch-medizinische Forschung in Europa nicht ausbauen, sondern im Gegenteil eingrenzen, und sie in diesem Rahmen auf eine europaweite feste Grundlage stellen. Dazu besteht angesichts teilweise großzügiger Bestimmungen im Ausland aller Anlass. Nach dieser Ansicht ist es bedauernswert, dass es dem Europarat nicht gelungen ist, dieses Ziel hinreichend deutlich zu machen. Auch solle man bedenken, das die Konvention in der Tradition des englischen Rechts geschrieben ist, deren unscharfe Formulierungen im Sinne der kontinentaleuropäischen Rechtstradition zu präzisieren sind[509].

Auch *Kern* formuliert Zweifel bezüglich der oft vorhergesagten spürbaren Verschlechterung des deutschen Standards, ist sich jedoch sicher, dass durch die Unterzeichnung auch kein Gewinn erreicht würde[510]. Der daraus folgende Ausschluss Deutschlands an der Arbeit zu den notwendig folgenden Protokollen sieht er als nicht entscheidend an, da schon bei der vorliegenden Konvention jeder deutschen Intervention der Erfolg verwehrt war.

505 *Taupitz*, FN 423, S. 546.
506 *Bundesministerium der Justiz*, FN 408, S. 25.
507 BR-Drs. 617/96.
508 HessLT-Drs.: 14/2241 i.V.m. Plenarprotokoll 14/71 vom 04.06.1997.
509 *Ulrich Vultejus*, Bioethik, ZRP 1995, S. 49.
510 *Bernd-Rüdiger Kern*, Die Bioethik-Konvention des Europarates - Bioethik versus Arztrecht?, MedR 1998, S. 489.

Jürgens ist der Ansicht, dass die Biomedizin-Konvention dazu benutzt werden soll, die gesellschaftliche Akzeptanz auch der fremdnützigen Forschung voranzubringen, um dann auch im deutschen Recht entsprechende Änderungen durchzusetzen. Es scheint, als sollten die strengen Regelungen des deutschen Rechts schrittweise im Interesse einer weitergehenden Forschung verwässert werden[511].

Höfling befürchtet, dass, sollte es zu einer Ratifikation der Konvention durch die Bundesrepublik kommen, die verfassungsrechtlichen Garantien der Menschenwürde und des Lebens, sowie ihre einfachrechtliche Konkretisierung in Deutschland, noch stärker unter Druck geraten werden[512].

Kamp erinnert daran, dass die BMK aus formalen Gründen nicht gegen geltendes Recht verstößt. Gleichwohl eröffnet sie Möglichkeiten, die auf der Grundlage der Menschenrechte nicht zu rechtfertigen sind. Das grundlegende Verständnis der Menschenrechte erfährt eine Aufweichung, das allgemeine Bild lässt nichttherapeutische Maßnahmen an einwilligungsunfähigen Menschen zulässig erscheinen[513].

Ein positiver Aspekt ist der Diskussion um die BMK auf jeden Fall abzugewinnen: Die Diskussion über Art. 17 Abs. 2 BMK hat in Deutschland zu der Erkenntnis geführt, dass - auch unabhängig von der Frage der Unterzeichnung der Biomedizin-Konvention - überprüft werden muss, ob die deutsche Gesetzeslage und das ärztliche Berufsrecht einen eindeutigen und verlässlichen Schutz einwilligungsunfähiger Menschen gegen den Missbrauch bei Forschungsvorhaben gewährleistet[514].

3. Fazit

Die Konvention wird von vielen Wissenschaftlern als problematisch angesehen. Schließlich ist jedoch festzuhalten, dass die BMK des Europarates als erstes international bindendes Rechtsdokument auf dem Gebiet der Anwendung von Biologie und Medizin am Menschen europaweit geltende, grundsätzliche Regelungen enthält. Mit der völkerrechtlichen Verankerung menschenrechtlicher Schutzstandards im Bereich der expandierenden modernen Biomedizin ist eine wichtige Lücke im Spektrum des Schutzes der Menschenrechte geschlossen worden. Dieses ehrgeizige Vorhaben wurde innerhalb kürzester Zeit durchgesetzt und eröffnet alle Möglichkeiten, ein bereits bestehendes höheres Schutzniveau aufrechtzuerhalten.

---

[511] *Jürgens*, FN 467, S. 48.

[512] *Höfling, Wolfram*, Menschen mit Behinderungen, das „Menschenrechtsübereinkommen zur Biomedizin“ und die Grund- und Menschenrechte, KritV 1998, S. 109.

[513] *Kamp*, FN 455, S. 120.

[514] *Rudloff-Schäffer*, FN 447, S. 73.

Trotz mancher Schwäche im Detail kann wohl kein Zweifel daran bestehen, dass die BMK zumindest einen ersten wichtigen und sinnvollen Schritt zur Herbeiführung einheitlicher europäischer Schutznormen beinhaltet und dies aus dem Blickwinkel der zunehmenden grenzüberschreitend agierenden Forschung dringend notwendig ist[515]. So gab die BMK verschiedensten Staaten Anlass zu reger Gesetzgebungstätigkeit, um ihre nationalen Standards zu kontrollieren und anzupassen, bzw. zu erweitern, so beispielsweise in Italien für ein Fortpflanzungsmedizingesetz und in der Schweiz für ein Bundesgesetz über die genetische Untersuchung am Menschen. Auch Frankreich überprüft seine Spezialgesetze mit Blick auf den neuen europäischen Standard. Mit dieser Vereinbarung ist also das Bewusstsein gestärkt worden, dass der Forschung ethisch-rechtliche Grenzen gesetzt sind.
Es ist festzuhalten, dass die Konvention den für völker- bzw. menschenrechtliche Dokumente bezeichnenden Charakter zeigt: Zwar halten sie ihrem Grundgedanken nach einen der Abwägung entzogenen, unabdingbaren Bereich von Grundprinzipien fest, doch sind diese Grundprinzipien nirgendwo abzulesen. Die Kodifizierung von Menschenrechten ist immer das Resultat eines Prozesses negativer Erfahrungen. Menschenrechte können mithin nur festhalten, was durch moralischen Konsens gedeckt ist. Dies hat zur Folge, dass in der Konvention Regelungen für bestimmte Bereiche, wie der aktiven und passiven Sterbehilfe und Sterbebegleitung, dem Schwangerschaftsabbruch oder der Organentnahme nach dem Tod, fehlen und die aufgeführten Regelungen an bestimmten, bereits genannten Stellen hinter dem rechtlichen Schutz, wie er in verschiedenen nationalen Rechtsordnungen vorliegt, zurückbleiben. Beim Komplex des Embryonenschutzes wird die Eindeutigkeit, mit der beispielsweise das deutsche ESchG die sog. „verbrauchende" Forschung an überzähligen Embryonen verbietet, nicht erreicht. Auf der anderen Seite wird diese Forschung auch nicht erlaubt, vielmehr wird die Forderung nach einem „angemessenen Schutz" ausgesprochen. Damit wird zum ersten Mal in einem internationalen Dokument der Embryo als schützenswertes Rechtsgut deklariert und der nationalen Gesetzgebung der Nachweis dieses Schutzes auferlegt, die Beweislast also umgekehrt[516].

Gemessen am weltweiten Status quo handelt es sich um eine Erhöhung des rechtlichen Schutzniveaus, nicht um eine Senkung.
Aus dem Blickwinkel der Gewährleistungen des deutschen Rechts sollten stärkere Schutzvorgaben gegen die Weitergabe genetischer Daten an Arbeitgeber und Versicherungen vorgesehen werden. Zum Schutz des allgemeinen Persönlichkeitsrechts sowie der informationellen Selbstbestimmung wäre dies unerlässlich. Als ungenügend ist, über die erwähnten Punkte hinaus, auch die Regelung über Eingriffe in das menschliche Genom, Art. 13 BMK, zu nennen, denn

[515] *Taupitz*, FN 423, S. 546.
[516] *Honnefelder*, FN 486, S. 316.

demnach ist die vorbereitende Forschung zur Keimbahnmanipulation, deren Verbot der Bundesrat gefordert hatte, ausdrücklich erlaubt[517]. Auch die Erlaubnis zur Organ- und Gewebeentnahme an Lebenden gem. Art. 20 BMK kann zur „Verrohstofflichung des Menschen" führen. Ebenso ist die Regelung des Art. 17 Abs. 2 BMK im Hinblick auf das deutsche Schutzniveau inakzeptabel. Zu bemängeln bleibt schließlich, dass noch keine authentische deutsche Übersetzung vorliegt. Verbindlich ist nach Art. 38 des Übereinkommens nur die englische und französische Fassung, die im Februar 1998 vom Bundesjustizministerium veröffentlichte und mit Österreich und der Schweiz abgesprochene deutsche Übersetzung jedoch nicht[518].

Zusammenfassend ist festzustellen, dass die BMK den richtigen Weg eingeschlagen hat, jedoch eine Reihe kritisch zu betrachtender Punkte und Fragen offen bleiben. Mithin sind die aufgeworfenen Fragen schnellstmöglich auf internationaler aber auch auf nationaler Ebene zu diskutieren, um eine konsensfähige Antwort zu finden.

Für die Auslegung und Konkretisierung der BMK hilfreich und erforderlich sind die ergänzenden Protokolle, deren Entwicklung die Verfasser der Konvention bereits von Anfang an geplant hatten, um ihr so zu mehr Klarheit zu verhelfen. Die bisher aufgelegten drei Zusatzprotokolle befassen sich mit den Themen Klonverbot, der Organtransplantation und der medizinischen Forschung.

E. Europäisches Protokoll zum Verbot des Klonens menschlichen Lebens

Das sog. „Klonverbotsprotokoll zum Biomedizinübereinkommen"[519] ist das bisher einzige rechtsverbindliche internationale Übereinkommen über das Verbot des Klonens von menschlichen Lebewesen.

I. Allgemeines

Am 12.01.1998 legte der Europarat als Reaktion auf das geklonte Schaf „Dolly" ein "Zusatzprotokoll zum Verbot des Klonens menschlicher Lebewesen" zur Unterzeichnung auf. Den damals 40 Europaratsstaaten gelang es angesichts der bestehenden Rechtsbasis, in für völkerrechtlich verbindliche Dokumente geradezu atemberaubender Geschwindigkeit, dieses Zusatzprotokoll zu entwerfen und nur ein Jahr nach „Dolly" in Paris zur Zeichnung aufzulegen[520].
Es handelt sich hierbei um einen gesonderten, völkerrechtlich verbindlichen Vertrag zum Biomedizin-Übereinkommen des Europarates, welcher eine klar-

517 Erläuternder Bericht, Art. 13, Abs. 92.
518 *Kern*, FN 510, S. 486.
519 ETS No. 168; Internet URL: http://www.legal.coe.int/bioethics/gb/html/conv.htm.
520 *Stefan Winter*, Europäisches Protokoll zum Verbot des Klonens menschlicher Lebewesen, in: Winter / Fenger / Schreiber (Hrsg.), Genmedizin und Recht, S. 81.

stellende Interpretationserklärung der BMK darstellt[521]. Dieses Rechtsinstrument „Zusatzprotokoll“ ist eine große Stärke von Europarechtskonventionen. Voraussetzung für seinen Einsatz ist der klare Bezug sowie eine eindeutige Verankerung des Protokolls im Mutterdokument.
Das Protokoll trat am 1. März 2001 in Kraft und wurde bereits von 30 Staaten unterzeichnet, 16 Staaten haben es bislang ratifiziert. Es gilt in Bulgarien, Kroatien, Zypern, Tschechien, Estland, Georgien, Griechenland, Ungarn, Island, Litauen, Moldawien, Portugal, Rumänien, Slowakei, Slowenien und Spanien[522]. Eine Unterzeichnung des Protokolls durch Deutschland setzt die vorherige Unterzeichnung des Biomedizin-Übereinkommens voraus, da gemäß Art. 3 des Zusatzprotokolls die Vorschriften dieser Zusatzprotokolle wiederum Bestandteile des "Mutterübereinkommens" werden.

II. Inhaltliche Gewährleistungen

Das Zusatzprotokoll (ZP) ergänzt die Artikel 1, 13 und 18 BMK, welche bereits die Grundprinzipien und Eckpfeiler für ein striktes Verbot des Klonens bilden. Das Protokoll soll jede Tätigkeit verbieten, welche das Ziel verfolgt, genetisch identische Menschen zu schaffen. Es ist keinerlei Ausnahme zu diesem Grundsatz vorgesehen. Jedoch wird differenziert zwischen dem absoluten Verbot des reproduzierenden Klonens und der Möglichkeit des therapeutischen Klonens.
Art. 1 des Protokolls garantiert den Schutz der „Identität aller Menschen“ und gibt somit jedem Lebewesen explizit das Recht auf seine Einzigartigkeit. Dieses Verbot gilt vorbehaltlos; das Klonen menschlicher Lebewesen ist mit der Menschenwürde und dem Schutz der Identität menschlicher Lebewesen nicht vereinbar[523].
Das Protokoll enthält keine weiteren Bestimmungen zum Schutz menschlicher Embryonen, außer dem Verbot jeder Intervention, die darauf gerichtet ist, ein menschliches Lebewesen mit identischen genetischen Merkmalen eines bereits toten oder lebenden Menschen, zu erzeugen. Der Tatbestand der identischen genetischen Merkmale ist nach Art.1 Abs. 2 ZP erfüllt, wenn die Erbinformationen der Zellkerne (Kerngenom) übereinstimmen. Die Formulierung wurde gewählt, um beide Techniken des Klonens zu erfassen[524].

---

521 *Winter*, FN 520, S. 83, Rdnr. 180.

522 http://conventions.coe.int/Treaty/Commun/ChercheSig.asp?NT=168&CM=7&DF=&CL=ENG (Stand: 13.03.2007).

523 Art. 1 Zusatzprotokoll: "Any intervention seeking to create a human being genetically identical to another human being, whether living or dead, is prohibited. For the purpose of this article, the term human being "enetically identical" to another human being means a human being sharing with another the same nuclear gene set."

524 Beim Zellkerntransfer ist die Gesamterbsubstanz der Zellen aufgrund des etwa dreiprozentigen Anteils mitochondrialer Erbsubstanz ja gerade nicht identisch, siehe: *Schulz*, FN 40, S. 67.

III. Fazit

Das Zusatzprotokoll ist in vielfacher Hinsicht bemerkenswert. Erstens besaßen gemäß Europaratsumfrage bis zum Zeitpunkt seiner Verabschiedung lediglich acht Europarechtsstaaten ein gesetzlich verankertes generelles Verbot des Klonens von Menschen. Weiterhin ist es den europäischen Staaten ausgehend vom gemeinsamen Wertekanon der Konvention gelungen, das Klonen von Menschen in der UNESCO-Deklaration zum Schutz des menschlichen Genoms als menschenunwürdige Praxis zu kennzeichnen[525]. Dies macht deutlich, das Europa durchaus durch vorherige Konsensbildung in der Lage ist, einer gemeinsam entwickelten Position weltweit Geltung zu verschaffen[526].

F. Zusatzprotokoll über die Transplantation von Organen und Geweben menschlichen Ursprungs

Am 23. Januar 2002 wurde das Zusatzprotokoll über die „Transplantation von Organen und Geweben menschlichen Ursprungs" durch den Lenkungsausschuss für Bioethik zur Unterzeichnung durch die Mitgliedsstaaten bereitgestellt[527]. 13 Staaten haben es bisher unterzeichnet. Es trat am 01.05.2006 in Kraft, da es zu diesem Zeitpunkt durch fünf Staaten (Estland, Kroatien, Georgien, Island und Slowenien) ratifiziert wurde[528].

Das Protokoll betont, dass die Entfernung und Transplantation von Organen in einem gut strukturierten Rahmen mit klar definierten qualitativen und ethischen Standards erfolgen soll. Die Vorschriften sollen sowohl den Erfolg des Eingriffs garantieren, den optimalen Gebrauch von erhältlichen Organen erleichtern und vor jeglichem Organhandel schützen. Das Protokoll regelt verschiedene Lebenssachverhalte:

Davon ausgehend, dass eine beträchtliche Mehrheit von Organentnahmen an gestorbenen Personen durchgeführt wird, erklärt das Protokoll, dass nur Organe entfernt werden können, wenn die Person solcher Entfernung zu Lebzeiten nicht widersprochen hat. Jede Operation muss mit Respekt gegenüber dem gestorbenen Körper durchgeführt werden. Weiterhin ist ein formales Verbot bezüglich Gewinnen oder Zahlungen, die mit dem Organ selbst verbunden sind, enthalten, abgesehen von den zur Organverpflanzung notwendigen, offensichtlich entstehenden Kosten.

---

525 Siehe dazu ausführlich unten, S. 138 ff.

526 *Stefan Winter*, Gesundheitspolitische Analyse der Europäischen Menschenrechtskonvention zur Biomedizin, in: Honnefelder / Taupitz / Winter, Das Übereinkommen über Menschenrechte und Biomedizin des Europarates - Argumente für einen Beitritt. Hrsg.: Konrad-Adenauer-Stiftung, Interne Studien 171/1999, S. 41.

527 Transplantation of organs and tissues of human origin, ETS 186; online verfügbar unter: http://conventions.coe.int/Treaty/GER/Treaties/Html/186.htm.

528 http://conventions.coe.int/Treaty/Commun/ChercheSig.asp?NT=186&CM=8&DF=3/13/2007&CL=ENG (Stand: 13.03.2007).

Das Protokoll widmet sich auch dem Entfernen von Organen und Geweben von lebenden Personen, beispielsweise dem Knochenmark oder der Nieren. Diese Art der Transplantation wird nur zu therapeutischen Zwecken erlaubt, und zwar nur unter der Bedingung, dass der Spender nahe persönliche Beziehungen zum Empfänger hat und der Entfernung eindeutig zugestimmt hat. Auch darf die Gesundheit des Spenders nicht beeinträchtigt werden. Noch strikter ist das Protokoll, wenn es sich um einwilligungsunfähige Personen handelt. Die Entfernung kann in diesem Fall nur durchgeführt werden, wenn keine alternative Behandlung oder Spende vorhanden ist und wenn der Empfänger ein Geschwister des Spenders ist. Das Zusatzprotokoll normiert folglich verbindlich sehr konkrete und durchaus strenge Regelungen.

G. Zusatzprotokoll über biomedizinische Forschung

Der Entwurf des dritten Zusatzprotokolls über biomedizinische Forschung[529] wurde am 25. Januar 2005 in Straßburg in der Parlamentarischen Versammlung des Europarats zur Zeichnung ausgelegt. Bisher wurde es von 17 Staaten unterzeichnet, jedoch erst von vier Staaten (Bulgarien, Ungarn, Slowakei und Slowenien) ratifiziert, so dass der Zeitpunkt seines Inkrafttretens noch aussteht[530].
Dieses Protokoll präzisiert wichtige und teilweise umstrittene Punkte der Biomedizin-Konvention, unter anderem zur Forschung an Nichteinwilligungsfähigen[531]. Forschung an Nichteinwilligungsfähigen darf demnach unter folgenden Bedingungen vorgenommen werden: Das Ergebnis der Forschung hat für die Gesundheit des Betroffenen tatsächlichen und unmittelbaren Nutzen und Forschung von vergleichbarer Wirksamkeit kann an einwilligungsfähigen Personen nicht vorgenommen werden.
Das Protokoll definiert die Vorgehensweisen, welche bezüglich der Forschung an einwilligungsunfähigen Personen oder speziellen Bevölkerungsgruppen, wie Gefangenen, aber auch Schwangeren und stillenden Müttern, einzuhalten sind. Um einen maximalen Grad an Schutz zu gewähren, erlaubt das Protokoll nicht die Behinderung der Entwicklung spezieller Forschungsmöglichkeiten, welche dringend notwendig sind, um die Gesundheit der eben genannten Gruppen zu gewährleisten[532].

Entsprechend der Konvention fordert das Zusatzprotokoll in Art. 1 die „Würde und Identität aller Menschen zu schützen und jedem ohne Diskriminierung die Integrität und andere Rechte und fundamentale Freiheiten im Hinblick auf jeden Forschungseingriff im Bereich der Biomedizin zu garantieren". In Art. 3 ZP

529 Sog. Draft additional Protocol on Biomedical Research, online verfügbar unter: http://conventions.coe.int/Treaty/EN/Treaties/Html/195.htm.
530 Siehe dazu: http://conventions.coe.int/Treaty/Commun/ChercheSig.asp?NT=195&CM=8&DF=3/13/2007&CL=ENG (Stand: 13.03.2007).
531 *Gisela Klinkhammer*, Biomedizin: Präzisere Vorschriften, DÄBl. 102 (Jg. 05), S. A-176.
532 Online verfügbar unter: www.legal.coe.int/bioethics/gb/html/txt_prepa.htm.

wird der Vorrang des Menschen betont: „Die Interessen und das Wohlergehen des an Forschung beteiligten Menschen sollen Vorrang haben vor dem alleinigen Interesse von Gesellschaft oder Wissenschaft.“ Forschung darf keine Risiken und Belastungen für den Menschen verursachen, die nicht im Verhältnis zum potenziellen Nutzen stehen. Wenn davon auszugehen ist, dass eine Forschung möglicherweise keinen unmittelbaren Nutzen für den Forschungsteilnehmer haben könnte, darf solche Forschung nur bei akzeptablen minimalen Risiken und Belastungen für den Patienten oder Probanden vorgenommen werden. Jedes Forschungsprojekt muss sich einer unabhängigen Prüfung auf seine ethische Akzeptanz durch eine Ethikkommission unterziehen (Art. 9 ZP). Die Person, die an einem Forschungsprojekt teilnimmt, soll eine angemessene Information in verständlicher Form erhalten (Art. 13 ZP). Keine Forschung darf ohne die informierte, freie, ausdrückliche, spezifische und dokumentierte Einwilligung der betroffenen Person vorgenommen werden (informed consent), welche jederzeit zurückgezogen werden kann (Art. 14).

Die Zusatzprotokolle der BMK sind durchaus dazu geeignet, deren Grundsätze konkret und verbindlich auszugestalten. Sie stellen insofern ein wertvolles, unverzichtbares Instrument der bioethischen Regelungsmöglichkeiten dar.

H. Andere völkerrechtlich relevante Abkommen zur Bio- und Humangenetik

Universelle Quellen allgemeiner Prinzipien mit Relevanz für die Biomedizin sind neben den bereits genannten vor allem folgende, welche kurz skizziert werden sollen.

I. UNESCO-Deklaration über das menschliche Genom und Menschenrechte

Das Plenum der 29. Generalkonferenz der UNESCO verabschiedete am 11.11.1997 einvernehmlich, jedoch ohne förmliche Abstimmung, eine „Allgemeine Erklärung über das menschliche Genom und Menschenrechte“[533].

1. Allgemeines

Die UNESCO ist schon in Erfüllung ihres satzungsmäßigen Auftrages, Art. 1 der Satzung, ein adäquates Forum der UNO für die Befassung mit bioethischen Fragestellungen. Die UNESCO-Erklärung stellt eines von drei völkerrechtlich bedeutsamen Instrumenten aus dem Haus der UNO mit biomedizin-spezifischem Anspruch dar. Trotz der sich aus dem Bezug auf das menschliche Genom ergebenden Begrenzung wird die Erklärung als ein zentrales Bezugsdokument für Fragen der Biomedizin angesehen, weil in ihr erstmals eine globale internatio-

[533] United Nations Educational, Scientific and Cultural Organization (UNESCO), Universal Declaration on the Human Genome and Human Rights vom 11. November 1997, Internet URL: http://www.unesco.org/ibc/en/genome/index.htm, von der UNO-Generalversammlung angenommen unter UN-Doc A/Res/53/152.

nale Organisation Fragen der Biomedizin in grundsätzlicher Weise auf der Basis der Würde des Menschen aufgegriffen hat[534]. Das Dokument ist politischer Natur, ohne völkerrechtliche Bindungswirkung und somit ohne Rechtsverbindlichkeit, jedoch mit empfehlendem Charakter. Es wird insofern von einer „völkerrechtlich nicht bindenden politischen Absichtserklärung“ gesprochen. Die Erklärung ist mithin lediglich als „wohlgemeinter Aufruf zur Beachtung der universell vereinbarten Menschenrechtsinstrumente“ einzuordnen[535]. Aufgrund der noch vielfältigeren Kulturbereiche ist es auf internationaler Ebene umso schwieriger, eine globale Verständigung zu erreichen, so dass zunächst bewusst auf die Verhandlung rechtsverbindlicher Normen in einem ratifizierungsbedürftigen Abkommen verzichtet wurde[536].
1993 wurde das International Bioethics Committee (IBC) vom UNESCO-Generalsekretär Frederico Mayor einberufen, in welchem über alle ethischen Fragen der biologischen und medizinischen Wissenschaften beraten werden sollte. Bereits auf seiner ersten Sitzung im September 1993 wurde in Zusammenhang mit der Einrichtung eines Rechtsausschusses der IBC die „Erarbeitung eines künftigen internationalen Vertragsinstruments zum Schutz des menschlichen Genoms“ in Aussicht gestellt[537]. Dem ersten Entwurf wurde entgegengehalten, er lege den Akzent zu einseitig auf die Forschungsfreiheit und die Chancen, die sich aus der Erforschung des menschlichen Genoms ergeben würden. Es folgte eine mehrfache Überarbeitung bis schließlich Ende 1996 ein immer noch vorläufiger Entwurf weltweit den UNESCO-Mitgliedsstaaten und internationalen Organisationen zur Stellungnahme zugeleitet wurde. Eine erneut überarbeitete Fassung wurde Grundlage für Verhandlungen in einem Komitee von Regierungsexperten, das - für alle Mitgliedsstaaten offen - im Juli 1997 schließlich den Text erarbeitete, den im November 1997 die UNESCO-Generalkonferenz einvernehmlich, aber ohne förmliche Abstimmung, annahm[538].

Dieser Text unterscheidet sich massiv von den Entwürfen. Er vermeidet missverständliche Formulierungen, stellt in erster Linie auf den Schutz individueller Menschenrechte ab und bringt ethische Grenzen für die Forschung und ihre Anwendung zum Ausdruck. Das Resultat ist ein Kompromiss: Kaum eine Delegation zeigte sich mit dem erzielten Verhandlungsergebnis vollständig zufrieden, alle hatten nachgeben müssen. Viele Vertreter sprachen jedoch vom zu erreichenden Optimum[539].

---

[534] *Michael Quaas / Rüdiger Zuck*, Medizinrecht, § 74, S. 768, Rdnr. 4.
[535] *Schulz*, FN 40, S. 16.
[536] *Gerhard Fulda*, UNESCO-Deklaration über das menschliche Genom und Menschenrechte, in: Winter / Fenger / Schreiber (Hrsg.) Genmedizin und Recht, S. 196, Rdnr. 503.
[537] *Fulda*, FN 536, S. 197, Rdnr. 504.
[538] *Fulda*, FN 536, S. 197, Rdnr. 505.
[539] *Fulda*, FN 536, S. 197, Rdnr. 507.

2. Inhaltliche Gewährleistungen

Die UNESCO verfolgt im Wesentlichen die gleiche Zielrichtung wie der Europarat. In der Erklärung kommt nachdrücklich die Forderung zum Ausdruck, dass in der Forschung an menschlichen Embryonen die Menschenwürde geachtet werden soll. Auch wird das reproduktive Klonen als menschenunwürdig verurteilt. Zentraler Gedanke der Deklaration sind Schutz und Sicherheit der Versuchsperson. Um das Interesse des Patienten bei medizinischen Versuchen angemessen zu berücksichtigen, ist es zentrales Anliegen der Deklaration, gerade angesichts des häufig fremdnützigen Charakters der Eingriffe, eine vernünftige Risiko-Nutzen-Abwägung vorzunehmen, so dass das Wohl der Versuchsperson stets dem Nutzen der Gemeinschaft vorgeht[540].

Art. 1 bezeichnet das menschliche Genom in einem symbolischen Sinne als „Erbe der Menschheit"[541]. Art. 2 stellt klar, dass der Schutz der Menschenwürde Vorrang vor allen anderen Erwägungen hat. Eine Diskriminierung auf Grund von genetischen Merkmalen ist unzulässig. Art. 2 lit. b mahnt dazu, gleichsam Einzigartigkeit und Vielfalt der Individuen zu respektieren[542]. Art. 4 stellt die Grenzen der Patentierbarkeit des menschlichen Genoms fest. Die Deklaration erklärt eindeutig, dass es in seinem natürlichen Zustand nicht Gegenstand kommerzieller Interessen sein darf. In Art. 11 ächtet die UNESCO-Deklaration das reproduktive Klonen von Menschen als Verletzung der Menschenwürde[543].

3. Fazit

Zum ersten Mal wird in einem internationalen Dokument mit weltweiter politischer Bindungswirkung das Klonen von Menschen mit einem eindeutigen ethischen Unwerturteil belegt. Die Formulierung der Deklaration lässt offen, wie die Anwendung von Klontechniken zu nicht-reproduktiven Zwecken, etwa mit dem Ziel der Gewinnung von embryonalen Stammzellen, zu beurteilen ist.
Leider wird nur das reproduktive Klonen als Beispiel aufgeführt. Weitere menschenwürdeverletzende Praktiken der Biotechnologie werden nicht erwähnt. So

---

540 *Hans Lilie,* Forschung am Menschen in Deutschland – Rechtsgrundlagen und Rechtsentwicklung, in: Lippert / Eisenmenger (Hrsg.), Forschung am Menschen, S. 2.

541 Art. 1: „Das menschliche Genom liegt der grundlegenden Einheit aller Mitglieder der menschlichen Gesellschaft sowie der Anerkennung der ihnen innewohnenden Würde und Vielfalt zugrunde. In einem symbolischen Sinne ist es das Erbe der Menschheit."

542 Art. 2 lit. a. „Jeder Mensch hat das recht auf Achtung seiner Würde und Menschenrechte, unabhängig von seinen genetischen Eigenschaften. b. Diese Würde gebietet es, den Menschen nicht auf seine genetischen Eigenschaften zu reduzieren und seine Einzigartigkeit und Vielfalt zu achten."

543 Art. 11: „Praktiken, die der Menschenwürde widersprechen, wie reproduktives Klonen von Menschen, sind nicht erlaubt. Die Staaten und zuständigen internationalen Organisationen werden aufgefordert, gemeinsam daran zu arbeiten, derartige Praktiken zu benennen und auf nationaler oder internationaler Ebene die erforderlichen Maßnahmen zu ergreifen, um die Achtung der in dieser Erklärung niedergelegten Grundsätze sicherzustellen".

war ein vollständiges Verbot der Keimbahnintervention und deren Qualifizierung als ethisch inakzeptabel nicht konsensfähig. Aufgrund der Unvollkommenheit des gegenwärtigen Wissensstandes wollte die Mehrzahl der Delegationen noch keine endgültige Festlegung vornehmen. Jedoch ist schon Art. 24, nach welchem die Keimbahnintervention ausdrücklich als potentiell menschenunwürdig bezeichnet wird, einer genauen Prüfung unterzogen und ggf. auch verboten werden kann, als Erfolg zu bezeichnen.
Der deutsche Vorschlag, die Embryonenforschung zu beschränken, fand schon bei den vorangehenden Beratungen unter den anderen europäischen Partnern keine Unterstützung. Offenbar war bzw. ist auch diese Problematik in expliziter Ausformulierung nicht konsensfähig, schon gar nicht im weltweiten Kontext. So stellte das IBC in seinem Report "The Use of Embryonic Stem Cells in Therapeutic Research" vom 6. April 2001 fest, ähnlich wie die EGE im Jahre 2000[544], dass es sich bei der Frage, wie die Forschung mit humanen embryonalen Stammzellen zu regeln sei, um eine ethische Frage handele, deren Entscheidung das Recht wie auch die Pflicht einer jeden einzelnen Gesellschaft selber sei. Vor diesem Hintergrund spricht sich das IBC für staatlich geförderte, freie und informierte öffentliche Debatten auf nationaler Ebene aus. Es empfiehlt, Embryonenforschung, wo sie erlaubt wird, einer staatlichen Regulierung zu unterstellen, die eine angemessene Beachtung der ethischen Aspekte gewährleistet. Die Verwendung überzähliger Embryonen zur Forschung sei an die freie und informierte Zustimmung der Spender zu binden. Die Forschungsvorhaben sollen von Ethikkomitees überprüft werden. Ferner plädiert das IBC für eine sorgfältige Abwägung der Vorteile und Risiken alternativer Techniken der Stammzellgewinnung. Es bekräftigt, dass die Kerntransfertechnik nur im Rahmen therapeutischer Forschung genutzt werden solle.

Zusammenfassend ist festzustellen, dass durch die Deklaration vor allem Menschenrechte geschützt werden sollen. Dafür erstellt sie einen ethischen Rahmen. Sie soll kein Verbotskatalog sein, sondern weltweit wirkende, moralische Grenzen ziehen[545].

Ihr kommt erhebliche politische Bindungswirkung zu. Sie ist in den meisten Ländern der Welt eine der wichtigsten Zulässigkeitsvoraussetzungen für medizinische Versuche überhaupt[546]. Sie könnte damit als Wegbereiter eines rechtlich bindenden Übereinkommens fungieren. Inwiefern die Deklaration weitere internationale und nationale Regelungen beeinflusst, ist zur Zeit noch schwierig abzuschätzen.

---

[544] Siehe oben: Teil I, 6. Kap., E., II., 6. Stellungnahmen der EGE, S. 112.
[545] *Simon*, FN 58, S. 62.
[546] *Lilie*, FN 540, S. 2.

II. UNESCO-Erklärung über Bioethik und Menschenrechte

Anlässlich der 33. Generalkonferenz der UNESCO beschlossen die Mitglieder am 19. Oktober 2005 nach über zwei Jahren Beratung und Bearbeitung die „Allgemeine Erklärung über Bioethik und Menschenrechte“ (kurz „Bioethik-Erklärung“) [547]. Damit legte die UNESCO ein neues, umfassendes Referenzdokument zur Behandlung bioethischer Fragestellungen im globalen Maßstab vor. Es handelt sich förmlich um eine Deklaration.

1. Inhaltliche Gewährleistungen

Der Text umfasst ethische Richtlinien zur Medizin und zu neuen Technologien sowie deren gesellschaftliche und rechtliche Aspekte. Hierzu fordert die UNESCO die Schaffung einheitlicher internationaler Standards. Dies betrifft insbesondere die Forschung und den Handel mit humanen Embryonen, humanen embryonalen Stammzellen, Organen, Geweben und Zellen sowie mit genetischen Daten und Erbmaterial.

In diesem rechtlich unverbindlichen Dokument hat die Staatengemeinschaft erstmals die Bioethik auf die Basis der Menschenrechte gestellt. Die Erklärung nimmt u.a. Bezug auf die Internationalen Pakte, auf die Allgemeine Erklärung der Menschenrechte, auf die früheren UNESCO-Dokumente sowie auf die Biomedizinkonvention und ihre Zusatzprotokolle und legt fest, die Achtung der Menschenwürde zu fördern und die Menschenrechte zu schützen, indem die Achtung des menschlichen Lebens und der Grundfreiheiten im Einklang mit den internationalen Menschenrechtsnormen sichergestellt wird (Art. 2 Ziff. c, Art. 3 Ziff. 1). Der Vorrang der Rechte des Individuums gegen allein wissenschaftliche oder allein gesellschaftliche Interessen (Art. 3 Ziff. 2) sowie die Achtung der persönlichen Autonomie (Art. 5) werden zu wichtigen bioethischen Schutzstandards erklärt. Die Erklärung appelliert an die gesellschaftliche Verantwortung und das Handlungsziel der Verbesserung der Lebensverhältnisse des Einzelnen und der Menschheit (Art. 14) und betont den Schutz künftiger Generationen einschließlich ihrer genetischen Konstitution (Art. 16). International zu beachten sind weiterhin das Gebot der Ehrlichkeit, Integrität und Transparenz der Entscheidungsfindungen (Art. 18) sowie die Schaffung unabhängiger, interdisziplinär arbeitender Ethikkommissionen (Art. 19).

Die Bioethik-Erklärung regelt in Art. 8 und Art. 11, dass unter bestimmten Bedingungen Gruppen Mitsprache bei der Zustimmung zu bestimmten Forschungs- und Therapiemaßnahmen zugestanden wird - ein für den etablierten individuellen Menschenrechtsansatz neues, beachtliches Konzept. Die Erklärung wirkt folglich zurück auf das Menschenrechtsverständnis. Darüber hinaus formuliert die Erklärung mehrere Solidar- und Entwicklungsrechte, sowohl innerhalb einzelner Gesellschaften als auch zwischen Gesellschaften, so z.B. Art. 15 bezüg-

---

[547] Originalwortlaut verfügbar unter: http://portal.unesco.org/shs/en/ev.phpURL_ID= 1883& URL_DO=DO_TOPIC&URL_ SECTION=201.html.

lich der gemeinsamen Teilhabe am Nutzen der wissenschaftlichen Forschung. Sie enthält damit einige Aspekte der Menschenrechte der „dritten Generation". Bemerkenswert ist darüber hinaus, dass die Erklärung mehrfach die Menschenwürde zitiert, so z.B. in Art. 10 bezüglich der grundlegenden Gleichberechtigung, in Art. 12 bezüglich der kulturellen Vielfalt oder in Art. 28 bzgl. der Auslegung der Erklärung. Damit könnten gerade aus der Bioethik wichtige Impulse für ein konkreter gefasstes Konzept der Menschenwürde auf internationaler Ebene erwachsen.

2. Kritik

Als zentrales Defizit der Deklaration ist zu kritisieren, dass Art. 7 der Erklärung ähnlich wie Art. 17 Abs. 2 BMK Forschung an Einwilligungsunfähigen unter gewissen Voraussetzungen zulässt, auch wenn dies ohne persönlichen Nutzen für sie selbst ist. Nichteinwilligungsfähige Menschen sind bei Forschungsprojekten somit nur unzureichend geschützt.

Auch erfüllt die Bioethik-Erklärung nicht immer strenge Ansprüche an logische Stringenz und Vollständigkeit. Dies ist jedoch als unumgängliche Folge des zwischenstaatlichen Aushandlungsprozesses zu werten. Wegen vieler Zugeständnisse konnte nicht an allen Textstellen auf durchgängige Terminologie bestanden werden. Offene Fragen, zum Beispiel zur Auslegung des Prinzips der Zustimmung, werden in den folgenden Jahren vom IBC diskutiert werden. Im Juni 2007 findet dazu die erste Arbeitgruppensitzung statt.

Auch versucht die Erklärung nicht, alle im weiteren Sinn bioethischen Fragen zu behandeln. Das Thema der Reproduktionsmedizin zum Beispiel konnte wegen der Zuständigkeit der Weltgesundheitsorganisation nicht thematisiert werden. Daraus, dass bestimmte bioethische Fragen nicht thematisiert werden, darf jedoch nicht geschlossen werden, dass diese der Beliebigkeit anheim gestellt sind. Die Erklärung ist nur als erster Schritt einer umfassenden globalen Diskussion der Bioethik zu verstehen.

3. Fazit

Es besitzt einen hohen Stellenwert, dass sich alle 191 Mitgliedstaaten der UNESCO auf maßgebliche bioethische Grundsätze einigen konnten. Obgleich die Erklärung kein rechtlich verbindliches Dokument darstellt, ist sie das erste internationale, von allen Regierungen angenommene Dokument zur Bioethik. Die fehlende Verbindlichkeit sollte nicht überbewertet werden, wegen ihres ethisch-moralischen Appellcharakters können Erklärungen mitunter sehr starke Wirkung entfalten.

Diese neue, allgemeine UNESCO-Erklärung, welche die rasende Entwicklung der Technik und ihrer Anwendung widerspiegelt, ist als erforderliche und notwendige Orientierungshilfe für Staaten ohne bioethische Gesetzgebung anzuse-

hen, von welcher die internationale Forschung profitiert. Ziel ist es, zur Harmonisierung globaler ethischer Regeln beizutragen[548].
Von der Erklärung werden nun weltweit ähnliche Prozesse erwartet wie sie die Biomedizinkonvention in den ratifizierenden Mitgliedsstaaten des Europarates zur Folge hatte: Die Erklärung ist als Ausgangspunkt zu begreifen, die in vielen Ländern zu stärkerer Aufmerksamkeit für diese Fragestellungen führen wird. Die Internationalisierung der biomedizinischen und biotechnologischen Forschung erfordert globale Mindeststandards für die Ethik, aber nur wenige Staaten verfügen über eine bioethische Gesetzgebung und können daher nicht adäquat auf die auf ihr Territorium verlagerte Forschung reagieren. Die zwischenstaatlich ausgehandelten Dokumente werden besonders für solche Entwicklungsländer wichtig.
Es wird betont, dass der Text der Erklärung eher der Beginn als der Abschluss eines Prozesses der Internationalisierung der Bioethik ist[549]. Inwiefern das Ziel der Erklärung, als Orientierung für nationale Richtlinien zu dienen bzw. eine fehlende Regulierung zu ersetzen, erreicht werden wird, ist bisher nicht absehbar. Auch fehlt es bislang an einschlägigen Kommentierungen und Bewertungen der Vereinbarungen.

III. Das UN-Klonverbot

Am 8. März 2005 verabschiedete die Vollversammlung der Vereinten Nationen die „Erklärung zum Klonen von Menschen" auf der Grundlage des Vorschlags des Rechtsausschusses vom 24. Februar 2005[550].

1. Allgemeines

Die Resolution enthält den Aufruf zu einem völligen Verbot des Klonens von Menschen, einschließlich des therapeutischen Klonens, an alle UN-Mitgliedsstaaten. Gemäß der Erklärung ist jegliches Klonen von Menschen unvereinbar mit dem Schutz der Menschenwürde und des menschlichen Lebens. Die aktuelle Erklärung ist nicht bindend, Sie hat lediglich empfehlenden Charakter. Für eine ursprünglich geplante, völkerrechtlich bindende Konvention konnte nicht die erforderliche Stimmenzahl erzielt werden[551].

---

548 UNESCO's general conference adopts Universal Declaration on Bioethics and Human Rights, online verfügbar unter: http://portal.unesco.org/en/ev.php-URL_ID=30274&URL_DO=DO_TOPIC&URL_SECTION=201.html.

549 *Henk ten Have*, Die Allgemeine Erklärung über Bioethik und Menschenrechte der UNESCO-Entstehungsprozess und Bedeutung, S. 34.

550 Vereinte Nationen, Dok.: A/RES/59/280, online verfügbar unter: http://www.un.org/Depts/german/gv-59/band3/ar59280.pdf.

551 71 Staaten stimmten für und 35 Länder gegen das Verbot. 43 der 191 UN-Mitgliedsstaaten enthielten sich der Stimme. Siehe dazu unter vielen: NZZ Online vom 19. Februar 2005 (www.nzz.ch/2005/02/19/al/newzzE5DISZ3K-12.print.html).

2. Entwicklung

Die Entstehungsgeschichte der Resolution spiegelt die Schwierigkeiten der Konsensbildung auf bioethischem Gebiet in beeindruckender Art und Weise wider: seit 2001 hatte sich die Vollversammlung mit dem Vorschlag einer Konvention befasst, die das Klonen von Menschen verbieten oder in kontrollierte Grenzen verweisen soll.

Am 21.06.2001 gaben der französische und deutsche Außenminister, Védrine und Fischer, bekannt, sich mit einer gemeinsamen Initiative in den Vereinten Nationen für ein international verbindliches Rechtsinstrument zum weltweiten Verbot des reproduktiven Klonens einzusetzen[552]. Deutschland und Frankreich warben für ein Vorgehen in zwei Etappen. Das „therapeutische" Klonen sollte vorerst offen bleiben, das reproduktive Klonen eindeutig verbannt[553].

Diesem deutsch-französischen Entwurf stand der Entwurf aus Spanien, den USA und den Philippinen gegenüber. Er schlug ein vollständiges und sofortiges Klonierungsverbot auf nationaler Ebene ohne Unterscheidung von speziellen Klonierungsformen vor. Dazu sollte es im Punkt 4 heißen: „Die Generalversammlung der Vereinten Nationen erklärt feierlich, dass, bis zur Adoption einer Internationalen Konvention gegen menschliches Klonen, die Mitgliedsstaaten in ihrem Staat oder dem Gebiet, in dem sie die staatliche Kontrolle ausüben, die Grundlagenerforschung, Experimentierung, Vervollkommnung oder Kommerzialisierung jeder Technik, die menschliches Klonen ermöglichen würde, verbietet." Die Mitgliedsstaaten sollten in Punkt 5 aufgefordert werden „schnellstmöglich Maßnahmen zu ergreifen, um jede Form von Gen-Technik zu verbieten, die die Würde des menschlichen Lebens ignoriert." 40 Staaten schlossen sich diesem Entwurf an.

---

552 Internet-URL: http://www.auswaertiges-am...hte/mr_inhalte_ziele/mrb6/teil_a/a8_html. Hierin besteht ein deutlicher Widerspruch zur offiziellen Haltung der Bundesregierung gegenüber dem Bundestag. Während die Bundesregierung gegenüber dem Bundestag aussagt, das deutsche Recht kenne keinen Unterschied von Klonierungsformen und jede Form des menschlichen Klonens sei verboten (s. BT-Drs. 14/8841 v. 22.04.2002), vertrat der deutsche Vertreter bei den Vereinten Nationen, Herr Christian Much, einen entgegengesetzten Standpunkt: Bei einem Arbeitstreffen sagte er (lt. CFAM, Friday-Fax, New York, 27. September 2002, vol. 5, nr. 40) ein umfassendes Klonierungsverbot durch eine UN-Resolution verstoße gegen bundesdeutsches Recht, da das Verbot von therapeutischem Klonen zu medizinischen und Forschungszwecken einer unterlassenen Hilfeleistung gleichkomme, und demzufolge eine kriminelle Handlung darstelle. Diese Aussagen des deutschen Vertreters sorgten für heftige Verwirrung. Aus diesem Grund stellte der CDU-Bundestagsabgeordnete *Hubert Hüppe* (siehe auch FN 215) eine Anfrage an das Auswärtige Amt, zum Wahrheitsgehalt der Vorwürfe und zu den Positionen der Regierung bei den Verhandlungen. In der Antwort vom 31.10.2002 werden die Aussagen von Hr. Much weder bestätigt noch dementiert: Die Positionen, die von deutschen Abgesandten bei den Vereinten Nationen vertreten werden, seien auf einen übereinstimmenden Bundestagsbeschluss vom 04.07.2002 zurückzuführen. Dort war die Mehrheit der Bundestagsabgeordneten dafür, wie dargelegt bei den Verhandlungen zu verfahren: Erst soll das reproduktive Klonen verboten werden, danach das therapeutische.

Deutschland und Frankreich bezweifelten die Durchsetzbarkeit eines so umfassenden Klonierungsverbotes. Sie argumentierten, Staaten mit freizügiger biopolitischer Gesetzgebung wie China, Großbritannien, Israel und Schweden würden einem umfassenden Klonverbot nicht folgen, was die Wirkung der Konvention schwächen würde. Da die Verhandlungen schließlich festgefahren waren und keine Partei von ihrer Position abrücken wollte, wurden am 07.11.2002 die Verhandlungen auf Ende September 2003 verschoben. Über die Hintergründe dieses Scheiterns kann man geteilter Meinung sein. Laut Pressemeldungen wollte man angeblich „Grabenkämpfe" vermeiden. Außerdem wurde den Amerikanern unterstellt, sie wollen in Wahrheit gar kein weltweites Klonverbot und träten daher für die angeblich nicht machbaren Maximalforderungen ein. Diese Anschuldigung darf jedoch bezweifelt werden. Eine Einlenkung für den von den USA und auch von Spanien eingebrachten Entwurf wäre sicher logisch gewesen, da er auch der deutschen Rechtslage entspricht[554].
Trotz langwieriger Verhandlungen war auch im November 2004 keiner der beiden Entwürfe mehrheitsfähig. Ein von Belgien eingebrachter weiterer Gegenentwurf sah ebenfalls ein Verbot des reproduktiven Klonens vor, überließ die Entscheidung bezüglich des therapeutischen Klonens aber einzelstaatlichen Regelungen.
Im Februar 2005 fand sich schließlich doch eine knappe Mehrheit für den Resolutionsentwurf bzgl. des vollständigen und sofortigen Klonierungsverbotes.

3. Inhaltliche Gewährleistungen

Inhalt der Resolution ist die Aufforderung an alle Regierungen, ein totales Klonverbot, d.h. ein Verbot jeglicher Formen des menschlichen Klonens in ihre nationale Gesetzgebung einzubauen. Auch Techniken, wie sie in der Stammzellforschung genutzt werden, sind verboten.
Deutschland stützt nun das Totalverbot und bewegt sich damit unter den führenden Industrienationen derzeit in einer Außenseiterrolle[555]. Gegen den Beschluss stimmten u.a. Großbritannien, Frankreich, die skandinavischen Länder, die Benelux-Länder, Kanada, Japan und Singapur. Diese Länder erklärten, die Entscheidung werde keinen Einfluss auf die Stammzellforschung in ihren Ländern und ihre Haltung bezüglich des therapeutischen Klonens haben.

4. Fazit

Die jetzige, unverbindliche Erklärung spiegelt die tiefe Spaltung zwischen Befürwortern und Gegnern der Erklärung wider. Befürworter sehen in ihr einen Meilenstein für den Schutz der Menschenwürde und Menschenrechte. Gegner bemängeln die Kopplung des Verbots des reproduktiven Klonens mit dem Ver-

---

[554] http://www.kritischebioethik.de/deutschland_news_uno.html.
[555] *Alexander S. Kerkule'*, „Meinungen"- Provokation im Schafspelz, Tagesspiegel vom 16. März 2005, S. 8.

bot des Klonens für medizinische Zwecke. Damit sei eine wichtige Gelegenheit verpasst worden, ein rechtlich bindendes Übereinkommen zu einem weltweiten Verbot des reproduktiven Klonens zu verabschieden. Eine große Bedeutung des Übereinkommens für Länder, welche gegen den Beschluss gestimmt hatten, zumindest in Bezug auf das therapeutische Klonen, muss stark bezweifelt werden.

IV. Protokoll zur biologischen Sicherheit

Das „Protokoll zur biologischen Sicherheit" (Biosafety Protocol)[556] wurde im Januar 2000 in Montreal verabschiedet. Rechtskräftig wurde das Protokoll im September 2003 als es von 50 Staaten ratifiziert wurde, Art. 37 Protokoll. Bis heute haben 139 Staaten das Protokoll anerkannt[557]. Es ist ein Folgeabkommen der Konvention über die Biologische Vielfalt (Convention on Biological Diversity, CBD), die 1992 in Rio unterzeichnet worden war. Nur Vertragsstaaten der Konvention über die Biologische Vielfalt können dem sog. Cartagena-Protokoll beitreten. Deutschland hatte das Protokoll am 24. Mai 2000 unterzeichnet, in Kraft getreten ist es in Deutschland am 18. Februar 2004.

Das Protokoll über die Biologische Sicherheit ist ein internationales Abkommen, in dem erstmals völkerrechtlich verbindliche Regeln über den grenzüberschreitenden Handel mit „lebenden gentechnisch veränderten Organismen", die nachteilige Auswirkungen auf die Erhaltung und die nachhaltige Nutzung der biologischen Vielfalt haben können, festgelegt sind.
Es berücksichtigt hierbei Risiken für die menschliche Gesundheit und enthält Regelungen zur sicheren Weitergabe, Handhabung und Verwendung von mit Hilfe der Biotechnologie hergestellten lebenden modifizierten Organismen. Außerdem ist eine Informationspflicht bei Unfällen im Bereich der Biotechnologie vorgesehen, falls mit Auswirkungen über Grenzen hinweg gerechnet werden muss[558]. In der Europäischen Union sind die Verfahren des Protokolls über die Biologische Sicherheit in der Verordnung (EG) 1946/2003 geregelt, die am 3. November 2003 in Kraft trat. Diese Verordnung gilt in den EU-Mitgliedstaaten unmittelbar, einer Umsetzung in nationales Recht bedarf es nicht.

---

556 Sog. „Cartagena Protocol on Biosafety", online verfügbar unter: http://www.biodiv.org/biosafety/protocol.asp.
557 Stand: 07.03.2007, siehe dazu: http://www.biodiv.org/biosafety/signinglist.aspx?sts=rtf&ord=dt.
558 http://www.bundesregierung.de/dokumente/Schwerpunkte/Gentechnik/ix5703_31848.htm.

V. WHO

Für die WHO[559] ist die Technik des Klonens als Verstoß gegen die Menschenwürde und als Gefahr für die Einzigartigkeit des Menschen ethisch völlig unannehmbar[560]. Auch die WHO-Resolution während der 51. Weltgesundheitsversammlung kommt zu diesem Schluss[561]. Sie erkennt und verfolgt mögliche große Vorteile einer Weiterentwicklung der Techniken beim nichtreproduktiven Klonen für die klinische Therapie, die sie auf der 52. Weltgesundheitsversammlung zur Kenntnis nahm[562].

Die WHO war mehrfach auf dem Gebiet der Bioethik tätig. Bereits 1995 erarbeitete die Organisation „Guidelines on Ethical Issues in Medical Genetics and the Provision of Genetics Services"[563], 1998 daraus die „Proposed International Guidelines on Ethical Issues in Medical Genetics and Genetics Services[564]. Im Juli 2000 regte eine von der WHO einberufene Expertentagung die Einrichtung einer ständigen Kommission zur Beratung ethischer und rechtlicher Implikationen der Humangenetik sowie eines „Genomic Ressource Centre" an[565]. Aussagen zur Humangenetik sind auch in der Stellungnahme der „Expert Advisory Group" über ethische Implikation medizinischer Genethik[566] enthalten.

Zwar haben sich Empfehlungen und Richtlinien der WHO auf diesem Gebiet für die internationale Debatte bislang nicht als richtungsweisend erwiesen, jedoch lag der Schwerpunkt der Arbeit der WHO in diesem Zusammenhang auch mehr auf der biologisch-medizinischen Erforschung genetisch bedingter Krankheiten und deren Bekämpfung, insbesondere in unterentwickelten Staaten[567].

---

559 Die Weltgesundheitsorganisation ist eine UN-Spezialorganisation mit Hauptsitz in Genf. Sie wurde am 7. April 1948 gegründet und zählt 192 Mitgliedstaaten. Sie ist die Koordinationsbehörde der Vereinten Nationen für das internationale öffentliche Gesundheitswesen.

560 World Health Assembly, WHA 50.37 vom 15.05.1997, Cloning in Human Reproduction, online verfügbar unter: http://www.who.int/ethics/en/WHA50_37.pdf, Punkt 1.

561 World Health Assembly, WHA51.10 vom 16. Mai 1998, Ethical, scientific and social implications of cloning in human health, online verfügbar: http://www.who.int/ethics/en/WHA51_10.pdf.

562 World Health Assembly, A 52/12 vom 1. April 1999, Cloning in human health, Report by the Secretaiat, http://www.who.int/ethics/en/A52_12.pdf.

563 Unofficial WHO-Dokument Nr. WHO/HDP/GL/ETH/95.1.

564 WHO-Dokument Nr. WHO/HGN/GL/ETH/98.1, online verfügbar unter: http://www.who.int/ncd/hgn/Statement.pdf.

565 WHO-Dokument Nr. WHO/HGN/WG/00.3, Statement of the Expert Consultation on New developments in Human Genetics, Internet URL: http://www.who.int/ncd/hgn/hgnethic.htm.

566 WHO Dokument Nr. WHO/HGN/ETH/98.2, FN 564.

567 *Schulz*, FN 40, S. 17. Dies war auch der Grund für die Aufnahme des Human Genetic Program, http://www.who.int/genomics/about/en/index.html.

VI. OECD

Die Organisation für wirtschaftliche Zusammenarbeit und Entwicklung (OECD)[568] gehört nicht zu den primären Urhebern internationaler Richtlinien für die Humangenetik. Jedoch existiert eine Studie zum Schutz der Persönlichkeitsrechte[569]. Weiterhin unterhält die OECD zusammen mit der WHO ein Programm zur Beobachtung und gutachterlichen Begleitung der sog. Xenotransplantation[570].

VII. WTO

Absehbar ist darüber hinaus eine Beschäftigung der World Trade Organisation (WTO)[571] mit humangenetisch hergestellten Produkten. Zur Zeit existieren zwar noch keine diesbezüglichen Erklärungen, da aber die rechtlichen und ethischen Bewertungen der einzelnen Staaten bei der Verwendung embryonaler Zellen erheblich differieren, bedarf die Frage, ob und unter welchen Umständen der freie Welthandel im Falle humangenetischer Produkte eingeschränkt werden darf, einer Klärung[572]. Dies gilt zuvörderst für Angelegenheiten des geistigen Eigentums im Rahmen des TRIPS-Abkommen[573]. Fraglich ist hier, ob ein in einem Mitgliedsstaat richtlinienkonform patentiertes, entwickeltes und hergestelltes biotechnologisches Produkt in einen anderen Mitgliedsstaat mit einem restriktiver gefassten Patentverbot aufgrund der Freiheit des Warenverkehrs eingeführt werden könnte[574]. Da ein marktwirtschaftlich geprägter globaler Handel mit embryonalen Stammzellen zu erwarten ist und diese Betätigung regional wie global auf Skepsis stößt, fordert die EGE bereits die Einsetzung von Lizenzierungsbehörden auf nationaler und europäischer Ebene. Die Erlaubnis für einen Im- oder Export von Stammzellen sollte demnach von der Beachtung ethischer wie sicherheitstechnischer Standards abhängig gemacht werden[575].

---

568 Die OECD ist eine internationale, strikt intergovernmentale Organisation von 30 Industrieländern mit dem Charakter einer permanent tagenden Konferenz. Ihre Beschlüsse sind nicht bindend. Sie hat ihren Sitz in Paris.

569 OECD, Genetic Testing - Policy Issues for the New Millenium, Paris 2000, Internet URL: http://www.1.oecd.org/dsti/sti/s_tbiotech/act/gentest.pdf.

570 der Verpflanzung tierischer Organe in Menschen, siehe dazu: http://www.oecd.org/dsti/sti/s_t/biotech/xenosite/country.htm.

571 Die WTO, gegründet 1994 in Marrakesch, ist eine internationale Organisation mit 149 Mitgliedsstaaten (Stand: 12/2005) und Sitz in Genf, die sich mit der Regelung von Handels- und Wirtschaftsbeziehungen beschäftigt. Ihr Ziel ist der Abbau von Handelshemmnissen. Sie ist die Dachorganisation der Verträge GATS, GATT und TRIPS. Die EU ist Mitglied der WTO.

572 *Sean D. Murphy*, Biotechnology and international law, 42 Harv. Int'l L.J.47, 2001, S. 47 ff.

573 Trade related Aspects of Intellectual Property Rights Including Trade in Counterfeit Goods (TRIPS), Anhang C zum geltenden GATT Abkommen von 1994, Abl. EG Nr. L - 336/213 vom 23.12.1994.

574 Siehe dazu ausführlicher: *Schulz*, FN 40, S. 18.

575 Siehe oben FN 377, S. 47 ff., Punkt 2.18.

VIII. FIGO-Richtlinien

Auch die Internationale Gesellschaft für Gynäkologie und Geburtshilfe - The International Federation of Gynecology and Obstetrics (FIGO) - hat ethische Richtlinien in diesem Bereich erlassen, so im Jahre 1989 zur Forschung an Embryonen vor der Nidation, 1992 bezüglich des Umgangs mit fetalem Gewebe, 1994 bezüglich der Spende genetischen Materials für die menschliche Fortpflanzung, 1996 bezüglich der Veränderung des Genoms des Menschen und des Verkaufs von Gameten und Embryonen, sowie 1997 bezüglich der Patentierung menschlicher Gene. 1998 wurde eine Richtlinie bezüglich des Klonens veröffentlicht[576]. Auch wenn diese Richtlinien nicht explizit auf die Verwendung von Stammzellen eingehen, wird deutlich, dass die wissenschaftliche Nutzung von embryonalem Gewebe aus Embryonen noch vor der Ausbildung des Primitivstreifens oder postmortalen fetalen Gewebes als zulässig angesehen wird[577]. Da die Regelungen weit weniger restriktiv sind als die Regelungen des deutschen ESchG und außerdem die für die Entwicklung der Berufsordnung in Deutschland zuständigen Ärztekammern nicht an der Erstellung der Richtlinien mitgewirkt haben, spielen sie in Deutschland bisher keine wesentliche Rolle[578].

IX. WMA

Zur Forschung an embryonalen Stammzellen hat sich der Weltärztebund (World Medical Association, WMA), in welchem auch die deutschen Ärztekammern durch die Bundesärztekammer vertreten sind[579], bisher nicht geäußert. Jedoch wurden zahlreiche Dokumente verfasst, die sich zumindest indirekt mit der Nutzung embryonaler Stammzellen beschäftigen[580].

1. Die Deklaration von Helsinki - Allgemeines

Die Deklaration von Helsinki[581] des Weltärztebundes gilt als eines der weltweit wichtigsten Dokumente ärztlicher Standesauffassungen zur Regelung von Versuchen am Menschen im Rahmen der klinischen Prüfung von Arzneimitteln und Medizinprodukten. Sie beschäftigt sich mit der biomedizinischen Forschung am Menschen und soll gemäß der Absicht der WMA als berufsständischer Konsens vom jeweiligen nationalen Recht übernommen werden. Die Deklaration wurde

576 Siehe: Interntional Federation of Gynecology and Obstretics 2001, www.figo.org.

577 BT-Drs. 14/9020, S. 27.

578 BT-Drs. 14/7546, FN 27, S. 27.

579 Der Weltärztebund wurde 1947 als Zusammenschluss nationaler Ärzteverbände gegründet und repräsentiert 84 nationale Berufsvereinigungen (Stand 03/2005). Er versucht, einen hohen ethischen Standard im Gesundheitswesen zu fördern und den Ärzten ethische Leitlinien in Form von Deklarationen und Stellungnahmen an die Hand zu geben.

580 1987 wurde eine Erklärung zur „In-vitro-Fertilisation und Embryonentransfer" verabschiedet, 1989 wurde eine Erklärung zur Transplantation von fötalem Gewebe verfasst. Die Bundesärztekammer erstellte 1991 „Richtlinien zur Verwendung fötaler Zellen und fötaler Gewebe", die in ihren Kernaussagen der Erklärung des WMA folgte.

581 Abdruck im: DÄBl. 1964, S. 2533 f.

seit ihrer ersten Fassung im Jahr 1964 aufgrund höherer Anforderungen an die Forschungsmethoden mehrfach revidiert[582]. Eine Neufassung wurde im Oktober 2000 durch die 52. WMA General Assembly in Edinburgh verabschiedet und einstimmig angenommen[583]. Obwohl es sich nicht um einen völkerrechtlich verbindlichen Rechtsakt handelt, gilt sie als „Wendepunkt der Bioethik" und ihr Einfluss auf die ärztliche Ethik und auf nationale Regelungen zur medizinischen Forschung am Menschen ist unbestritten[584]. Sie ist als internationales Standesrecht weltweit wirksam und auch in Deutschland anerkannt. Die internationale Geltung der neuen Fassung ist vergleichbar mit anderen internationalen Regelungen, etwa der lex mercatoria oder den Regelungen eines internationalen Sportverbandes[585]. Einerseits steht die Helsinki-Deklaration in der Tradition ärztlicher Selbstverpflichtung seit dem Hippokratischen Eid, andererseits machten vor allem Erfahrungen mit den inhumanen Experimenten in der Zeit des Nationalsozialismus die Konzentration auf das Thema Forschung nötig.

2. Inhaltliche Gewährleistungen

Die Neufassung trägt Züge eines Kompromisses. Sie ist der Deklaration von 1975 ähnlich, besteht jedoch, entgegen der ursprünglichen Fassung[586], aus drei Abschnitten: Introduction, Basic Principles for Medical Research and Additional Principles for Medical Research combined with Medical Care.

Die neue Deklaration von Helsinki wendet sich nicht mehr nur an Ärzte. Die Änderung des Untertitels in: „Ethische Prinzipien für die medizinische Forschung am Menschen" (Vorversion: „Empfehlungen für Ärzte, die in der biomedizinischen Forschung am Menschen tätig sind") lässt die Schlussfolgerung zu, dass sich die Deklaration nun an alle in der Forschung Tätigen wenden will. Darüber hinaus wurde der Patienten- und Probandenschutz stärker ausgestaltet (Nr. 16-19). Die Regelung zur Forschung mit Einwilligungsunfähigen (Nr. 24) hat jedoch Kritik ausgelöst. Entgegen der bisherigen Fassung und international geltend gemachten Bedenken ist nun auch nichttherapeutisches Forschen zulässig. Hier hätte zumindest eine Nutzen-Risiko-Abwägung und/oder die Anbin-

---

582 Fortführung der Deklaration von Tokio 1975, Venedig 1983, Hongkong 1989 und Lissabon 1995.

583 World Medical Association, Declaration of Helsinki, Ethical Principles for Medical Research Involving Human Subjects: Eine offizielle deutsche Übersetzung seitens des Weltärztebundes gibt es nicht. Auf der Homepage der World Medical Association (http://www.wma.net) ist die Deklaration in Englisch, Französisch und Spanisch verfügbar, wobei allerdings nur die englische Fassung in Edinburgh beschlossen worden ist, s. *Doppelfeld*, DÄBl. 97 (Jg.00), S. A - 2920. Die Bundesärztekammer hat eine - z.T. recht freie - deutsche Übersetzung erarbeitet, Homepage: www.bundesaerztekammer.de.

584 *Jochen Taupitz*, Die neue Deklaration von Helsinki, DÄBl. 98 (Jg. 01), S. A 2413.

585 *Erwin Deutsch / Jochen Taupitz*, Deklaration von Helsinki des Weltärztebundes, in: Winter / Fenger / Schreiber, Genmedizin und Recht, S. 207, Rdnr. 530.

586 Diese bestand aus 4 Abschnitten: Vorwort, Allgemeine Grundsätze, medizinische Forschung i.V.m ärztlicher Versorgung, sowie nichttherapeutische und medizinische Forschung am Menschen.

dung an den mutmaßlichen Willen vorgesehen werden müssen[587]. Zu begrüßen ist das Bemühen, medizinische Forschung transparenter auszugestalten und insbesondere mögliche Interessenkonflikte offen zu legen, sowohl für die medizinische Forschung als auch für die Öffentlichkeit (Nr. 13).

3. Fazit

Abschließend ist festzustellen, dass ein Großteil der Veränderungen der Deklaration von Helsinki positiv zu bewerten ist. Auch ist zu beachten, dass die Deklaration zwar lange Zeit auf internationaler Ebene das einzige einigermaßen umfassende und spezifische Regelwerk zur medizinischen Forschung am Menschen war, nun jedoch - durch die Biomedizin-Konvention des Europarates - anderes, unmittelbar verbindliches Recht geschaffen wurde, welches im Konfliktfall Vorrang vor dem „soft law" der Deklaration von Helsinki hat. Unbefriedigend ist, wie in der früheren Fassung, der unterschiedliche Verpflichtungsgrad der verschiedenen Vorschriften. Es hätten häufiger Mussbestimmungen formuliert werden sollen[588].

J. Ergebnis zu Kapitel 7

Bezüglich der allgemeinen internationalen Verträge über Menschenrechte muss festgestellt werden, dass das ungeborene Menschenleben und insbesondere extrakorporal erzeugte Embryonen nicht ausdrücklich und ausreichend geschützt sind.

Allein die Biomedizin-Konvention und ihre Zusatzprotokolle besitzen, als für ratifizierende Staaten verpflichtendes Völkervertragsrecht, eine über nationale Abkommen und Deklarationen hinausgehende Qualität. Sie sind jedoch, wie gezeigt, inhaltlich nicht in allen Bereichen zufriedenstellend.

Die Zulassung des reproduktiven Klonens wird, soweit ersichtlich, weder international noch national von amtlicher Stelle propagiert; jedoch ist es bisher weder in vielen Staaten noch auf international verbindlicher Basis gelungen, positive Verbote zu verankern. Ohne ein hoheitliches Verbot ist die Entwicklung eines völkergewohnheitsrechtlichen Verbots des reproduktiven Klonens unter Einschluss der Chimären- und Hybridbildung in der Europäischen Union sowie auf universeller und regionaler Ebene mit aller gebotener Vorsicht zu beobachten[589].

Das therapeutische Klonen wird international noch weniger einhellig beurteilt und scheint einer völkerrechtlich verbindlichen Regelung aufgrund der verschiedenen kulturellen und ethischen Grundauffassungen in absehbarer Zeit nicht zugänglich.

---

587 *Taupitz*, FN 584, S. A 2420.

588 Vertiefend siehe: *Taupitz*, FN 584, S. A 2413 ff.

589 So auch: *Schulz*, FN 40, S. 69, *Frank Bodendiek / Karsten Nowrot*, Bioethik und Völkerrecht, AVR, Bd. 37 (1999), S. 202.

Teil II - Regelungsbedürfnis und Grenzen der Regelungsfähigkeit

Aufgrund der aufgezeigten, vielfältigen Rahmenbedingungen und Regelungsansätze sind nun grundsätzliche Konsequenzen für den rechtlichen und moralischen Status des Embryo zu ziehen, unter Beachtung aller derzeit vorliegenden Erkenntnisse, Nutzen und Gefahren der Embryonenforschung.

Auch sollen die Ziele, Mittel und möglichen Schäden der Embryonenforschung analysiert und bewertet werden, um letztendlich Schlussfolgerungen darüber zu ermöglichen, ob und in welchem Umfang der Staat Regelungsmöglichkeiten für sich aufzeigende Interessenkonflikte bereithält oder diese ihm überhaupt bereitzuhalten möglich sind.

1. Kapitel : Der Status des Embryo

Da, wie hier vertreten, dem Embryo die Rechte aus Art. 1 Abs. 1 GG und Art. 2 Abs. 2 GG zustehen, ist fraglich, inwiefern Rechte Anderer mit diesen personellen Rechten in Wechselwirkung treten.

A. Wechselwirkung mit anderen Grundrechten

Ausgehend von der Devise: „Nicht nur Embryonen haben Grundrechte." sind einerseits die Forschungsfreiheit der Wissenschaftler iSd. Art. 5 Abs. 3 GG und andererseits die Freiheit der Berufsausübung des Forschers iSd. Art. 12 GG als relevante Grundrechte im Rahmen der Embryonenforschung zu überprüfen. Weiterhin ist zu fragen, inwiefern der Würdeanspruch und das Lebensrecht potentieller Therapieempfänger in die Abwägung einzubeziehen sind.

I. Art. 5 Abs. 3 GG

1. Schutzbereich

Gem. Art. 5 Abs.3 GG sind „Kunst und Wissenschaft, Forschung und Lehre frei." Der Begriff der Wissenschaft setzt sich dabei aus den Teilinhalten Forschung und Lehre zusammen, so dass man von „der Wissenschaftsfreiheit" sprechen kann[590].

Der Wissenschaftsbegriff selbst ist an sich offen; zur Bestimmung des Schutzbereichs sind jedoch einige Kriterien erforderlich. Die Freiheit der Wissenschaft betrifft die Kreativität des schöpferischen Denkens, Suchens und Handelns als Ausdruck menschlicher Eigenart und Würde. Zugleich ist sie die Grundlage des Fortschritts der Zivilisation und der technologischen Entwicklung des Gemeinwesens[591].

---

[590] BVerfGE 35, 79 (113); *Rudolf Wendt*, in: v. Münch / Kunig, FN 90, Art. 5, Rn. 101, *Denninger*; in: Denninger, FN 477, Art. 5 Abs.1, Rdnr. 13 f.

[591] So auch: *Peter Häberle*, Die Freiheit der Wissenschaften im Verfassungsstaat, AöR 110 (1985), S. 339.

Wissenschaft ist folglich der „ernsthafte, planmäßige Versuch der Wahrheitsermittlung“[592]. „Planmäßigkeit“ wird hierbei definiert als methodisch geordnetes Denken. „Ernsthaftigkeit“ verlangt einen gewissen Kenntnisstand, der als solcher gepflegt wird[593]. Gegenstand der Wissenschaftsfreiheit sind vor allem die auf wissenschaftlicher Eigengesetzlichkeit beruhenden Prozesse, Verhaltensweisen und Entscheidungen bei der Suche nach Erkenntnissen, ihrer Deutung und Weitergabe[594].
Tatbestandsmäßig stellt die Stammzellforschung einen „ernsthaften und planmäßigen Versuch zur Ermittlung der Wahrheit“ im Sinne der Wissenschaftsdefinition dar. Wissenschaft ist auch dann durch das Grundrecht geschützt, wenn keine Durchbrüche und Erfolge unmittelbar bevorstehen. Sie muss sich und ihre Methoden grundsätzlich nicht rechtfertigen.

Zweifelhaft könnte einzig die Einbeziehung der Auftrags- und Industrieforschung sowie der Entwicklungsarbeit in den Schutzbereich des Art. 5 Abs. 3 GG sein. Verwendet man den „sozialen“ Wissenschaftsbegriff[595] wäre zusätzlich zu den kognitiven Elementen noch erforderlich, dass der Zugang zur Wissenschaft allen offen steht (Universalismus), Forschungsergebnisse frei zugänglich gemacht werden (Kommunalismus), alle Erkenntnisse Gegenstand der Kritik der wissenschaftlichen Gemeinschaft sind (organisierter Skeptizismus) und das der Forscher nicht von den Ergebnissen seiner Forschung profitiert[596]. Folglich lägen Auftrags- und Industrieforschung nicht mehr im Schutzbereich der Wissenschaftsfreiheit, aufgrund eines Verbotes gegen die Gebote des Kommunalismus und des Desinteresses.
Dieser soziale Wissenschaftsbegriff verkennt, dass die Grundrechte nicht grundsätzlich gewerbliche und industrielle Nutzungen aus ihrem Schutzbereich ausschließen[597], sondern vielmehr erst die Wirtschaftsordnung formen. Für eine „soziale“ Einschränkung des Schutzbereichs der Forschungsfreiheit wäre daher zumindest eine ausdrückliche Anordnung erforderlich, anderenfalls fehlt es an einer grundgesetzlichen Legitimation[598]. Folglich gilt der kognitive Wissenschaftsbegriff, welcher auch Auftrags- und Industrieforschung erfasst[599].
Träger des Grundrechts ist jeder, der eigenverantwortlich im Bereich der Forschung tätig ist oder tätig werden will, ohne dass der Nachweis einer bestimm-

---

592 BVerfGE 35, 79 (113).
593 *Bodo Pieroth / Bernhard Schlink*, Grundrechte - Staatsrecht 2, Rdnr. 706.
594 BVerfGE 90, 1 (11 f. - std. Rspr.).
595 So z.B. *Alexander Blankenagel,* Wissenschaftsfreiheit, AöR 105 (1980), S. 70.
596 *Blankenagel*, FN 595, S. 62 f.
597 Siehe z.B. Art. 12 GG (Berufsfreiheit) oder Art. 14 GG (Eigentumsgewährleistung).
598 *Wolfgang Graf Vitzthum*, Das Verfassungsrecht vor der Herausforderung von Gentechnologie und Reproduktionsmedizin, in: Braun / Mieth / Steigleder (Hrsg.), Ethische und rechtliche Fragen der Gentechnologie und Reproduktionsmedizin, S. 263.
599 *Scholz*, in Maunz-Dürig, FN 92, Art. 5 Abs. 3 (Lfg.1), Rdnr. 98; *Denninger*, in: Denninger, FN 477, Art. 5 Abs.3, Rdnr. 25.

ten Ausbildung erforderlich wäre. Es ist gleichgültig, ob die Einrichtung, bei der der Forscher tätig ist, öffentlich oder privatrechtlich organisiert ist. Auch inländische juristische Personen des Privatrechts gem. Art. 19 Abs. 3 GG können Träger des Grundrechts sein.

Der Schutzbereich des Art. 5 Abs. 3 GG ist für den Bereich der Embryonenforschung eröffnet.

2. Eingriff

Als „klassisches" Abwehrrecht schützt Art. 5 Abs. 3 S. 1 GG einen von staatlicher Fremdbestimmung freien Bereich persönlicher und autonomer Verantwortung des einzelnen Wissenschaftlers. Es gewährt ihm einen vorbehaltlos geschützten „Freiraum", in dem Freiheit von jeder Ingerenz öffentlicher Gewalt herrscht.
Ihre Beschränkung durch Reglementierung der Embryonenforschung stellt dementsprechend einen Eingriff dar.

Nach anderer, restriktiver Ansicht, stellt die Reglementierung der Embryonenforschung bereits keinen Eingriff in die Wissenschaftsfreiheit dar: Art. 5 Abs. 3 S. 1 GG schütze den Zugriff des Forschers auf fremde Rechtsgüter, seine eigenmächtige Disposition über Leben und Gesundheit eines anderen Menschen hingegen nicht. Die Erstreckung der Handlungsfreiheit der medizinischen Forschung auf fremde Rechtsgüter setze vielmehr eine Einwilligung des dispositionsbefugten Rechtsgutsträgers voraus. So könne der Einzelne prinzipiell nicht nur Heileingriffen, sondern auch Forschungszwecken dienenden Eingriffen in seine körperliche Unversehrtheit (Art. 2 Abs. 2 S. 1 GG) seine Zustimmung erteilen. Dieser Zustimmungsvorbehalt wahre die Autonomie des Rechtsgutsträgers und damit auch seine Menschenwürde[600]. Doch der Embryo, der für die biomedizinische Forschung „verbraucht" werden soll, wird nicht gefragt und willigt nicht ein. Die fehlende Einwilligung des Embryo kann auch nicht durch die Zustimmung der Eltern ersetzt werden, denn das Elternrecht (Art. 6 Abs. 2 GG) verleihe ihnen kein Verfügungsrecht über Leben und Würde der Nachkommenschaft, und damit auch nicht das Recht, sie medizinischer Forschung zur Verfügung zu stellen. Es handele sich um die Verfügung von Nichtberechtigten, die zu keinem Grundrechtsverlust führen kann[601].

Es gibt keinerlei Anhaltspunkte dafür, gerade im Bereich der Embryonenforschung eine derartig selektive Einwilligung in die Verletzung höchstpersönlicher Rechte zuzulassen. Durch die Embryonenforschung ist auch, wie gezeigt, die Menschenwürde tangiert. Diese ist als objektive Größe der Dispositionsbefugnis

[600] *Hillgruber*, FN 183, S. XIV.
[601] *Hillgruber*, FN 183, S. XIV.

des Trägers entzogen[602]. Eine Einwilligung ist nicht möglich. Die Autonomie des Rechtsgutsträgers muss zur Wahrung dieses Verfassungsprinzips zurücktreten. Eine Einwilligung allein in die körperliche Unversehrtheit erscheint aufgrund der zusammenhängenden Rechtsgutspositionen als nicht praktikabel. Zwar sollen die Grundrechtspositionen - auch gerade Art. 5 Abs. 3 GG - umfassend gewährleistet werden. Dies darf jedoch nicht über eine willkürliche Eingrenzung des Schutzbereichs auf Kosten anderer Höchstgüter der Verfassung erfolgen.

So ist mit der überwiegenden Ansicht davon auszugehen, dass Forschungsverbote Eingriffe in die Wissenschaftsfreiheit darstellen; sie beeinträchtigen möglicherweise darüber hinaus die Schutzpflicht des Staates in Bezug auf Leben und Menschenwürde der Patienten.

3. Rechtfertigung / Schranken

Die Wissenschaftsfreiheit steht nicht unter ausdrücklichem Gesetzesvorbehalt. Eine Schrankenübertragung der Art. 5 Abs. 2 GG oder Art. 2 Abs. 1 GG ist mit der Spezialität der Forschungsfreiheit nicht zu vereinbaren[603]. Aus der vorbehaltlosen Gewährleistung kann jedoch keine unbegrenzte Freiheit folgen. Die Wissenschaftsfreiheit unterliegt den verfassungsimmanenten Schranken durch Grundrechte Dritter und anderen wichtigen Gütern von Verfassungsrang. Gesetzliche Eingriffe in die Forschungsfreiheit kommen also nur dann in Betracht, wenn sie durch sogenannte „verfassungsimmanente Schranken“ gerechtfertigt sind[604]. Das heißt, dass der Gesetzgeber andere gleichrangige Rechtsgüter vorweisen muss, zu deren Schutz Verbote konkret geeignet, erforderlich und unter Berücksichtigung aller einzubeziehender Aspekte zumutbar sind. Die jeweiligen Rechtspositionen sind nach dem Grundsatz der „praktischen Konkordanz“ einander zuzuordnen.

Die Menschenwürde (Art. 1 Abs. 1 GG) und der Lebensschutz des Embryo (Art. 2 Abs. 2 GG) könnten vorliegend eine verfassungsimmanente Schranke darstellen. Dagegen spielen Missbrauchsgefahr, Dammbruchargumente und Utilitarismusvorwürfe allenfalls im Rahmen der Verhältnismäßigkeitsprüfung eine Rolle. Sie berechtigen als solche noch nicht zur Einschränkung von Grundrechten. Es muss daher eine Abwägung nach Maßgabe der grundrechtlichen Werteordnung und unter Berücksichtigung der Einheit des Wertesystems des Grundgesetzes erfolgen.

---

602 Siehe dazu im Folgenden, S. 169.
603 *Starck*, in: v. Mangoldt / Klein, FN 90, Art. 5 Abs. 3 Rdnr. 414.
604 *Ralf Dreier*, Forschungsbegrenzung als verfassungsrechtliches Problem, DVBl. 1980, S. 473.

a. Art. 1 Abs. 1 GG

Festgestellt wurde, dass auch für den Embryo in-vitro der Schutzbereich der Menschenwürdegarantie eröffnet ist[605]. Die Menschenwürde stellt eine absolute Grenze für die Wissenschaft und Forschung dar, die nicht zur Disposition des Gesetzgebers steht[606]. Art. 1 Abs. 1 GG ist abwägungsresistent und schließt Eingriffe jeglicher Art aus. Art. 1 Abs. 1 GG kennt keine ausdrückliche Grundrechtsschranke und wird daher für „unantastbar" erklärt[607].
Die herrschende Meinung lehnt dementsprechend eine Abwägung der Menschenwürde mit anderen Grundrechten ab. Eine Rechtfertigung des Eingriffs in die Forschungsfreiheit läge folglich unproblematisch bei Bejahung einer Verletzungshandlung der embryonalen Menschenwürde vor. Um den forschenden „Verbrauch" embryonaler Stammzellen zuzulassen, müsste diesen Zellen der Menschenwürdecharakter abgesprochen werden. Dem ist, wie bereits dargestellt, nicht zu folgen.

Jedoch handelt es sich hierbei nach anderer Ansicht um ein „Totschlagargument", welches überprüft werden muss und nicht vorschnell vorgeschoben werden darf. Denn dadurch könnten mit Art. 1 Abs. 1 GG kollidierende Verfassungswerte im konkreten Fall überhaupt nicht oder nur dadurch berücksichtigt werden, dass der Grundrechtstatbestand des Art. 1 GG entsprechend eng interpretiert wird[608] oder die eigenständige Grundrechtsqualität des Art. 1 Abs. 1 GG bestritten wird[609]. *Kloepfer* ist beispielsweise der Ansicht, die herrschende Meinung zwinge dazu, entweder die Menschenwürde des Art. 1 Abs. 1 GG absolut oder - durch interpretatorische Restriktion - überhaupt nicht zu schützen[610]. Dieser absolute Schutz der Menschenwürde könne aber letztlich sogar zur Schutzverengung führen, was sich durch eine grundsätzliche Beschränkbarkeit der Menschenwürdegarantie vermeiden ließe -ein Weniger, d.h. eine Beschränkbarkeit, bedeute laut *Kloepfer* letztlich ein Mehr- nämlich einen erweiterten Anwendungsbereich[611].

---

605 Siehe Teil I, 4. Kapitel, Punkt A., III. Die Menschenwürde, S. 56 ff.

606 *Jarass*, in Jarass/Pieroth, FN 92, Art.1, Rdnr.12.

607 BVerfGE 93, 266 (293).

608 *Jochen Taupitz*, Der rechtliche Rahmen des Klonens zu therapeutischen Zwecken, NJW 2001, S. 3437; *Edzard Schmidt-Jortzig*, Systematische Bedingungen der Garantie unbedingten Schutzes der Menschenwürde in Art. 1 GG, DÖV 2001, S. 931.

609 Siehe dazu schon die Ausführungen unter: Teil I, 4. Kap., A. III, 1. Grundrecht oder Grundprinzip, S. 56 f. sowie: *Dreier*, in: *Dreier*, FN 90, Art. 1 Abs. 1, Rdnr. 124-130; a.A. *Herdegen*, in Maunz-Dürig, FN 92, Art. 1, (Lfg. 44, Februar 2005), Rn. 26 m.w.N.

610 *Kloepfer*, FN 175, S. 422.

611 *Kloepfer*, FN 175, S. 423.

Diese Konsequenz ist jedoch als Folge der Position der Menschenwürdekonzeption im Grundgesetz hinzunehmen. Ein absoluter Schutz der Menschenwürde ist unabdingbar und aufgrund seiner Stellung als Höchstwert der Verfassung nicht relativierbar. Die Menschenwürde ist nicht abwägbar, dies hat das BVerfG in einer Reihe von Entscheidungen verdeutlicht[612].

aa. Verletzung der Menschenwürde

Zunächst ist jedoch zu klären, ob die dem Embryo zustehende Menschenwürde durch die zu prüfende Handlung im konkreten Fall auch tatsächlich verletzt wird. Nur dann kann sie ein Forschungsverbot rechtfertigen.

Nicht jede Form der Beendigung des Lebens als solche ist bereits mit dem Eingriff in die Menschenwürde gleichzusetzen. Würdeschutz und Lebensschutz sind nicht nur durch zwei unterschiedliche Grundrechte gewährleistet, sie sind auch im Hinblick auf die Rechtfertigung von Eingriffen anders normiert. So steht das Recht auf Leben gemäß Art. 2 Abs. 2 GG unter einem ausdrücklichen Gesetzesvorbehalt und ist im Konfliktfall mit dem Leben anderer oder sogar gleichrangigen Verfassungsgütern „abwägungsfähig“. Selbst die bewusste Tötung eines Menschen berührt erst dann den Schutzbereich der Menschenwürdegarantie, wenn besondere Begleitumstände wie die Erniedrigung oder „Verzweckung“ mit der Tötung verbunden sind.
Zu beachten ist insofern weiterhin, dass der Begriff der Menschenwürde keineswegs statisch konzipiert ist[613]; er definiert und entwickelt sich erst in Wechselwirkung mit den gesellschaftlichen Wertevorstellungen, die ihrerseits dem Wandel der Zeit unterliegen. Aus gutem Grund hat es das Bundesverfassungsgericht bisher stets vermieden, die Menschenwürde positiv zu bestimmen, also zu sagen, was von ihr alles umfasst ist, was mit anderen Worten „der Menschenwürde entspricht“. Eine solche positive Festlegung würde zu einer schleichenden Versteinerung führen. Vielmehr hat das Gericht lediglich die Richtung aufgezeigt, in der Fälle einer Verletzung der Menschenwürde gefunden werden können[614] und einzelfallbezogen entschieden, ob durch eine bestimmte Handlung oder Maßnahme ein Verstoß gegen die Menschenwürde gegeben ist. Eine Verletzung der Menschenwürde kommt nach der Rechtsprechung des Bundesverfassungsgerichts folglich in Betracht, wenn der Mensch im Sinne einer „verächtlichen“ Behandlung, einer „Erniedrigung“, zum bloßen Objekt des Staates herabgewürdigt wird und einer Behandlung ausgesetzt wird, die seine Subjektqualität prinzipiell in Frage stellt, oder wenn in der Behandlung im konkreten

---

612 Siehe anstatt vieler: BVerfGE 93, 266 (293).
613 BVerfGE 45, 187 (228 f.); BVerfGE 96, 375 (399 f.).
614 BVerfGE 30, 1 (25).

Fall eine willkürliche Missachtung der Menschenwürde liegt[615]. Entscheidend ist somit, ob der Embryo in-vitro durch das konkrete Tun als bloßes Mittel gebraucht wird.

Damit ist keine a-priori-Antwort auf neue Situationen gegeben; diese müssen vielmehr stets neu auf dem Boden der dann geltenden Auffassungen beurteilt werden[616]. Erst wenn aufgrund der damit gebotenen verfassungsrechtlichen Gesamtbewertung in concreto feststeht, dass eine Verletzung der Menschenwürde gegeben ist, kommt der Gesichtspunkt zum Tragen, dass die Menschenwürde nicht anderen Belangen gegenübergestellt und mit ihnen abgewogen werden darf. Erst dann kann die Menschenwürde als verfassungsimmanente Schranke für andere Grundrechte herangezogen werden.

Das *reproduktive Klonen* wird allgemein und nahezu unbestritten als Verstoß gegen die Menschenwürde eingestuft[617]. Die Herstellung von „Kopien" eines Menschen verletzt Art. 1 Abs. 1 GG des originären Menschen[618], denn Art. 1 GG schützt auch die Unwiederholbarkeit jedes Einzelnen[619]. Das Klonen missachtet auch die genetische Einmaligkeit des Geklonten. Dem Geklonten wird gegen seinen Willen seine Duplizierbarkeit demonstriert und der Status seiner Einzigartigkeit bestritten[620]. Einen Menschen in seiner genetischen Identität zu manipulieren, um ihn den Zwecken Dritter zu unterstellen, stellt ohne Zweifel eine Instrumentalisierung dar, die den Kern der Person berührt und deshalb gegen die mit dem Prädikat der Würde geschützte Selbstzwecklichkeit verstößt, die dem Menschen als Person zukommt[621].
Dieser Verstoß liegt einerseits bei Unfreiwilligkeit vor, weil darin eine Verletzung des Persönlichkeitsrechts liegt, denn die genetische Einzigartigkeit wird in Frage gestellt. Aber auch eine freiwillige Reproduktion eines lebenden Zellspenders stellt einen Verstoß gegen dessen individuelle Menschenwürde dar.

---

615 Siehe dazu schon oben bei der Bestimmung des Schutzbereichs: Teil I, 4. Kap., A, III, 2. Der Begriff der Menschenwürde, S. 57 f.; BVerfGE 30, 1 (25); BVerfGE 50, 166 (175); BVerfGE 87, 209 (228); BVerfGE 96, 375 (400).

616 *Taupitz*, FN 608, S. 3436.

617 *Dreier*, in: Dreier, FN 90, Art. 1 Abs. 1, Rdnr. 111; *Kunig*, in: v. Münch / Kunig, FN 90, Art. 1, Rdnr. 36 (Stichwort: Gentechnik).

618 *Herdegen*, in: Maunz-Dürig, FN 92, Art. 1 Abs. 1 (Lfg. 44, Februar 2005), Rdnr. 98.

619 *Kunig*, in: v. Münch / Kunig, FN 90, Art. 1, Rdnr. 36 (Stichwort: Gentechnik).

620 *Dreier*, in: Dreier, FN 90, Art. 1 Abs. 1, Rdnr. 111, auch zur freiwilligen Klonierung Lebender und der Klonierung Verstorbener. Zu unterscheiden davon ist die Würde des Klons: sie wird bei diesem Verfahren nicht verletzt, denn käme er auf die Welt, stünde ihm wie jedem anderen Menschen auch ein ungeschmälertes Lebensrecht und Würdeschutz zu. Auch besteht gerade kein Recht auf eine gewisse Genausstattung und damit auch kein Recht nicht geboren worden zu sein.

621 *Nationaler Ethikrat*, Klonen zu Fortpflanzungszwecken und Klonen zu biomedizinischen Forschungszwecken, Stellungnahme, 2004, S. 40; *Runterberger / Ach*, FN 38, S. 130.

Die Menschenwürde ist als objektive Größe der Dispositionsbefugnis des Trägers entzogen. Auch wenn sich die Menschenwürde damit gegen ihren personalen Träger kehrt und ihn seiner individuellen Autonomie beraubt, die das Grundgesetz gerade garantieren will[622], ist dies aufgrund ihres hohen Ranges hinzunehmen[623].

Auch das *therapeutische Klonen* unterliegt keiner anderen Bewertung. Die besonderen Begleitumstände, welche den Eingriff in Art. 1 Abs. 1 GG ausmachen, liegen bei der Forschung mit embryonalen Stammzellen vor. Der Embryo wird durch das Tun als bloßes Mittel gebraucht, seine Individualität wird nicht geachtet. Menschliches Leben wird zur Ersatzteilgewinnung für andere Menschen instrumentalisiert, dies führt in letzter Konsequenz in eine „biologische Klassengesellschaft" und würde die Gesellschaft zurückwerfen „in die Zeit der Sklaverei oder der Rassenideologie"[624].
Niemand hat einen moralischen, geschweige denn grundrechtlichen Anspruch darauf, dass fremdes menschliches Leben geopfert wird, damit zu seinen Gunsten medizinischer Fortschritt erzielt werden kann. Die staatliche Schutzpflicht für die körperliche Unversehrtheit und das Leben gebietet zwar die Unterstützung medizinischer Forschung, die Heilungschancen für bisher unheilbare Krankheiten verspricht, aber nicht auf Kosten Dritter. Das verbiete der Eigenwert jedes einzelnen menschlichen Lebens[625]. Es darf folglich kein einziger Embryo dafür getötet werden, selbst wenn sicher feststünde, dass vielen Patienten, die andernfalls alsbald sterben müssten, mit verbrauchender Embryonenforschung Heilung von todbringender Krankheit und ein längeres Leben zuteil werden könnte. Die Würde eines Menschen ist keine noch so vermeintlich guten Zwecken dienstbar zu machende Substanz. Sie darf nicht Mittel zum Zweck werden. Niemandem und nichts zunutze sein zu müssen, das macht die Würde des Menschen aus.
Das bloße „nutzlose" Sterbenlassen ist daher, wenn sich keine zur Übertragung des Embryo bereite Ersatzmutter findet, die einzige mit der dem Embryo bereits eigenen Menschenwürde konforme Lösung für das Problem der überzähligen Embryonen. Auch verwaiste Embryonen haben einen letzten Anspruch, den auf einen menschenwürdigen, d.h. „nutzlosen" Tod[626].

---

622 *Nationaler Ethikrat*, FN 621, S. 46.
623 Siehe dazu bereits: Teil II, 1. Kap., A., 3., a., aa. Verletzung der Menschenwürde, S. 170.
624 http://www.bio-pro.de/de/region/ulm/magazin/00657/index.html.
625 *Hillgruber*, FN 183, S. XIV.
626 So: *Hillgruber*, FN 183, S. XIV; nach a. A. erscheinen Begriffe wie „Herabwürdigung zum bloßen Objekt staatlicher Willkür", „Negierung der Subjektqualität" und „Erniedrigung" als Schlüsselbegriffe der Diskussion. Ziele der Forschung und der Vergleich mit wirklichen Fällen der Erniedrigung und willkürlichen Behandlung könnten also durchaus bei der Definition des Eingriffs in die Menschenwürde herangezogen werden. Daraus folge, dass es sehr fraglich sei, in jeder Gewinnung von Stammzellen aus einem nicht zur Implantation bestimmten Embryo einen Eingriff in Art. 1 Abs. 1 zu sehen, so: Stellung-

Schwarz kann nicht gefolgt werden, wenn er äußert, es läge hier keine verbotene Instrumentalisierung vor, da bei der Verwendung von Embryonen zu therapeutischen Zwecken gerade die genetische Identität zwischen Kernspender und Embryo die, um die körpereigene Immunreaktionen zu unterdrücken, Voraussetzung des therapeutischen Klonens ist, deutlich zeige, dass es sich im Kern um einen Akt der Selbsthilfe handele. Somit sei keine heteronome Verfügung über menschliches Leben und menschliche Würde ersichtlich[627].
Jedoch ist selbst im vermeintlich unbedenklichsten Fall - im Fall der Gewinnung von pluripotenten embryonalen Stammzellen aus überzähligen Embryonen - der Akt der Entnahme mit der zweckgebundenen Zerstörung des Embryo verbunden. Die Entnahme erfordert zudem immer eine heteronome Handlung und es ist nicht ersichtlich, dass der Embryo, sollte man den Überlegungen soweit folgen, um sich „selbst" zu helfen, ohne Würdeverlust stirbt. Er wird in gleicher Weise wie zuvor beschrieben instrumentalisiert, da sein Tod in Kauf genommen wird um seiner genetischen Kopie vermeintlich Nutzen zu bringen. Die Menschenwürde ist nicht disponibel, so dass es nicht darauf ankommen kann, wem - ob der eigenen Kopie oder anderen Menschen - geholfen werden soll.

Auch die oft geäußerte Ansicht, dass die entsprechenden Embryonen von vornherein als Material für die genannten Zwecke gedacht sind[628], kann nicht durchgreifen. Damit würde es in der Macht des Menschen liegen, über die Person- und Sacheigenschaft von menschlichen Embryonen zu entscheiden, und darin liegt gerade die Instrumentalisierung.

Auch die entgegengesetzte Argumentation im Fall der überzähligen Embryonen, dass der Embryo nicht zum Zweck der Stammzellengewinnung erzeugt worden ist, sondern zur Herbeiführung einer Schwangerschaft, d.h. um seiner selbst Willen und nicht zu einem fremdem Zweck Dritter, so dass die Handlung selbst nicht als ein dem Schutz der Menschenwürde oder einer anderweitigen Schutzwürdigkeit des Embryo zuwiderlaufender Akt zu betrachten sei[629], kann nicht gefolgt werden, solange eine Zerstörung des Embryo mit einhergeht. Auch bei

---

nahme der Zentralen Ethikkommission zur Stammzellforschung, II. Die verfassungsrechtliche Lage, online verfügbar unter: http://www.zentrale-ethikkommission.de/10/34Stammzell/EJuristisch/20Verfassungsrecht.html.

627 *Kyril-Alexander Schwarz*, „Therapeutisches Klonen" - ein Angriff auf Lebensrecht und Menschenwürde des Embryos?, KritV 84, S. 208.

628 Dieser Ansicht ist auch *Herdegen*, in: Maunz-Dürig, Art.1 Abs. 1 (Lfg. 44, Febr.05) Rdnr. 99: da die Gewinnung von Stammzellmaterial im Vordergrund stehe, erstrecke sich der Würdeschutz nicht auf den durch therapeutisches Klonen erzeugten Embryo in vitro, auch indiziert durch die Rechtsvergleichung mit anderen Staaten - siehe dazu jedoch: Teil II, 1.Kap., J. Regelungen in anderen Mitgliedstaaten, S. 198.

629 *Ullrich Körtner*, Menschenrecht im Reagenzglas. Therapeutisches Klonen: Fortschritt oder Irrweg der Medizin? Zeitzeichen (2001) 3, S. 15 f.; siehe auch: BT-Drs. 14/7546, FN 27, S. 71.

überzähligen Embryonen handelt es sich um entwicklungsfähige Lebewesen, welche genau wie beispielsweise Schwerstkranke im Terminalstadium und Sterbende den Schutz des Art. 1 Abs. 1 GG ohne jede Einschränkung genießen. Klonen und embryonale Forschung im jetzigen Entwicklungsstand degradieren das menschliche Leben zur Sache, zum Forschungsmaterial, zum Heil- oder Diagnosemittel.

Die Auffassung von *Starck*, solche überzähligen Embryonen seien „menschlichen Leichnamen vergleichbar" geht ebenfalls fehl[630]. Zwar werden sich solche Embryonen voraussichtlich nicht mehr zum geborenen Menschen entwickeln, weil sie keine Mutter haben. Diese verringerte Chance liegt aber nicht in ihrer eigenen Entwicklungsfähigkeit begründet. Hätten sie eine Mutter, könnten sie zum fertigen Menschen werden. Daher verlieren sie durch die Entscheidung der Mutter, sie nicht zu implantieren, nicht ihren Anspruch auf Achtung der Menschenwürde[631]. Es muss insofern auch die Möglichkeit der Embryonenspende bzw. -adoption in Betracht gezogen werden[632]. Sollte man dies ablehnen, ist Folgendes zu beachten: Kryokonservierte Embryonen müssen nach dem Auftauen erst bis zur Blastozyste kultiviert werden, sie leben während dieser Zeit noch. Da das Verbot, die menschliche Würde zu verletzen, bis zum Tode eines Menschen gilt, führt auch der Fakt, dass der Embryo im Falle einer Überzähligkeit keine Überlebenschance mehr hat, nicht zu einem anderen Ergebnis.

Die verbrauchende Embryonenforschung in Form des reproduzierenden und therapeutischen Klonens stellt eine Menschenwürdeverletzung des Embryo dar.

bb. Rechtfertigung des Eingriffs

Der Eingriff in die Menschenwürde ist nicht zu rechtfertigen, die Einschränkung des Art. 5 Abs. 3 GG ist folglich zwingend. Die Menschenwürde ist oberstes Gut der Verfassung und jeglicher Disposition entzogen. Mit diesem Leitprinzip und der systematischen Stellung am Anfang des Grundgesetzes zieht das Grundgesetz nicht nur die Konsequenzen aus dem Nationalsozialismus, sondern erweist dem Menschen auch einen umfassend gedachten Respekt[633].

---

630 *Starck*, FN 191, S. 55.

631 *Sacksofsky*, FN 91, S. 75.

632 Dieses umstrittene Themengebiet soll hier nicht vertieft werden. Siehe dazu: Positionspapier *der Deutschen Gesellschaft für Gynäkologische Endokrinologie und Fortpflanzungsmedizin (DGGEF) e.V., der Deutschen Gesellschaft für Gynäkologie und Geburtshilfe (DGGG), der Deutschen Gesellschaft für Reproduktionsmedizin (DGRM) und des Bundesverbandes Reproduktionsmedizinischer Zentren (BRZ)* zu den Vorbereitungen für ein Fortpflanzungs-Medizingesetz (FMG) als Ergebnis einer Konsensustagung am 06. Oktober 2000 in Freiburg i. Br., Pkt.9; siehe dazu ausführlich: *Viktor Roland Graf*, Embryonenadoption - Ausweg aus der Sackgasse?, HLI-Report Nr. 43, Juni 2003, S. 3 ff.

633 Zur Wertungsproblematik in Bezug auf den „erlaubten" Schwangerschaftsabbruch: siehe: Teil II, 1. Kap., A., III.,2. Mögliche Handlungsalternativen, S.184 ff. Ausführlich zur Ver-

Jedoch darf nach Ansicht *Taupitz'* nicht übersehen werden, dass der Menschenwürde nicht nur ein Abwehrrecht inhärent ist, vielmehr ruht ihr auch eine herausfordernde Dimension inne. So könne laut *Taupitz* auch ein Unterlassen der Hilfe und der Verhinderung gegenwärtigen und zukünftigen Leids gegen die Menschenwürde verstoßen, denn Forschung sei immer auch Wahrnehmung der Verantwortung für zukünftige Generationen. So sei das Handeln und Unterlassen im Lichte dieser Verantwortung zu bewerten und Risiken und Chancen verantwortungsvoll gegeneinander abzuwägen[634] und nicht einfach folgendermaßen zu argumentieren: Der Embryo, welchem von Anbeginn an Menschenwürde, d.h. Subjektqualität, zukommt, darf nicht für andere in Anspruch genommen werden, dies stellt eine Instrumentalisierung dar. Und da die Menschenwürde den unantastbaren Höchstwert darstellt, könnten auch ihr gegenüber keine therapeutischen Ziele in die Waagschale geworfen werden: die Menschenwürde sei einer Abwägung nun mal nicht zugänglich[635].
Es könnte sich somit um einen *Fall der Pflichtenkollision* handeln: Jedoch können, selbst wenn man diesen Ansatz weiter verfolgt, zur Zeit bestehende bloße Hoffnungen auf neue Heilungsmethoden durch embryonale Stammzellforschung nicht zu einer Aushöhlung dieses obersten Grundprinzips unserer Werteordnung führen[636].

cc. Schlussfolgerungen

Der Eingriff in die Forschungsfreiheit des Art. 5 Abs. 3 GG ist gerechtfertigt. Jegliche verbrauchende Embryonenforschung stellt eine Verletzung des den Embryonen innewohnenden Menschenwürdegehalts dar und muss daher unterbleiben. Eine Abwägung der Grundrechtspositionen ist nicht vorzunehmen, sie sind aufgrund des hohen Stellenwertes der Menschenwürdegarantie nicht in einen verfassungsmäßigen Ausgleich zu bringen.

b. Art. 2 Abs. 2 GG

Auch wenn durch obige Betrachtung der Eingriff in die Forschungsfreiheit bereits durch den Menschenwürdeschutz der Embryonen gerechtfertigt ist, erhebt im Bereich der Embryonenforschung auch Art. 2 Abs. 2 GG einen Regelungsanspruch. Das Lebensrecht formt ein spezielles Grundrecht, dessen Unabhängigkeit von der Menschenwürde nicht beeinträchtigt werden darf. Dem Embryo in-vitro steht das Recht auf Leben aus Art. 2 Abs. 2 GG zu[637].

---

letzung der Menschenwürde und ihrer Unabwägbarkeit mit anderen Zielen: *Ernst Benda*, Das Verhältnis von Menschenwürde und Lebensrecht, in: Klein / Menke, FN 53, 49 ff. (52 f.).

[634] *Taupitz*, FN 608, S. 3436.

[635] *Taupitz*, FN 608, S. 3436.

[636] Siehe ausführlich dazu: Teil II, 1.Kap., A, III. Art. 1 und 2 GG potentieller Therapieempfänger - Pflichtenkollision, S. 180 f.

[637] Siehe dazu Teil 1, 4. Kap., A, II. Das Recht auf Leben, S. 47 ff.

aa. Verletzung des Rechts auf Leben

Die Tötung von Embryonen zu Zwecken der Forschung, und des Klonens stellt eine Verletzungen der Gewährleistungen des Rechts auf Leben und somit einen Eingriff in den Schutzbereich dar.

Auch wenn die Eingriffe durch das Handeln Privater erfolgen sollten, ist der Staat aufgrund der ihm obliegenden Schutzpflicht involviert: „Die Verfassung untersagt nicht nur unmittelbare staatliche Eingriffe in das ungeborene Leben, sie gebietet dem Staat auch, sich schützend und fördernd vor dieses Leben zu stellen, d.h. vor allem, es auch vor rechtswidrigen Eingriffen von Seiten anderer zu bewahren.“[638].

bb. Rechtfertigung des Eingriffs

Das menschliche Leben als „Höchstwert“[639] innerhalb der grundgesetzlichen Ordnung ist trotz seiner hohen Bedeutung nicht uneingeschränkt geschützt. Es gehört folglich nicht zu den absolut unverletzlichen oder unantastbaren Grundrechten in dem Sinne, dass es immer Vorrang vor anderen Grundrechten genießt. In Bezug auf menschliche Embryonen führt die rechtskonform vorgenommene und straflose Abtreibung im Ergebnis beispielsweise zu einer Einschränkung des Lebensschutzes.

Das Grundrecht des Art. 2 Abs. 2 GG kann nach Maßgabe des Gesetzesvorbehalts des Art. 2 Abs. 2 S. 3 GG „auf Grund eines Gesetzes“, d.h. eines förmlichen Parlamentsgesetzes, beschränkt werden. In Betracht kommen hier konkurrierende Grundrechte Dritter, wie beispielsweise die Vereinbarkeit mit der Forschungsfreiheit des Art. 5 Abs. 3 GG. Das Zusammentreffen von Forschungsfreiheit und Schutzpflicht für das Leben menschlicher Embryonen wirft die Kollisionsfrage auf. Zur Herstellung praktischer Konkordanz ist eine Abwägung notwendig.

Bezüglich des geborenen Menschen ist es eindeutig, dass das Lebensrecht niemals gegen die Forschungsfreiheit oder Nutzenkalküle medizinischer oder sonstiger Art ausgehoben werden darf. Ein einzelnes Leben muss auch nicht geopfert werden, um das Leben eines anderen Menschen oder sogar mehrerer Menschen zu retten. Insofern besteht Einigkeit, lebende Menschen nicht für medizinische oder andere Zwecke zu opfern, weder für das konkrete Wohl anderer lebender Personen, noch für die abstrakte Aussicht auf gewaltige medizinische Erfolge in der Zukunft[640]. Auch hier ließe sich vereinfacht argumentieren: Menschliches Leben darf nicht gegeneinander abgewogen werden, so dass auch therapeutische Ziele, welche mit der Forschung verbunden sind, keine Bedeutung haben können. Der Zweck heiligt schließlich nicht alle Mittel.

---

[638] BVerfGE 88, 203 (251), ähnlich auch BVerfGE 39, 1 (42).

[639] BVerfGE 39, 1 (42); BVerfGE 46, 160 (164); BVerfGE 49, 24 (53).

[640] *Dreier*, FN 125, S. 378.

Beim vorgeburtlichen Leben scheinen hingegen Abstufungen und geringere Schutzniveaus möglich zu sein. Dies verdeutlichen die Regelungen zum Schwangerschaftsabbruch[641] und - wie gezeigt - zur Embryonenforschung in vielen westlichen Ländern. Demgegenüber hat die Forschungsfreiheit nach Art. 5 Abs. 3 GG erhebliches Gewicht.
In der Literatur sind die verschiedensten Ansichten zu finden. Neben der sehr restriktiven Ansicht, nach welcher eine Abwägung überhaupt nicht in Frage kommt, da der Lebensschutz des Embryo ein unbedingter sei, der nicht gegen Heilungsversprechen abgewogen werden kann[642], vertreten andere Wissenschaftler die Ansicht, dass das Lebensrecht des Embryo und die Forschungsfreiheit als prinzipiell gleichrangig anzusehen sind[643]. Wieder andere sind der Ansicht, gerade bei der Herstellung von Embryonen zu Forschungszwecken seien nochmals andere Wertungen vorzunehmen. Jedoch ist der zusätzliche Akt der Herstellung unter dem Gesichtspunkt des Lebensschutzes irrelevant, da das Grundrecht auf Leben nur gegen Tötung, nicht gegen die Schaffung von menschlichem Leben schützt[644].
Eine klassische Verhältnismäßigkeitsprüfung - bei angenommener möglicher Anwendung auf das vorgeburtliches Leben[645] - führte dagegen zu folgenden Ergebnissen:
Der Gebrauch des Übermaßverbots setzt voraus, dass das vom Gesetzgeber verfolgte Ziel einen legitimen Zweck verfolgt. Der Schutz des extrakorporalen Lebens ist nicht nur legitim, sondern auch verfassungsrechtlich geboten. Das Verbot der Embryonenforschung ist auch geeignet, den Schutz von Embryonen in ihrem In-vitro-Zustand zu bewirken, denn mit dem ausgewählten Mittel ist eine Verwirklichung des gesetzgeberischen Ziels möglich. Weiterhin ist das Forschungsverbot erforderlich, um den Lebensschutz des Embryo zu garantieren. Mildere Maßnahmen sind nicht ersichtlich. Zwar gibt es erste Meldungen über Forschungsmöglichkeiten ohne die Zerstörung des Embryo[646], diese erscheinen aber zum jetzigen Zeitpunkt sehr vage.

---

641 Dazu: Teil II, 1. Kap., A. III. 2. Mögliche Handlungsalternativen, S.185, auch ist der absolute Schutz des Embryo, wie ihn bspw. das ESchG gewährt, nicht nur in der Schwangerschaft aufgehoben, sondern auch z.B. durch die erlaubte Verwendung von Spiralen und anderen Nidationshemmern. Denn eine derartige Verwendung führt zur alltäglichen routinemäßigen Tötung von befruchteten Eizellen, d.h. von Embryonen. Demnach kann keineswegs nur eine gravierende und konkret erlebte Konfliktsituation für die werdende Mutter den Lebensschutz der frühen Leibesfrucht relativieren.

642 *Egle*, FN 211, S. 10.

643 *Ipsen*, FN 120, S. 991.

644 *Sacksofsky*, FN 91, S. 76.

645 Im Rahmen einer klassischen Verhältnismäßigkeitsprüfung lässt sich jedoch schwer beantworten, warum der Gesetzgeber einen so weitgehenden Schutz für das in-vitro befindlichen Leben der Embryonen gewährleisten will, aber z.B. den Schwangerschaftsabbruch toleriert.

646 Siehe dazu Teil II, 1. Kap., P. VI. Neue Methoden S. 204 f.

Entscheidend ist somit die Frage der Angemessenheit. Versteht man das Forschungsverbot als angemessen, um dem Lebensschutz gerecht zu werden, erwiese sich das Abwägungsergebnis zwischen Art. 5 Abs. 3 GG und Art. 2 Abs. 2 GG als Rechtfertigung des Forschungsverbotes. Abzustellen ist hierbei auf verschiedene Aspekte:
Der Forschungsstand und die bisher erreichten Ergebnisse in Bezug auf den Einsatz embryonal erlangter Forschungsergebnisse stecken noch in den Anfängen. Die konkreten Auswirkungen sind nur erahnbar.
Auch erscheint eine oft vorgeschlagene Differenzierung nach der „Hochrangigkeit" der Forschungsziele nicht sinnvoll. Zwar lege es nach einigen Ansichten schon das Recht auf körperliche Unversehrtheit iSd. Art. 2 Abs. 2 GG nahe, eine entsprechende Forschung zur Verwirklichung vielversprechender Heilungschancen als hochrangig zu bewerten und demnach zu gestatten. Das Menschenrecht auf Gesundheit, nämlich das Recht des Einzelnen auf „das erreichbare Höchstmaß an Gesundheit", haben Internationale Konventionen kodifiziert, so beispielsweise Art. 12 Abs. 1 des Internationale Paktes für wirtschaftliche, soziale und kulturelle Rechte von 1966[647] oder Art. 24 Ziff. a der UN-Kinderrechtskonvention von 1989[648]. Auch Art. 35 S. 2 der EU-Grundrechtscharta fordert ein „hohes Gesundheitsschutzniveau" für die „Durchführung aller Politiken und Maßnahmen"[649].
Jedoch kann auch hier argumentiert werden, dass dahinter nicht der Lebensschutz weniger Tage alter Embryonen zurückgestellt werden kann, denn der Lebensschutz des Embryo ist ein unbedingter, der nicht gegen Heilungsversprechen, und mehr kann die embryonale Forschung zum jetzigen Zeitpunkt nicht bieten, abgewogen werden kann. Auch entspringt aus dem Recht auf körperliche Unversehrtheit keine Verpflichtung des Staates, Rahmenbedingungen zur Entwicklung einer bestimmten Therapie bereitzustellen[650].
Unklar ist darüber hinaus, was genau „hochrangige" Forschungsziele sind und welches Maß an Konkretheit zu fordern wäre[651]. Weiterhin erscheint es ausgeschlossen, dass dieses Maß an Konkretheit im gegenwärtigen Entwicklungsstadium überhaupt realisierbar ist. Dabei spielt, im Gegensatz zu anderen europäischen Ländern, der Rückverweis auf die spezifisch deutsche Geschichte mit dem Fehlverhalten von Wissenschaft und Gesellschaft in der Zeit des Nationalsozialismus argumentativ eine entscheidende Rolle. Gleichzeitig ist nicht zu

---

647 Internationaler Pakt über wirtschaftliche, soziale und kulturelle Rechte vom 19. Dezember 1966, BGBl. 1973 II S. 1570.

648 Übereinkommen über die Rechte des Kindes (UN-Kinderrechtskonvention) vom 20. November 1989, BGBl. 1992 II S. 990.

649 Charta der Grundrechte der Europäischen Union, (2000/C 364/01), Abl. vom 18.12.2000, C-364/1

650 So auch: *Egle*, FN 211, S. 10.

651 *Egle*, FN 211, S. 10.

übersehen, dass sich die verschiedenen gesellschaftlichen Gruppen gegenseitig blockieren und Lösungen der anstehenden Probleme dadurch verschoben werden[652].

cc. Schlussfolgerungen

Unter Beachtung des jetzigen Forschungsstandes und der bisher zur Verfügung stehenden Ergebnisse und Chancen ist der Wert des menschlichen Lebens nach Ansicht der *Verfasserin* höher zu bewerten als das bloße, bisher unfundierte Heilungsversprechen der Behandlung neuer Krankheiten.
Andere sind der Ansicht, ethisch erscheine ein Verbot wissenschaftlicher Forschung nicht vertretbar, solange die Möglichkeit der Kontrolle bestehe, weil es möglicherweise entscheidende therapeutische Möglichkeiten eröffne[653]. Auch sei zu bedenken, dass es auch Aufgabe der Grundrechte ist, Minderheitenpositionen zu garantieren, also Interessen zu schützen, die gerade nicht allgemein konsentiert sind[654].

Jedoch erscheinen diese etwaigen therapeutischen Maßnahmen zu vage, als dass eine bewusste Schädigung und Vernichtung von Embryonen zu rechtfertigen wäre. So ist im gegenwärtigen Stadium die Ansicht der Deutschen Bischofskonferenz vorzugswürdig, welche fordert: „Gezielte Eingriffe an Embryonen [...], die ihre Schädigung oder Vernichtung in Kauf nehmen, sind nicht zu verantworten -und seien die Forschungsziele noch so hochrangig.“[655]

c. Fazit

Die Forschung mit embryonalen Stammzellen berührt die Menschenwürde. Das Verbot der embryonenverbrauchenden Forschung in Deutschland war verfassungsrechtlich zwingend.
Auch dem Grundrecht aus Art. 2 Abs. 2 GG ist nach Ansicht der *Verfasserin* der Vorrang vor der Forschungsfreiheit einzuräumen. in-vitro-fertilisierte Embryonen sind damit dem Zugriff medizinischer Forschung entzogen.
Der Eingriff in Art. 5 Abs. 3 GG ist gerechtfertigt.

II. Art. 12 Abs. 1 GG

Das Grundrecht der Berufsfreiheit nach Art. 12 Abs. 1 GG reicht von der Auswahl und der Aufnahme eines bestimmten Berufes und dessen Ausübung, bis

---

652 *Andrea Dörries*, Neue Entwicklungen in Biotechnologie und Humangenetik, in: Grünwaldt / Hahn (Hrsg.), Was darf der Mensch? Neue Herausforderungen durch Gentechnik und Biomedizin, S. 27.

653 *Rüdiger Wolfrum*, Forschung an humanen Stammzellen: ethische und juristische Grenzen, Das Parlament, „Aus Politik und Zeitgeschichte“, B 27/2001, S. 6.

654 *Classen*, FN 123, S. 240.

655 *Kirchenamt der EKD / Sekretariat der Deutschen Bischofskonferenz (Hrsg.),* Gott ist ein Freund des Lebens. Gütersloh, 1989, 64.

hin zur negativen Berufsfreiheit[656]. Ferner ist die Entwicklung neuer Berufsbilder geschützt[657]. Dazu gehören auch Berufe im Bereich der Genforschung und Fortpflanzungsmedizin. Art. 12 GG schützt nicht nur vor direkten Eingriffen, vielmehr sind an der Berufsfreiheit auch solche Regelungen zu messen, die nur mittelbare Auswirkungen auf den Schutzbereich haben[658]. Als Maßstab, nach der die Rechtmäßigkeit des Eingriffs zu beurteilen ist, gilt seit dem „Apotheker-Urteil"[659] die sog. „Drei-Stufen-Theorie" des Bundesverfassungsgerichts.
Durch das Verbot der Forschung an embryonalen Stammzellen ist die Ausübung einiger forschender Berufe stark eingeschränkt. Dieser Eingriff ist jedoch aufgrund der Art. 1 Abs. 1 GG und Art. 2 Abs. 2 GG gerechtfertigt, denn es kann hier keine andere Bewertung als die zu Art. 5 Abs. 3 GG dargestellte gelten.

III. Art. 1 und 2 GG potentieller Therapieempfänger - Pflichtenkollision

Abschließend zur Grundrechtsdiskussion soll folgende - bisher rein hypothetische - Fragestellung betrachtet werden: Wie wäre zu verfahren, wenn in ferner Zukunft, bei unterstelltem fortgeschrittenem Entwicklungs- und Erfolgsstand in der embryonalen Forschung, auch die Menschenwürde und das Lebensrecht der von der Embryonenforschung profitierenden Therapieempfänger verlangten, jedwede Anstrengungen zu unternehmen, um eine Heilung ihrer Leiden und somit ein würdevolles Weiterleben zu ermöglichen. Muss dabei der Embryo in-vitro als todesnäher zurücktreten?
Wie bereits in den Betrachtungen zur Menschenwürde angeklungen[660], ist diese Frage der Pflichtenkollision eine rein futuristische, bisher nicht absehbare Fallkonstellation, welche jedoch aktuelle Fragen nach staatlichen Schutzpflichten und Grenzen staatlicher Regelungsfähigkeit berührt.

1. Schutzpflichten des Staates

Die Grundrechte als Abwehrrechte gegen den Staat verpflichten den Staat nicht nur zum Unterlassen rechtswidriger Eingriffe in den Schutzbereich der Grundrechte. Darüber hinaus folgt aus dem objektiv-rechtlichen Gehalt der Grundrechte „die Pflicht der staatlichen Organe, sich schützend und fördernd vor die genannten Rechtsgüter zu stellen und sie insbesondere vor rechtswidrigen Eingriffen von Seiten anderer zu bewahren"[661], d.h. sie verlangen auch die vorbeugende Verhinderung drohender Grundrechtsverletzungen durch Dritte oder durch den Staat. Diese Schutzpflichten des Staates werden primär aus Art. 2 Abs. 2 S.1 GG iVm. Art. 1 Abs.1 S.2 GG abgeleitet.

---

[656] BVerfGE 58, 358 (364).
[657] BVerfGE 7, 377 (397).
[658] BVerfGE 54, 251 (270 ff.); BVerfGE 47, 1 (21); BVerfGE 46, 120 (137); BVerfGE 38, 61 (79).
[659] BVerfGE 7, 377 (377 ff.).
[660] Siehe Teil II, 1. Kap., A., I., 3., a., bb. Rechtfertigung des Eingriffs, S. 176 f.
[661] BVerfGE 53, 30 (57).

Damit sich die abstrakt bestehende Schutzpflicht zu einer einforderbaren Handlungspflicht konkretisiert, ist die drohende Verletzung eines bestimmten grundrechtlichen Schutzgutes erforderlich. Reine Vermutungen einer Gefahr können die Erheblichkeitsgrenze nicht überspringen, gerade der Bereich der (noch) ungesicherten wissenschaftlichen Erkenntnisse wird somit nicht erfasst[662]. Die Problematik ist somit zum jetzigen Zeitpunkt nicht gegenwärtig. Wie müsste der Staat aber reagieren, bestünde tatsächlich eine reale Chance auf Heilung von Krankheiten wie beispielsweise Parkinson. Würde der Staat durch das Unterlassen einer angenommenen möglichen Heilung der Verletzung der Menschenwürde der Patienten eine Schutzpflichtverletzung begehen? Oder im Falle der Durchführung der Forschung der Verletzung der Menschenwürde des Embryo durch seine zielgerichtete Nutzung als Ersatzteillager? Diese Fragen lassen sich im Ergebnis auf ein grundlegendes Problem rückführen: Wie weit reicht die grundrechtliche Schutzpflicht des Staates, schützend und fördernd Aushöhlungen von Freiheitsgarantien, wie der Forschungsfreiheit, aber auch des menschlichen Lebens, vorzubeugen?

In der ersten Entscheidung zum Schwangerschaftsabbruch führte das BVerfG dazu aus: "Die Schutzpflicht des Staates ist umfassend. Sie verbietet nicht nur - selbstverständlich - unmittelbare staatliche Eingriffe in das sich entwickelnde Leben, sondern gebietet dem Staat auch, sich nach diesem Schutzzweck zu richten. Die Schutzverpflichtung des Staates muss umso ernster genommen werden, je höher der Rang des infrage stehenden Rechtsgutes innerhalb der Wertordnung des Grundgesetzes anzusetzen ist. Das menschliche Leben stellt, wie nicht näher begründet werden muss, innerhalb der grundgesetzlichen Ordnung einen Höchstwert dar; es ist die vitale Basis der Menschenwürde und die Voraussetzung aller anderen Grundrechte"[663].
Außerhalb des Bereichs des Schwangerschaftsabbruchs ist der Inhalt der Schutzpflicht unbestimmt. Insbesondere verengt sich der Schutzauftrag nicht auf eine konkrete Maßnahme. Während es beim grundrechtlichen Abwehranspruch um eine bestimmte, dem Staat zurechenbare Beeinträchtigung geht, steht der Gegenstand der Schutzpflicht nicht von vornherein fest. Da es um erfolgabwendendes Handeln des Staates geht, das lediglich final bestimmt ist, führen regelmäßig verschiedene Mittel und Wege zum Ziel der Schutzgewährung. Erst mit dem Vollzug und der Umsetzung der Schutzpflicht, deren Ausgestaltung und Konkretisierung wird der Schutzgedanke in der Rechtsordnung verankert[664].

[662] *Christoph Brüning*, Voraussetzungen und Inhalt eines grundrechtlichen Schutzanspruches - BVerwG, NVwZ 1999, 1234, JuS 2000, S. 955 ff. (956).
[663] BVerfGE 39, 1, 42.
[664] *Brüning*, FN 662, S. 957.

Diskutiert wurden die Fragen der staatlichen Schutzpflichten bisher in den verschiedensten Lebensbereichen, etwa beim Flug- und Straßenverkehrslärm[665], bei Umweltverschmutzung[666], Ozon[667] und Waldschäden[668] und nicht zuletzt im Rahmen der Schleyer-Entführung durch Mitglieder der Rote-Armee-Fraktion[669]. In seinem *Schleyer-Urteil* betonte das BVerfG nochmals, dass alle staatlichen Organe, je nach ihren besonderen Aufgaben, menschliches Leben vor rechtswidrigen Eingriffen anderer zu bewahren haben[670]. Bei der Frage, welches Maß an Schutz zur Erfüllung der staatlichen Schutzpflichten erforderlich ist, billigt das BVerfG sowohl dem Gesetzgeber als auch der vollziehenden Gewalt einen weiten Einschätzungs-, Wertungs- und Gestaltungsspielraum zu, der auch Raum lässt, konkurrierende öffentliche und private Interessen zu berücksichtigen und der gerichtlich nur in begrenztem Maße überprüfbar ist[671]. Es ist primär Aufgabe des Gesetzgebers, die notwendigen Einschätzungen und Abwägungen vorzunehmen und in politisch zu verantwortendes Handeln umzusetzen. Der Gesetzgeber darf demzufolge nach seinem Ermessen darüber entscheiden, wie er seine Schutzpflicht erfüllt, freilich nicht aber darüber, ob er sie erfüllt[672]. Deutlich wird dies in dem jüngst ergangenen Urteil des BVerfG zur künstlichen Befruchtung[673]. Demnach darf der Gesetzgeber die Leistungspflicht der gesetzlichen Krankenkassen für eine künstliche Befruchtung auf Personen beschränken, die miteinander verheiratet sind. Es liegt im Einschätzungsermessen des Gesetzgebers, dass er die eheliche Partnerschaft iSd. Art. 6 GG als besonders geeignet ansieht, die mit den in Frage stehenden medizinischen Maßnahmen verbundenen Belastungen und Risiken gemeinsam zu bewältigen. Der Gesetzgeber durfte die Ehe auch wegen ihres besonderen rechtlichen Rahmens als eine Lebensbasis für ein Kind ansehen, die den Kindeswohlbelangen mehr Rechnung trägt als eine nichteheliche Partnerschaft[674].
Der mit einer staatlichen Schutzpflicht verbundene grundrechtliche Anspruch ist daher mit Blick auf diesen Gestaltungsspielraum regelmäßig nur darauf gerichtet, dass die öffentliche Gewalt mögliche Vorkehrungen zum Schutz der betroffenen Grundrechte trifft, die nicht ganz ungeeignet oder völlig unzulänglich sind, das gebotene Schutzziel zu erreichen, oder erheblich dahinter zurückblei-

[665] BVerfGE 56, 54; BVerfGE 79, 174 (201).
[666] BVerfG, NJW 1983, 2931 ff.
[667] BVerfG, NJW 1996, 651 ff.
[668] BVerfG, NJW 1998, 3264 ff.
[669] BVerfGE 46, 106 (160).
[670] BVerfGE 46, 160 (164 f.), siehe ausführlich dazu: *Eckart Klein*, Grundrechtliche Schutzpflichten des Staates, NJW 1989, S. 1634.
[671] BVerfGE 46, 160 (164).
[672] *Brüning*, FN 662, S. 957.
[673] BVerfG, BvL 5/03, Urteil vom 28.02.2007 (noch nicht veröffentlicht, online verfügbar unter: http://www.bundesverfassungsgericht.de/entscheidungen/ls20070228_1bvl000503.html).
[674] Pressemitteilung des BverfG zum Urteil BvL 5/03 vom 28. Februar 2007, online verfügbar unter: http://www.bundesverfassungsgericht.de/pressemitteilungen/bvg07-022.

ben[675]. Der Staat darf sich jedoch nicht dem Mindestmaß der Schutzverpflichtung entziehen, vielmehr hat er das Untermaßverbot zu beachten. Unter Zuhilfenahme des Untermaßverbotes soll eine Antwort auf die Frage gegeben werden, welches der Mindeststandard staatlicher Maßnahmen im Hinblick auf bestehende Schutzpflichten ist, den ggf. auch das BVerfG vom Gesetzgeber einfordern und insoweit als Untergrenze legislativen Gestaltungsspielraumes festlegen kann. Wann das gebotene Schutzminimum unterschritten sei, lässt sich nicht generell sagen, hängt vielmehr von Ranghöhe und Art des betroffenen Rechtsgutes, der Intensität der Bedrohung und der Möglichkeit zu privatautonomem Selbstschutz ab[676]. Dieses Untermaßverbot wird jedenfalls verletzt, wenn der Staat überhaupt keine Maßnahmen trifft, wenn es Mittel gibt, die einen besseren Schutz gewähren als die bereits vorhandenen, ohne die Rechte Dritter oder öffentliche Interessen stärker zu beeinträchtigen, oder wenn die Hinnahme der nach dem geltenden Recht verbleibenden Gefährdung des Schutzgutes bei Abwägung mit den entgegenstehenden privaten und öffentlichen Interessen nicht zumutbar ist[677].

Im vorliegenden, hypothetischen Fall trägt der Staat sowohl Verantwortung für das Leben und die Würde des Embryo, als auch für kommende Generationen. Er hat sie vor Gefahren zu schützen, die das heutige Handeln als Dauer- und Spätfolgen hinterlassen kann, und dafür Sorge zu tragen, dass die rechtlichen und realen Voraussetzungen des menschlichen Lebens, der Freiheit, der Würde erhalten bleiben. Jedoch könnte man überlegen, ob in diesem Fall, da der Staat aktiv in das Leben des Embryo eingreifen müsste, um sich nicht eines Unterlassens gegenüber den potentiellen Therapieempfängern schuldig zu machen, die sehenden Auges begangene aktive Verletzung der Verfassung nicht von vornherein als Handlungsalternative entsprechend den obigen Betrachtungen auszuklammern ist. Gegen diese Überlegung spricht jedoch die Gleichstellung von aktivem Tun und pflichtwidrigem Unterlassen, nicht zuletzt verankert in § 13 StGB. Auch die Betrachtung des Untermaßverbotes ist nicht geeignet, diese Konfliktsituation aufzulösen. Aufgrund der rein hypothetischen Fallgestaltung kann nicht unterstellt werden, dass sich der Staat im konkreten Fall dem Mindestmaß der Schutzverpflichtung schuldhaft entziehen würde. Fraglich und zu bezweifeln bleibt jedoch, ob die geforderte Interessenabwägung sinnvoll durchgeführt werden könnte. Der Staat befindet sich im fiktiven Fall der potentiellen Therapieempfänger in einem unauflösbaren Konflikt, er kann den einen nicht schützen, ohne seine Schutzpflicht dem anderen gegenüber zu verletzen.

---

675 BVerfGE 92, 26 (46), *Brüning*, FN 662, S. 957.

676 *Claus-Wilhelm Canaris*, Grundrechtseinwirkungen und Verhältnismäßigkeit in der richterlichen Anwendung und Fortbildung des Privatrechts, JUS 1989, S. 161 ff. (163).

677 BVerfGE 46, 160 (164); siehe auch: *Oliver Klein*, Das Untermaßverbot - Über die Justiziabilität grundrechtlicher Schutzpflichterfüllung, JuS 2006, S. 960 ff.

Im 2. Urteil zum Schwangerschaftsabbruch hat das BVerfG auch erklärt:„Jede Regelung des Schwangerschaftsabbruchs wirft die Frage nach dem Bereich unantastbarer Autonomie des Menschen einerseits und dem Recht des Staates zu Regelungen andererseits auf; der Gesetzgeber befindet sich hier an der Grenze der Regelungsfähigkeit eines Lebensbereichs überhaupt. Er kann sich der Problematik des Schwangerschaftsabbruchs mit einer besseren oder mit einer schlechteren Regelung nähern; „lösen“ kann er sie nicht; dem Staat ist hier die Selbstgewissheit zur „richtigen“ Gesetzgebung verlorengegangen“[678].
Das BVerfG hat somit festgestellt, dass es Grenzen der Regelungsfähigkeit geben kann und vielleicht sogar in gewissen Bereichen auch geben muss. Offenbar gibt es Lebensbereiche, welche nicht regelungsfähig sind. Möglicherweise müssen Verhaltensweisen außerhalb rechtlicher Regelung. d.h. außerhalb der Kategorien Erlaubt - Verboten, belassen werden[679].
Die Kollision der Menschenwürde und des Lebensrechts des Embryo und des potentiellen Therapieempfängers stoßen an die Grenzen der staatlichen Regelungsfähigkeit, eine Abwägung ist nicht möglich. Die Frage bleibt, wie der Staat hier trotzdem sinnvoll vorgehen könnte.

2. Mögliche Handlungsalternativen

Für die Lösungsüberlegungen dieses Konfliktes sollen Parallelen zu anderen, ähnlich konfliktbeladenen Problembereichen gezogen werden um möglicherweise dort vorgenommene Wertungen auf die hier vorliegende Problematik zu übernehmen.
Ein Blick auf andere Lebensbereiche, beispielsweise die Problematik des Luftsicherheitsgesetzes (Abschuss tatunbeteiligter Passagiere, die sowieso sterben würden, zur Rettung anderer), zeigt eine vergleichbare Problematik. Auch hier gilt der Grundsatz, dass das Leben nicht quantifizierbar ist und die kleinere Anzahl -selbst todgeweihter- Menschen nicht ohne weiteres der Masse geopfert werden darf. In seinem Urteil zum Luftsicherheitsgesetz betonte das BVerfG dazu abermals: „Dem Staat und seinen Organen kommt bei der Erfüllung derartiger Schutzpflichten ein weiter Einschätzungs-, Wertungs- und Gestaltungsbereich zu (vgl. BVerfGE 77, 170 <214>; 79, 174 <202>; 92, 26 <46>). Anders als die Grundrechte in ihrer Funktion als subjektive Abwehrrechte sind die sich aus dem objektiven Gehalt der Grundrechte ergebenden staatlichen Schutzpflichten grundsätzlich unbestimmt (vgl. BVerfGE 96, 56 <64>). Wie die staatlichen Organe solchen Schutzpflichten nachkommen, ist von ihnen prinzipiell in eigener Verantwortung zu entscheiden (vgl. BVerfGE 46, 160 <164>; 96, 56 <64>). Das gilt auch für die Pflicht zum Schutz des menschlichen Lebens. Zwar kann sich gerade mit Blick auf dieses Schutzgut in besonders gelagerten Fällen, wenn anders ein effektiver Lebensschutz nicht zu erreichen ist, die Möglichkeit

---

[678] BVerfGE 88, 203 (338).
[679] *Klein*, FN 670, S. 1639.

der Auswahl der Mittel zur Erfüllung der Schutzpflicht auf die Wahl eines bestimmten Mittels verengen (vgl. BVerfGE 46, 160 <164 f.>). Die Wahl kann aber immer nur auf solche Mittel fallen, deren Einsatz mit der Verfassung in Einklang steht."[680]. § 14 Abs. 3 Luftsicherheitsgesetz (LuftSiG) wurde insofern mit dem Recht auf Leben iVm. der Menschenwürdegarantie für unvereinbar erklärt, soweit von dem Einsatz der Waffengewalt tatunbeteiligte Menschen an Bord des Luftfahrzeugs betroffen werden. Hier wird abermals deutlich, dass eine Abwägung Leben gegen Leben bzw. Würde gegen Würde nicht statthaft ist. Eine an der Quantität orientierte Abwägung von Leben gegen Leben im Rahmen der staatlichen Schutzpflicht ist nicht akzeptabel[681].

Keine andere Lösungsmöglichkeit ergibt sich für das Argument der Qualität bzw. Überlebensfähigkeit des Lebens, denn auch die Auflösung der Kollision über das Argument der „Asymmetrie der Rettungschancen" ist abzulehnen. Es besagt für den Fall der überzähligen Embryonen - welche ohnehin todgeweiht seien, während andere Menschen gerettet werden könnten -, dass im Fehlen jeder Rettungschance ein die Willkür ausschließender Grund zu sehen sei. Dieses qualitative Element führt jedoch zu verschiedenen Wertigkeiten von Leben, ausgehend von der jeweiligen Nähe oder Ferne zum Todeszeitpunkt, und damit zu einem Tabubruch in unserer Rechtsordnung. Das Leben ist der Abwägung nach Qualitätsmerkmalen nicht zugänglich[682]. Darüber hinaus ist es - wie dargestellt - nicht sicher, dass überzählige Embryonen keinerlei Chancen auf Weiterleben besitzen.

Auch die Ansicht, nach welcher das Ausmaß der dem Staat tatsächlich zur Verfügung stehenden Schutzmöglichkeiten als Differenzierungskriterium angesehen wird, mit dessen Hilfe der Staat sich für das Leben der einen und gegen das Leben der anderen entscheiden dürfe, ist abzulehnen. Er dürfe in diesem den gleichen Wert des Lebens achtenden Rahmen einen zusätzlichen Rechtfertigungsgrund schaffen. Damit würde aber der Grundsatz des Verbots der Tötung Unschuldiger durchbrochen, und es bleibt fraglich, ob der Gesetzgeber dies in diesem Sinne zulassen wollte oder konnte[683].

---

680 BVerfGE 115, 118.

681 Siehe dazu ausführlich (im Zusammenhang mit dem Luftsicherheitsgesetz): *Eckart Klein*, Das Gesetz zur Neuregelung von Luftsicherheitsaufgaben (LuftSiG) auf dem Prüfstand, in: ZG 2005, S. 296.

682 *Klein*, FN 681, S. 296 (im Zusammenhang mit dem Luftsicherheitsgesetz).

683 Siehe dazu *Klein*, FN 681, S. 297 (im Zusammenhang mit dem Luftsicherheitsgesetz) unter Zitierung von *Arndt Sinn*, Tötung Unschuldiger auf Grund § 14 III Luftsicherheitsgesetz - rechtmäßig?, NStZ 2004, S. 583 ff., S. 593, dieser unter Zitierung von *Claus Roxin*, in: Festschrift für D. Oehler, 1985, S. 187 ff., S. 187.

In Betracht kommt möglicherweise, in Parallele zu den Regelungen des Schwangerschaftsabbruchs, folgender Weg: Der Staat könnte feststellen, dass entsprechende Forschung rechtswidrig ist, d.h. gegen Art. 1 und 2 GG verstößt, jedoch in Ansehung des Konflikts und der sich möglicherweise zukünftig ergebenden Pflichtenkollision ähnlich der Regelungen des Schwangerschaftsabbruchs von einer Strafbarkeit absehen[684]. Er würde damit seine Ablehnung gegenüber solcher Vorgehensweise ausdrücken, ohne einer der nicht abwägbaren Rechtspositionen den Vorrang zu geben.

Teile der Literatur sind jedoch der Ansicht, der Vergleich zur Abtreibungsproblematik sei nicht zulässig, da es sich hierbei - im Gegensatz zur embryonalen Stammzellforschung - um eine konkrete Notlage handele. Darüber hinaus sei zu bedenken, dass es sich bei diesem inneren Widerspruch um ein moralisches Urteil aus verschiedenen Gründen handelt, denn es sei eine Koexistenz von Gründen gegeben - einerseits die Abtreibung als menschliche Grundgegebenheit, andererseits die Selektion als Produkt berechnender Vernunft[685].

Auch habe die eingeschränkte Pönalisierung des Schwangerschaftsabbruchs vor allem zwei Gründe. Zum Einen habe sich die Pönalisierung als untaugliches Mittel erwiesen. Die Erfahrung des deutschen und internationalen Strafrechtsvergleichs lehrt, dass, wer zum Schwangerschaftsabbruch entschlossen ist, sich auch von schweren Strafen nicht abhalten lässt. Der zweite Grund beruhe auf der rechtlich einmaligen Konstellation beim Schwangerschaftsabbruch, der „Einheit in Zweiheit", denn der rechtsgebotene Lebensschutz ist ohne eine innere Zustimmung der Mutter nicht erreichbar. Jedoch lebe gerade ein Forscher nicht in dieser, im biologischen Sinn symbiotischen, Beziehung mit dem Embryo[686]. Darüber hinaus erscheine es nicht als logisch, den Embryo in-vitro stärker zu schützen als den im Mutterleib befindlichen.

Jedoch ist auch das auf den ersten Blick paradoxe Ergebnis eines stärkeren Schutzes des Embryos in-vitro als in-vivo gerechtfertigt. So ist es grundsätzlich möglich, Embryonen in-vitro besser zu schützen als Embryonen in-vivo, weil

---

[684] Der Schwangerschaftsabbruch ist in § 218 StGB geregelt. Eine Abtreibung ist demnach rechtswidrig, jedoch bis zum dritten Schwangerschaftsmonat straffrei, wenn vor dem Eingriff eine Schwangerschaftskonfliktberatung stattgefunden hat. Rechtskonform ist die Abtreibung bis zur Geburt, wenn Gefahr für das Leben oder eine schwerwiegende körperliche Beeinträchtigung der Mutter besteht und dies nur durch eine Abtreibung verhindert werden kann, sog. medizinische Indikation (§ 218 a Abs. 2 StGB). Auch ist eine Abtreibung bis zur 12. Schwangerschaftswoche rechtskonform, wenn eine kriminologische Indikation vorliegt (§ 218 a Abs. 3 StGB). Nach § 218 b Abs. 1 StGB muss die Beurteilung einer medizinischen oder kriminologischen Indikation durch einen unabhängigen Arzt erfolgen, welcher die Abtreibung nicht selbst vornimmt.

[685] *Jens G. Reich*, Max-Delbrück-Centrum für Molekulare Medizin Berlin, Rede anlässlich der Konferenz „Bioethik - im Kontext von Recht, Moral und Kultur" am 14./15.09.2005 in Berlin.

[686] *Ottfried Höffe*, Wessen Menschenwürde, Die Zeit 6/2001, S. 12.

ersteren der „natürliche“ Lebensschutz durch die Mutter fehlt[687]. Es stellt sich insofern nicht als widersprüchlich dar, dass ein Embryo in-vivo durch die selbstbestimmte Verhinderung oder den Abbruch der Schwangerschaft der Frau getötet wird. Denn dies ist allein ein Problem des Art. 2 Abs. 2 GG, der offen ist für Differenzierungen. Der Forscher will demgegenüber weit mehr. Er will den Embryo für seine Zwecke einsetzen, ihn instrumentalisieren. Damit ist qualitativ eine neue Dimension eröffnet: Die Menschenwürde ist berührt[688]. Differenzierungen sind damit nicht möglich, der Eingriff ist unzulässig.
Jedoch bleibt die Frage bestehen, ob Pönalisierung die richtige Antwort auf diese Gewissensentscheidung darstellt bzw. die Vergleichbarkeit mit den Problemen des Schwangerschaftsabbruchs so augenfällig ist. Aus den genannten Argumenten und insbesondere der rechtlich unvergleichbaren Situation des Schwangerschaftsabbruchs würde eine Übertragung der „Schwangerschaftslösung“ der Problematik des Embryonenschutzes nicht umfassend gerecht werden.

Um den schwierigen Wertungswidersprüchen, die in der genannten Judikatur des BVerfG erkennbar angelegt sind (Erstreckung der Menschenwürde auf den Fötus einerseits und Zulassung der Abtreibung bei eugenischer, ethischer und sozialer Indikation bzw. Beratungskonzept andererseits), abzuhelfen, schlägt *Dreier* eine andere Lösungsmöglichkeit vor. Der Schutz des ungeborenen Lebens solle durch eine Verlagerung von der Menschenwürde hin zum Lebensschutz erreicht werden, wo wegen des Gesetzesvorbehalts gestufte Lösungen möglich sind. Die Problemverlagerung von Art. 1 GG auf Art. 2 Abs. 2 GG (welche für die Judikatur des BVerfG inhaltlich keine Änderungen zur Folge gehabt hätte) böte eine Möglichkeit zur gebührenden Berücksichtigung und somit zu einer differenzierten und problemangemessenen Gestaltung der schwierigen Abwägungsfragen[689].

Die *Verfasserin* ist jedoch der Ansicht, dass sich diese sehr pragmatische Lösung unter dem Gesichtspunkt des Ranges und Standes des Menschenwürdeschutzes verbietet. Die Verfassung oder deren Auslegung sollte nicht derart hingebogen werden, dass sie das gewünschte Ergebnis bereitzuhalten imstande ist.

3. Fazit

Im Ergebnis bleibt fraglich, ob diese schwierigen, möglicherweise in ferner Zukunft auftretenden Abgrenzungsfragen - abgesehen von festzulegenden Ober- und Untergrenzen - nicht doch regelungsfrei und somit dem menschlichen Gewissen und der ethischen Grundüberzeugung überlassen bleiben sollten. Offensichtlich liegt die dargestellte Problematik an der Schnittstelle von Wissenschaft,

---

687 *Egle*, FN 211, S. 10.
688 *Classen*, FN 123, S. 145.
689 *Dreier*, in: Dreier, FN 90, Art. 1 Abs. 1 GG, Rdnr. 70.

Moral und ethischen Grundwerten und ist somit außerhalb der gesetzlichen Regelungsfähigkeit des Staates angesiedelt.

IV. Ergebnis zur Wechselwirkung mit anderen Grundrechten

Aufgrund dessen, dass auch in-vitro gezeugten Embryonen die Rechte aus Art. 1 Abs. 1 GG und Art. 2 Abs. 2 GG zustehen, sind Eingriffe sowohl in die Wissenschaftsfreiheit als auch in die Berufsfreiheit beim jetzigen Stand der Forschung gerechtfertigt. Eine Abwägung mit der Menschenwürde und dem Lebensrecht potentieller Therapieempfänger ist verfassungsrechtlich nicht zu leisten und berührt die Grenzen staatlicher Regelungsfähigkeit. Die schwierige Problematik und ihr Einfluss auf verschiedenste Bereiche verdeutlichen auch die folgenden Diskussionspunkte, welche in die ethische und moralische Bewertung des Status des Embryo und der Zulässigkeit des Klonens hineinspielen, ohne dass all diese Aspekte in rein rechtlichen Regelungen zu erfassen wären.

B. Bewertung der Ziele, Erfolgsaussichten und Erwartungen an das Klonen

Zur Bestimmung des Status des Embryo ist es notwendig, die Ziele und Erfolgsaussichten des Klonens mit den in sie gesetzten Erwartungen abzugleichen. Ändert eine objektive, realistische Einschätzung der tatsächlichen Möglichkeiten und Erfolge des Klonens etwas an dem Stellenwert, welcher dem Embryo von der Gesellschaft subjektiv zugeteilt wird oder an der Einschätzung der Schutzwürdigkeit und der moralischen Einstellung?
Zu bedenken ist hier zunächst, dass hinsichtlich der vorrangigen Ziele, d.h. der moralischen Verpflichtung kranken Menschen zu helfen, eine Forschung mit unproblematischen Zellen, z.B. adulten Stammzellen, bisher nicht weniger erfolgversprechend erscheint als die Verwendung embryonaler Stammzellen. So sehen einige Wissenschaftler im therapeutischen Klonen sogar eine Fehlentwicklung, allein aus wirtschaftsorientierten Interessen heraus und setzen sich für die Fortentwicklung im Bereich der adulten Stammzellen ein[690]. Denn die realistischen Erfolgsaussichten der Stammzellforschung differieren erheblich zu den in sie gesetzten Erwartungen.

Die Stammzellforschung basiert auf der Prämisse, das sich jede Körperzelle der unterschiedlichen Organe auf die befruchtete Eizelle zurückführen lässt, und im Ursprung die identische Erbinformation in sich trägt[691]. Mit Hilfe von Nährlösungen lassen sich aus Stammzellen im Labor bestimmte Zelltypen züchten. Noch gibt es allerdings kein Verfahren, mit dem sich die Stammzellen wie ge-

---

690 *Frank Ulrich Montgomery*, Vorsitzender des Marburger Bundes, siehe dazu auch unten: Teil II, 1. Kap., P. Alternativen zum Forschen und Klonen mit embryonalen Stammzellen, S. 200 ff.

691 *Schulz*, FN 40, S. 56.

wünscht in ihrer Entwicklung dirigieren lassen[692]. Die gefälschten Arbeiten der südkoreanischen Forschern *Woo Suk Hwang* und *Shin Yong Moon*[693] machen deutlich, dass die Wissenschaft nach wie vor „nicht den geringsten Anhaltspunkt dafür, wie der Reprogrammierungsprozess [*Anm. der Verfasserin: des Zellkerns*] gesteuert werden könnte“ [694], hat.

Unerforscht ist bisher ebenfalls, inwieweit ein Wachstum von transplantierten Zellen und Geweben kontrolliert werden kann, und inwieweit es zu malignem Wachstum kommt[695]. Da die genauen Interdependenzen der 32000 menschlichen Gene und der durch sie produzierten Proteine nicht annähernd bekannt sind, können keine Prognosen für Lebensfähigkeit und Gesundheit des entstehenden Organismus getroffen werden. Da sie vermutlich zur Bildung von Tumoren (Teratome) neigen, sind sie denkbar schlecht für Transplantationen geeignet. Sie könnten wohl eher in der Grundlagenforschung verwendet werden, um neue Medikamente ausfindig zu machen.

Unklar ist darüber hinaus, ob derartig gewonnenes Gewebe normal und zusammen mit anderem, umliegenden Gewebe des Organismus altert und ob es nicht, wie in tierischen Systemen beobachtet, zur Fehlentwicklung tendiert.

Man geht davon aus, dass es bis zu einer tatsächlichen Verwirklichung des therapeutischen Klonens am Patienten noch viele Jahre der Forschung bedarf, bevor Zellen oder Zellverbände erfolgreich auf den Menschen übertragen werden könnten. Die Erzeugung von komplexen Organen wie Herz oder Niere ist derzeit gänzlich außer Reichweite[696]. Folgende Hoffnungen sind hinsichtlich der möglichen Verwendung von Stammzellen in der Zukunft realistisch:
- der Ersatz zerstörter Gehirnzellen bei Parkinson und Alzheimer,
- die Herstellung von insulinproduzierenden Zellen bei Diabetes,
- die Erneuerung von Herzmuskeln nach schweren Herzinfarkten,
- die Erneuerung von Leberzellen bei Leberzirrhose,
- die Erneuerung von Knochen in Fällen von Osteoporose.

Erst in ganz ferner Zukunft, wenn überhaupt, besteht die Chance auf die Herstellung ganzer Organe sowie auf die Heilung von Querschnittslähmung[697].

---

692 http://www.dfg.de/aktuell/das_neueste/wissenschaftsgespraech_hintergrund.html.

693 Siehe dazu ausführlich oben: Teil I, 3. Kap., A. Aktuelle ethische Zulässigkeit, S. 40.

694 *Ernst-Ludwig Winnacker*, Klonen / Stammzellen I: Forschen an den Grenzen, DÄBl. 101 (Jg. 04), S. A-1131.

695 Siehe dazu bereits die Betrachtung der ethischen Zulässigkeit: Teil I, 3. Kap., A. Aktuelle ethische Zulässigkeit, S. 40 f.

696 http://www.bundesregierung.de/dokumente/Schwerpunkte/Gentechnik/ix5703_31848.htm.

697 *Ulrich Schroth / Bijan Fateh-Moghadam*, Rechtsgutachten für das Max-Dehlbrück-Centrum für molekulare Medizin „Strafrechtliche und rechtsphilosophische Aspekte der aktuellen Genmedizin“, September 2002, S. 47.

Darüber hinaus sind auch gewisse Erwartungen an das Klonen unrealistisch und unerfüllbar. So ist nicht ersichtlich, dass das Klonen ein elementares Anliegen der Menschen befriedigt. Einer möglichen Unfruchtbarkeit kann auch durch andere medizinische Maßnahmen begegnet werden. Darüber hinaus existiert auch kein rechtlich relevanter Anspruch „auf ein gesundes Kind“[698].

C. Bewertung der Mittel und Wege der Gewinnung embryonaler Stammzellen

In die moralische Bewertung der Zulässigkeit der embryonalen Stammzellforschung fließen regelmäßig auch Überlegungen zur Gewinnung embryonaler Stammzellen ein. Zu unterscheiden ist hierbei die Gewinnung embryonaler Stammzellen aus überzähligen Embryonen und aus eigens zur Gewinnung von Stammzellen hergestellten Embryonen.

Die Gewinnung von Stammzellen aus überzähligen Embryonen aus In-vitro-Fertilisation ist sowohl rechtlich als auch ethisch problematisch, was hier noch einmal zusammenfassend verdeutlicht werden soll: Neben dem juristischen Ausschluss der embryonalen Stammzellforschung über § 2 Abs. 1 ESchG ist sie auch ethisch unvertretbar, denn es liegt ein Menschenwürdeverstoß vor. Darüber hinaus wird zwar die Ansicht vertreten der verwaiste Embryo müsse ohnehin sterben und es gäbe in diesem Frühstadium kein Recht auf nutzloses Sterben[699]. Eine vermittelnde Meinung geht hierbei von einem pränatalen Persönlichkeitsschutz aus, bejaht aber die Möglichkeit des Gebrauchs verwaister Embryonen jedenfalls für hochwertige Forschung[700]. Jedoch haben auch überzählige Embryonen noch eine Chance auf ein Weiterleben, deshalb ist es ethisch nicht statthaft, diese für Forschungszwecke zur Gewinnung von embryonalen Stammzellen zu verwenden, denn eine Adoption und Austragung von verwaisten Embryonen ist - wie bereits angesprochen - durchaus möglich und zu prüfen. In diesem Fall kann die ansonsten verbotene Leihmutterschaft möglich sein[701].

Die Herstellung von Embryonen eigens zur Gewinnung von Stammzellen ist ebenfalls verboten und auch ethisch, in überwiegendem Konsens, unvertretbar. Auch hier ist - wie bereits gezeigt - ein Menschenwürdeverstoß wegen des Ver-

---

698 *Robert Antretter* „Recht auf ein gesundes Kind“?, S. 1, in: http://www.proinfirmis.ch/service/pdf/lebenshilfe.pdf; In diesem Sinne erst jüngst auch das Mehrheitsvotum des Nationale Ethikrats zur PID: „Es gibt überhaupt kein ‚Recht' auf ein Kind im Sinne eines einklagbaren Anspruchs, weder eines gesunden noch eines behinderten.“ Vgl. auch *Mirjam Zimmermann / Ruben Zimmermann*, Gibt es das Recht auf ein gesundes Kind?, DÄBl. 51/52 (Jg. 97), S. A-3487 ff.

699 Siehe dazu bereits: Teil II, 1. Kap., A., I., 3., a., aa. Verletzung der Menschenwürde, S. 170.

700 *Schroth / Fateh-Moghadam*, FN 697, S. 49.

701 *Egle*, FN 211, S. 10.

stoßes gegen das Instrumentalisierungsverbotes immanent[702]. Auch bei der Methode des durch Kerntransfer aus Körperzellen des Empfängers geklonten Embryonen ergibt sich keine andere Bewertung; es ist ein Verstoß gegen § 6 Abs. 1 ESchG anzunehmen.

D. Bewertung des Imports von überzähligen Embryonen und wirtschaftliche Erwägungen

Unter dem Gesichtspunkt, dass nach obiger Betrachtung eine Einschränkung der Forschungsfreiheit hinzunehmen ist, stellt sich die Frage, wie der oft diskutierte Import von embryonalen Stammzellen zu bewerten ist. Muss ein mögliches Zurückfallen deutscher Forschung durch den Import von Stammzellen überzähliger Embryonen aufgefangen werden, oder ist darin eine nicht vertretbare Doppelmoral zu sehen?

Für die Zulässigkeit des Imports überzähliger embryonaler Stammzellen sprechen folgende Erwägungen:
Sofern der Import keinen kausalen Einfluss auf die Erzeugung von embryonalen Stammzellen im Ausland hat, kann auch die Verwendung von embryonalen Stammzellen zur Erzeugung der Stammzelllinien weder den Forschern noch der deutschen Staatsgewalt zugerechnet werden. Die Stammzellen sind im Ausland hergestellt worden, also außerhalb der territorialen Reichweite des Grundgesetzes und seiner Grundrechte, und der Verbrauch von Embryonen ist vor dem Import bereits abgeschlossen und irreversibel[703].
Ein Verzicht auf den Import embryonaler Stammzellen würde, da man auf eine erneute Diskussion und Entscheidung des Gesetzgebers über die grundsätzliche Zulässigkeit von Embryonenforschung wohl längere Zeit warten muss, dazu führen, dass die Forschung in Deutschland auf absehbare Zeit zur Entwicklung des Wissens in medizinisch möglicherweise sehr wichtigen Bereichen nichts beitragen kann[704].
Weiterhin eröffne ein gegebenenfalls auch zeitlich befristeter Import von embryonalen Stammzellen Raum für eine Forschung, die das Potenzial und die Perspektiven verschiedener Strategien der Stammzellforschung abklärt. Dabei könne auch geprüft werden, ob über die grundsätzliche Zulässigkeit von Embryonenforschung erneut diskutiert werden muss. Denkbar sei, dass die in der Zwischenzeit gewonnenen Erkenntnisse ausreichen, um an anderen Stammzelltypen weiterzuforschen, welches wiederum die Forschung an embryonalen Stammzellen überflüssig mache. Demnach verspräche die Forschung mit embryonalen Stammzellen wichtige Erkenntnisse, die zur Entwicklung neuer Therapien führen könnten.

---

[702] *Schroth / Fateh-Moghadam*, FN 697, S. 49.
[703] *Nationaler Ethikrat*, Stellungnahme: Zum Import menschlicher embryonaler Stammzellen, 2001, S. 43 f.
[704] *Nationaler Ethikrat*, FN 703, S. 44.

Da der Gesundheit der Menschheit ein hoher Rang zukommt, sei es im Interesse kranker Menschen geboten, alle vertretbaren Forschungswege einzuschlagen, die neue Behandlungsoptionen versprechen. Man dürfe eine aussichtsreiche Forschungsstrategie nicht deshalb ausschließen, weil man vermutet oder hofft, es könne auch ohne sie gehen[705].
Auch präjudiziere der Beginn der Forschung an embryonalen Stammzellen in keiner Weise die zukünftige Entscheidung des Gesetzgebers darüber, ob die Embryonenforschung in Deutschland grundsätzlich verboten bleibt oder wie in vielen anderen Ländern in Grenzen zugelassen werden soll. Der Gesetzgeber müsse seine Entscheidung im Lichte der Ergebnisse und Perspektiven der bisherigen Forschung treffen[706].
Auch könne die Unkontrollierbarkeit der Herkunft von Stammzellen im Einzelfall kein Argument für ein generelles Importverbot sein[707].

Die Gegner des Imports embryonaler Stammzellen argumentieren demgegenüber, dass die zugrundeliegende Handlung für die Gewinnung der Stammzellen, nämlich die Tötung der Embryonen, ethisch nicht zu rechtfertigen sei.
So könne ein Import als moralische Billigung der Herstellung von Stammzelllinien im Inland verstanden werden. Daher sei der Import embryonaler Stammzellen - beim gleichzeitigen Verbot ihrer Gewinnung - auch wenn er rechtlich möglich ist, ethisch inkonsequent, besonders wenn dieser Zustand dauerhaft anhalte. Denn wenn man im Inland ein hohes Schutzniveau fordere, könne man nicht auf Forschungsmöglichkeiten zurückgreifen, die im Ausland nur unter Verletzung dieses Schutzes entstehen konnten[708].
Auch beschränke ein gesetzliches Importverbot die Forschungsfreiheit jedenfalls dann nicht, wenn es sich auf eine Materie bezieht, deren Erzeugung im Inland aufgrund der Verfassung unzulässig ist. Der Import habe eine Abschwächung des vom Gesetzgeber normierten hohen Schutzniveaus für Embryonen in-vitro zur Folge und könne den Forderungen Auftrieb geben, auch in Deutschland Stammzellen herzustellen und somit weitere menschliche Embryonen zu vernichten[709].
Darüber hinaus könne der Import zu einem verstärkten Embryonenverbrauch im Ausland führen. Dies sei insbesondere dann der Fall, wenn sich die bestehenden Stammzelllinien als nicht mehr brauchbar erweisen sollten.
Darüber hinaus bestehe beim Import embryonaler Stammzellen aus Ländern, in denen die Herstellung von Embryonen zu Forschungszwecken legal ist, keine

---

705 *Nationaler Ethikrat*, FN 703, S. 44.
706 *Nationaler Ethikrat*, FN 703, S. 45.
707 *Nationaler Ethikrat*, FN 703, S. 46.
708 *Nationaler Ethikrat*, FN 703, S. 47.
709 *Nationaler Ethikrat*, FN 703, S. 46.

Möglichkeit der Überprüfung, ob die importierten Zellen wirklich aus überzähligen Embryonen gewonnen werden[710].
Auch werde eine künftige gesetzgeberische Entscheidung über die Zulässigkeit der Gewinnung embryonaler Stammzellen präjudiziert[711].
Auch ethisch sei ein Import embryonaler Stammzellen nicht vertretbar. Dies einerseits, weil das Potenzial der Forschung insbesondere an adulten Stammzellen und Stammzellen aus Nabelschnurblut vielversprechend und keinesfalls ausgeschöpft sei[712], und darüber hinaus über künftige Therapiemöglichkeiten aufgrund der Forschung an embryonalen Stammzellen heute nur spekulative Betrachtungen angestellt werden können. So sei bisher nicht sicher geklärt, ob sich embryonale Stammzellen dafür besser eignen als andere Stammzellen[713].

15 Mitglieder des Nationalen Ethikrates haben sich für einen befristeten und an strenge Bedingungen gebundenen Import embryonaler Stammzellen ausgesprochen[714]. Sie waren der Ansicht, importiert werden dürfen ausschließlich solche menschlichen embryonalen Stammzellen, die einem Embryo entstammen, der ursprünglich zur Erfüllung eines Kinderwunsches durch künstliche Befruchtung erzeugt wurde und der für einen Transfer nicht mehr in Frage kommt. Darüber hinaus muss das Paar, nach entsprechender Aufklärung, seine Zustimmung zur Verwendung erklärt haben. Finanzielle oder andere Vergünstigungen sind ausgeschlossen. Die Stammzelllinie muss unabhängig vom Forschungsvorhaben in Deutschland und vor seiner Beantragung gewonnen worden sein. Die zu importierenden Zellen müssen bei einer zentralen öffentlichen Regierungsinstanz verzeichnet sein. Die angestrebten Erkenntnisse müssen von wissenschaftlicher Qualität sein und dürfen nicht mit menschlichen Zellen erreicht werden können. Eine unabhängige Ethikkommission muss das Forschungsvorhaben befürworten. Nach drei Jahren muss eine erneute Bewertung, aufgrund der Ergebnisse der internationalen Stammzellforschung, erfolgen[715].
10 Mitglieder sprachen sich für eine vorläufige Ablehnung des Stammzellimports aus, darunter 4 Mitglieder, welche dies nicht nur vorläufig, im Sinne eins Moratoriums ablehnten, sondern generell als ethisch unzulässige Instrumentalisierung[716].

---

[710] *Nationaler Ethikrat*, FN 703, S. 48.
[711] *Nationaler Ethikrat*, FN 703, S. 47.
[712] Siehe ausführlich dazu: Teil II, 1. Kap., P. Alternativen zum Forschen und Klonen mit embryonalen Stammzellen, S. 200 ff.
[713] Ausführlich dazu: Teil II, 1. Kap., C. Bewertung der Ziele, Erfolgsaussichten und Erwartungen an das Klonen, S. 190 ff.
[714] Darunter waren 9 Mitglieder, die diese Stammzellgewinnung darüber hinaus für ethisch zulässig und auch die inländische Gewinnung für ethisch vertretbar halten.
[715] *Nationaler Ethikrat*, FN 703, S. 52 f.
[716] *Nationaler Ethikrat*, FN 703, S. 58.

Gegen ein Forschungsverbot wird auch häufig die Befürchtung des Wegzugs der Forschung in Länder mit nicht so restriktiver Gesetzgebung oder ein Rückgriff auf ausländische Entwicklung ins Feld geführt. Auch unter diesem Gesichtspunkt könnte ein unter strengen Auflagen erlaubter Import zu bejahen sein. Jedoch ist hier zu bedenken, dass die Forschung in Deutschland durchaus in einem begrenzten Umfang möglich ist[717]. Die internationale Arbeitsteilung sollte nicht dazu führen, dass einige Länder forschen und andere die passende Moral entwickeln[718]. Darüber hinaus erlaubt das deutsche Recht ja den Import von embryonalen Stammzellen. Man kann schwer argumentieren, dass die Ausnutzung dieser Rechtslage ethisch inkonsequent sei. Auch könnte, sofern der Import auf embryonale Stammzellen beschränkt wird, die unabhängig von Forschungsvorhaben in Deutschland und zeitlich vor deren Beantragung aus Embryonen gewonnen worden sind, der Anreiz zum Verbrauch der Embryonen ausgeschlossen und insoweit dem Schutzniveau des inländischen Embryonenschutzgesetzes Rechnung getragen werden.

Insofern ist nach Ansicht der *Verfasserin* bei Nutzung der gegebenen Rechtslage keine „Doppelmoral" zu erkennen.

E. Bewertung der individuellen und gesellschaftlichen Schäden

Ein weiterer Aspekt hinsichtlich der Festlegung des ethisch-moralischen Standpunktes bezüglich der Forschung mit embryonalen Stammzellen wird durch die Betrachtung der gesellschaftlichen und individuellen Folgen einer unreglementierten Weiterentwicklung der Embryonenforschung hin zu möglichen Klonexperimenten deutlich.

I. Gesellschaftliche Schäden

Fortpflanzungsklonen führt zur Auflösung bislang selbstverständlicher Verwandtschafts- und Generationsverhältnisse Das nach dem Vater geklonte Kind wäre gleichzeitig dessen genetischer Zwilling, ein Halbgeschwister und Onkel früherer Kinder. Eine Frau, die den Klon ihrer eigenen Mutter austrägt wird Mutter des Zwillings ihrer Mutter, also ihre Tante. Das Kind hat nur einen genetischen Elternteil, der noch nicht einmal mit der biologischen Mutter und den sozialen Eltern genetisch verwandt sein muss. Beziehungen mit zentraler Bedeutung für die soziale Identifikation werden unklar[719].

Weiterhin könnte sich durch das Klonen der Wert mindern, den eine Gesellschaft der Person zumisst, weil Individuen als austauschbar angesehen werden könnten. Auch ließe sich denken, dass man Menschen als etwas Hergestelltes

[717] Siehe dazu auch: Teil I, 4. Kap., B. III. Stammzellgesetz, S. 74 ff.
[718] *Simon*, FN 12, S. 125, Rdnr. 299.
[719] *Nationaler Ethikrat*, FN 621, S. 40 und 50.

ansähe und deshalb den Wert des Einzelnen geringer schätze als heute. So hängt in einigen Religionen der Wert des Menschen tatsächlich vom Entstehungsprozess ab, insbesondere von einer Erschaffung durch Gott[720].

Andere Bedenken gehen dahin, dass es ungute soziale Haltungen mit sich bringen könnte. Ein menschlicher Klon könnte eventuell nur aufgrund seines Genoms bewertet werden oder aufgrund des Phänotyps, in dem sich das Genom zeigt. So könnten Kinder als Konsumprodukte angesehen werden, deren genetische Ausstattung im Falle von Mängeln reklamiert werden darf; die Einstellung zu Kindern könnte gefährdet werden[721].

Auch kann das Argument, es sei keine moralische Desensibilisierung der Gesellschaft zu befürchten, da diese nach Liberalisierung des Schwangerschaftsabbruchs auch nicht eintrat, nicht überzeugen. Embryonale Stammzellforschung ist eine Instrumentalisierung des menschlichen Lebens und führt damit zu einer moralischen Erosion der Gesellschaft, da das Lebensrecht und die Würde von Menschen gegen andere Gütern abgewogen wird[722].

II. Individuelle Schäden

1. Körperliche und seelische Schäden

Wie aus Tierversuchen bekannt, ist das Fortbildungsklonen mit einem hohen Risiko schwerster Gesundheitsschäden und Fehlbildungen für den Klon verbunden.

Auch ist bei einer eventuellen Schwangerschaft mit einer hohen Rate von Fehlgeburten zu rechnen, die mit schweren physischen und psychischen Belastungen für die betroffenen Frauen einhergehen.

Zu befürchten sind weiterhin seelische Schäden des geklonten Individuums. Neben der Zweifel an Einmaligkeit und Individualität könnte es für ihn problematisch sein, frei und spontan Verantwortung für sich selbst zu übernehmen, da er irrigerweise annehmen könnte, dass sein Schicksal bereits in Gestalt des Genomspenders vor ihm liege, mit der Folge eines gesellschaftlichen Drucks den Fähigkeiten oder Errungenschaften des Genomspenders nachzueifern[723].

2. Einschränkung der Entwicklungs- und Entfaltungsfreiheit

Das aus dem Persönlichkeitsrecht des Keimspenders folgende Bestimmungsrecht kann mit dem insoweit vorwirkenden Recht des zukünftigen Kindes auf Menschenwürde und helfende Personensorge kollidieren und daher Einschrän-

---

720 *Dan W. Brock*, Auch ein Klon ist frei geboren, Die Zeit vom 19.08.2004 , S. 9.
721 *Brock*, FN 720, S. 9.
722 So auch: *Egle*, FN 211, S. 10.
723 *Brock*, FN 720, S. 9; zur darüber hinausgehenden Problematik der genetischen Diskriminierung vergleiche: *Klein*, FN 111, S. 94 f.

kungen unterliegen. Der Klon wird unzumutbaren Erwartungen ausgesetzt, die seine freie Persönlichkeitsentwicklung beeinträchtigen. Dass der Klon zwar mit einem anderen Menschen seine genetische Konstitution teilt, sich aber von seinem genetischen Vorbild ungleichzeitig entwickelt, bedeutet für ihn als den später lebenden „Phänotyp" massive Einschränkungen seiner Entwicklungs- bzw. Entfaltungsfreiheit.

Dem Klon wird eine bestimmte genetische Ausstattung durch die absichtliche Verfügung eines Dritten mitgegeben. Der Klon wird insoweit, anders als Menschen, deren Genom bei der Zeugung durch einen natürlichen Prozess bestimmt wird, in einem wesentlichen Teil seines Ichs und damit nicht nur hinsichtlich des Ob seines Seins, sondern hinsichtlich seines So-Seins fremdem Willen unterworfen und so zum Objekt gemacht. Die Zufälligkeit der genetischen Rekombination beim Klonen wird ausgeschlossen[724].
Die künftige personale Entwicklung wird zwar durch die genetische Identität nicht vollständig festgelegt, jedoch wird ihr der biologische Spielraum vorgegeben.

Weitere Problemfelder sind bei fortgesetzten Forschungsentwicklungen zu bedenken:
Der Klon muss unter dem Einfluss aufwachsen, vermeintlich zu wissen, wie sein Leben verlaufen werde[725]. Seine Erzeuger werden von ihm erwarten, dass er diejenigen Eigenschaften entwickelt, wegen derer er in die Welt gebracht wurde. Die Individualität der menschlichen Persönlichkeit wird missachtet und damit menschliches Leben durch den Keimspender instrumentalisiert.

F. Verstoß gegen das Selbstverständnis und die Ausübung der Selbstbestimmung

Diese Betrachtung der möglichen Folgeschäden führt zu einer weiteren Problematik. Da beim Klonen die genetische Ausstattung absichtlich von Dritten so festgelegt wird, dass sie mit derjenigen eines bereits lebenden oder verstorbenen Menschen identisch ist, verstößt das Fortpflanzungsklonen gegen das Selbstverständnis und die grundlegenden Werte einer Gesellschaft, die sich auf die Achtung vor der Unverfügbarkeit jedes Menschen gründet[726].

Auch die im menschlichen Selbstverständnis verankerte Vorstellung davon, wie Menschen entstehen sollen, wird durch das Fortpflanzungsklonen verletzt. Klonen verletzt mit der absichtlichen Festlegung der genetischen Ausstattung folglich den Respekt vor der freien Entfaltung der Persönlichkeit und der Selbstbe-

---

[724] *Nationaler Ethikrat*, FN 616, S. 44.
[725] *Hans Jonas*, Lasst uns einen Menschen klonieren: Von der Eugenik zur Gentechnologie, S. 179 ff., in: *Jonas*, Technik, Medizin und Ethik, Zur Praxis des Prinzips Verantwortung.
[726] *Nationaler Ethikrat*, FN 621, S. 39.

stimmung des Einzelnen. Diese müssen schon zu einem Zeitpunkt gesichert sein, zu dem die Ausübung der Selbstbestimmung noch nicht möglich ist[727].

G. Verstoß gegen das Instrumentalisierungsverbot anderer beteiligter Personen

Wenn Fortpflanzungsklonen von dem Ziel bestimmt wird, Menschen herzustellen, die den Vorstellungen und Erwartungen ihrer „Produzenten" entsprechen - so unterschiedlich die Zwecke sein können -, kommt es zu einer mit dem Respekt für die Menschenwürde unvereinbaren Instrumentalisierung nicht nur des Embryos selbst[728], sondern auch der beteiligten Personen.
So ist eine Instrumentalisierung der Eizellspenderin zu befürchten. Klonexperimente gehen, jedenfalls unter den gegenwärtigen wissenschaftlichen Bedingungen, mit einem hohen Verbrauch an Eizellen einher, deren Gewinnung mit einem gesundheitlichen Risiko für die Spenderinnen verbunden ist. Es besteht die Gefahr, dass sich ein nachfrageorientierter Markt für den Handel mit Eizellen entwickelt, von dem entsprechende finanzielle Anreize mit einer möglichen Gefährdung der Selbstbestimmung von Frauen ausgehen. Darüber hinaus besteht die Gefahr einer mit der Würde und Selbstbestimmung der Frau unvereinbaren Instrumentalisierung und Kommerzialisierung.

Weiterhin würden die beteiligten Ärzte gegen das professionelle Gebot der Nichtschädigung verstoßen, da erhebliche gesundheitliche Gefahren für den Klon bestehen[729].

H. Ressourcenbindung oder Behinderung des Fortschritts

Eine andere Sorge besteht darin, (reproduktives) Klonen könnte Ressourcen binden, die für Wichtigeres und Besseres gebraucht werden. Es spricht nichts dafür, dass Klonen ein fundamentales Bedürfnis der Menschheit befriedigt oder für dringende soziale Probleme eine Lösung bereitstellen könnte. Deshalb sollte es keinesfalls mit öffentlichen Mitteln subventioniert werden; jedoch spräche dies nicht gegen eine Forschung privater Institutionen und Privatleute[730].
Andere Wissenschaftler sind der Auffassung, das die Technik darüber hinaus zu teuer und zeitaufwendig ist[731].
Auch *Reich* ist der Ansicht, das Klonen sei nicht so wichtig, wie es bisher diskutiert wird. Mangels Gesamtverständnis sollte die Menschheit ihre Wanderung nun abbrechen, andererseits werde der herkömmliche Mensch aufgelöst, der „point of no return" drohe[732].

---

727 *Nationaler Ethikrat*, FN 621, S. 40.
728 Siehe dazu oben: Teil II, 1. Kap., A., I., 3., aa. Verletzung der Menschenwürde, S. 170 ff.
729 *Nationaler Ethikrat*, FN 621, S. 48.
730 *Brock*, FN 720, S. 9.
731 *Schulz*, FN 40, S. 70.
732 *Reich*, FN 685, Rede am 14./15.09.2005 in Berlin.

Auch die Argumentation, eine Weiterentwicklung der technischen Möglichkeiten, mithin der Forschritt der Wissenschaft werde durch zu strikte Vorgaben behindert[733], kann nicht durchdringen. Der ehemalige Bundespräsident *Johannes Rau* stellte in seiner Rede am 18. Mai 2001 fest: „Fortschritt nach menschlichem Maß kennt seinen Wert und weiß um seine Werte. Das Gegenteil von unbegrenztem Fortschritt ist nicht Stillstand oder Rückschritt. Wer gegen einen Fortschritt um jeden Preis plädiert, der ist kein Gegner des Fortschritts. [...] Es hat einen Preis, wenn wir nach ethischen Grundsätzen handeln."[734].

J. Regelungen in anderen Mitgliedstaaten

Der Druck durch andere Rechtsverhältnisse und andere moralische Einschätzungen bezüglich der embryonalen Stammzellforschung in anderen Ländern ist kein gültiges Argument für die Bewertung der innerstaatlichen Haltung zur Embryonenforschung. Das andere etwas tun, was wir selbst nicht für moralisch gerechtfertigt halten, ist kein Grund dafür, es selbst dann auch zu tun[735].

K. Ökonomische Interessen

Auch das Argument der ökonomischen Interessen bezüglich der embryonalen Stammzellforschung ist legitim und wichtig. Es kann aber nicht gegen die Menschenwürde und den Schutz des Lebens aufgewogen werden, s.o.
Johannes Rau fasste dies treffend zusammen: „Wer den Schutz des Lebens an seinem Beginn aufgibt, der wird das bald auch für das Ende des Lebens geltend machen können. Dann wird vielleicht gefragt: Können wir uns den hohen Pflegeaufwand am Ende des Lebens leisten? Wäre es nicht ökonomisch vernünftiger, Alte und Kranke willigten rechtzeitig in die Sterbehilfe ein?"[736].

L. Positive Eugenik

Klonen zu Fortpflanzungszwecken ist mit dem Bestreben verbunden, das Kopieren vorhandener Genome zu nutzen, um Menschen mit bestimmten gewünschten

---

[733] So: ehemaliger Bundeskanzler *Gerhard Schröder*, Der neue Mensch - Beitrag zur Gentechnik, Die Woche vom 20. Dezember 2000, online verfügbar unter: http://www.bundesregierung.de/dokumente/Artikel/ix_26979.htm:„Eine Selbstbescheidung Deutschlands auf Lizenzfertigungen und Anwenderlösungen würde im Zeitalter von Binnenmarkt und Internet nur dazu führen, dass wir das importieren, was bei uns verboten, aber in unseren Nachbarländern erlaubt ist. Wir würden so nicht nur den Anschluss an eine Spitzen- und Schlüsseltechnologie des 21. Jahrhunderts verlieren. Sondern wir würden uns vor allem der Möglichkeit begeben, über die Anwendungen und Folgen dieser Techniken kompetent mitzubestimmen.".

[734] *Johannes Rau*, Rede vom 18. Mai 2005, online verfügbar unter: http://www.bundespraesident.de/top/dokumente/Rede/ix_41073.htm.

[735] Siehe z.B. auch die Todesstrafe; *Hauskeller*, FN 82, S. 15.

[736] *Rau*, FN 734, Rede vom 18. Mai 2005.

genetischen Eigenschaften auszustatten. Gefördert und verwirklicht wird damit der Versuch einer positiven Eugenik[737].

M. Dammbruch

Auch die teilweise geforderte Flexibilität bei der Frage der Embryonenforschung kann nicht befürwortet werden. Sie hilft nicht, einen Dammbruch zu verhindern, vielmehr behindert sie den Bau von Fundamenten, die ein fester Damm braucht[738]. Wird die Nutzung von Embryonen zu Forschungszwecken nicht prinzipiell missbilligt, muss damit gerechnet werden, dass diese Grenze nicht zu halten ist.

Auch ist Folgendes zu beachten: Egal welches Klonverfahren verwendet wird, ob Mehrlingsspaltung, Nukleustransfer oder Blastozystenspaltung, keines dieser Verfahren ist in sich therapeutisch. In erster Linie werden Embryonen erzeugt, bis zu einem bestimmten Entwicklungsstadium kultiviert und danach „ausgeschlachtet", um die embryonalen Stammzellen für andere Zwecke zu verwenden. Die gezeugten Embryonen werden zu Zelllieferanten degradiert, obwohl ihre maximale Entwicklungspotenz genau so groß ist, wie jene eines normal gezeugten Embryo. Von einer Therapie kann beim jetzigen Stand des „therapeutischen" Klonens keine Rede sein.

N. Missbrauch

Eine weitere Überlegung lautet, das Klonen von Individuen könnte von Geschäftsleuten oder Regierungen missbraucht werden. Es besteht die Befürchtung, dass eines Tages Klone ausgebeutet und für unmoralische Zwecke benutzt werden könnten. In *Huxleys* Roman „Schöne neue Welt" beispielweise werden Individuen mit verminderten Fähigkeiten hergestellt, um sie niedere Tätigkeiten verrichten zu lassen[739].
Jedoch, so das Gegenargument, gehen wir bei allen anderen neuen Technologien anders vor. Wir verbieten ihren Missbrauch, nicht die Technologie selbst[740]. Auch sei es ein verfassungsrechtliches Gebot, zunächst Kontroll- und Überwachungsmöglichkeiten auszuschöpfen, bevor eine Forschungseinrichtung untersagt wird[741].
Auch nach Ansicht der *Verfasserin* ist das Missbrauchsargument für die Argumentation im Bereich der Embryonenforschung nicht ausschlaggebend, vielmehr sollte eine prinzipielle Entscheidung für den Schutz des Embryo im Vordergrund stehen.

---

[737] *Nationaler Ethikrat*, FN 621, S. 40.
[738] *Classen*, FN 123, S. 146.
[739] *Aldous Huxley*, Schöne neue Welt, 1932.
[740] *Brock*, FN 720, S. 9.
[741] *Wolfrum*, FN 653, S. 6.

O. Argumente für die Forschung mit embryonalen Stammzellen

Zu betrachten sind schließlich auch Argumente, die eine Weiterentwicklung der Klonierungstechnik vermeintlich verlangen.

Man könnte argumentieren, das Recht auf Freiheit schütze auch das reproduzierende Klonen als Form der Fortpflanzung. Schließlich umfasst dieses Recht den Einsatz unterstützender Techniken, beispielweise die Zeugung im Reagenzglas. Auch würde reproduzierendes Klonen dem Kinderwunsch nicht weniger dienen als andere Methoden der Reproduktionsmedizin[742]. Jedoch steht diese Argumentation zunächst unter dem grundsätzlichen Vorbehalt, dass die Methode überhaupt funktioniert. Auch handelt es sich beim reproduktiven Klonen nicht um Reproduktionsmedizin, sondern um lediglich eine Art der Herstellung.

Darüber hinaus ist das Argument, die embryonale Stammzellforschung könne der Kinderlosigkeit abhelfen, nicht überzeugend. Dies können auch Samen- oder Eispenden leisten.

Auch lässt sich nicht sicher vorhersagen, dass Klonen neue Erkenntnisse über die menschliche Entwicklung erlauben würde[743].

Die moralische Verpflichtung, kranken Menschen zu helfen und somit -ausgehend vom Recht auf körperliche Unversehrtheit- eine entsprechende Forschung zur Verwirklichung vielversprechender Heilungschancen als hochrangig zu bewerten und demnach zu gestatten[744], ist nicht mit der vorherrschenden ethischen Auffassung und Rechtsordnung vereinbar. Es gibt folglich keinen zwingenden Grund für das Klonen.

P. Alternativen zum Forschen und Klonen mit embryonalen Stammzellen

Die dargestellten, vielfältigen Probleme der Forschungsverwendung embryonaler Stammzellen haben zu einem veränderten Verständnis in deren Betrachtung geführt[745]. Es begann die Suche nach Alternativen der Krankheitsbehandlung, welche ausreichend vorhanden sind[746].

---

[742] *Brock*, FN 720, S. 9 .

[743] *Brock*, FN 720, S. 9.

[744] *Egle*, FN 211, S. 9.

[745] *Kenneth R. Chien / Alessandra Moretti / Karl-Heinz Laugwitz*, ES Cells to the Rescue, Science 8 October 2004 , Vol 306, Issue 5694, S. 239f.; *Diego Fraidenraich/ Elizabeth Stillwell / Elizabeth Romero / David Wilkes / Katia Manova / Craig T. Basson / Robert Benezra*, Rescue of Cardiac Defects in Id Knockout Embryos by Injection of Embryonic Stem Cells, , Science 8 October 2004, Vol 306, Issue 5694, S. 247 ff.

[746] *Linus S. Geisler*, Prof. für innere Medizin, Universität Bonn - siehe FN 35.

I. Erforschung der Reprogrammierung von Genomen im tierischen System und die Etablierung von Stammzellbanken

Winnacker hält das therapeutische Klonen für einen „Irrweg“[747]. Als Alternative schlägt er die Erforschung der Reprogrammierung von Genomen im tierischen System und die Etablierung von Stammzellbanken vor. Einige Hundert menschliche embryonale Stammzellen seien vermutlich ausreichend, um immunologisch tolerierbare Zellen zu liefern[748].

II. Nabelschnurblut

Auch die Verwendung von Nabelschnurblut erscheint erfolgsversprechend. Als Nabelschnurblut, auch Plazentarestblut genannt, bezeichnet man das nach der Abnabelung des Kindes noch in Nabelschnur und Plazenta befindliche kindliche Blut. Das Nabelschnurblut gehört zu den neuen und sehr vielversprechenden Quellen der Gewinnung verschiedener Stammzellen. Nabelschnurblut-Stammzellen wurden 1988 erstmals durch die französische Ärztin Eliane Gluckman in Paris medizinisch genutzt, um ein Kind mit Fanconi-Anämie zu behandeln. Bis Ende 2004 sind weltweit ca. 5000 bis 6000 mal Nabelschnurblut-Stammzellen zum Einsatz gekommen[749].

Diese Zellen entsprechen den embryonalen Stammzellen am ehesten, da sie nur geringfügig geprägt sind. Sie besitzen ein hohes Vermehrungs- sowie Differenzierungspotenzial. Bereits nachgewiesen wurde die Fähigkeit von Nabelschnurblut-Stammzellen, sich nicht nur in Blutzellen, sondern auch zu Nerven-, Leber-, Blutgefäß-, Muskel-, Knochen- und Knorpelzellen zu entwickeln. Diese Eigenschaft wird in der Biotechnologie zur Regeneration von Körpergewebe genutzt. Darüber hinaus erscheint die Nutzung ethisch wenig problematisch. Es besteht jedoch rechtlicher Klärungsbedarf hinsichtlich der Verfügungsrechte am Nabelschnurblut und des Datenschutzes.

Weitere Vorteile von Nabelschnurblut gegenüber Knochenmark-Stammzellen sind folgende: Sie lassen sich ohne Risiko gewinnen und dies grundsätzlich bei jeder Geburt. Sie sind durch Langzeitlagerung (Kryokonservierung) sofort verfügbar, so dass auch eine Bevorratung von Stammzell-Präparaten für ethnische Minderheiten und Kinder mit gemischter ethnischer Herkunft möglich erscheint. Sie sind nur gering kontaminiert mit latent vorhandenen Viren und Tumorzellen und auch besser verträglich, selbst wenn bestimmte Merkmale (HLA-Merkmale) von Spender und Empfänger nicht übereinstimmen. Die Bereitstellung im Bedarfsfall ist einfach, eine aufwändige Koordinierung zwischen Knochenmarkentnahmezentrum und dem Transplantationszentrum entfällt.

---

[747] Anders: *Detlev Ganten*: „Was richtig und was verkehrt ist, lässt sich in der Forschung zu einem so frühen Zeitpunkt nicht entscheiden“, in: *Richter-Kuhlmann*, Klonen / Stammzellen I: Forschen an den Grenzen, DÄBl. 101 (Jg.04), S. A-1131.

[748] *Ernst Ludwig Winnacker*, in: Richter-Kuhlmann, FN 747, S. A-1131.

[749] Siehe dazu: New England Journal of Medicine 2004, Nr. 351, S. 2255 - 2257.

Dem stehen folgende Nachteile gegenüber: Die pro Entnahme verfügbare Menge an Nabelschnurblut ist begrenzt. Einer Nabelschnur können nur etwa 50-150ml Blut entnommen werden. Diese Menge ist gerade ausreichend für die Behandlung eines Kindes. Deshalb wird derzeit im Labor nach einer geeigneten Methode gesucht, die Zellen in-vitro weiter zu vermehren. Mittlerweile hat man damit begonnen „Nabelschnurblutbanken" anzulegen[750].
Jedoch erscheint die Weiterentwicklung der Forschung mit Nabelschnurblut durchaus vielversprechend und sollte als ernstzunehmende Alternative zur embryonalen Stammzellforschung im Blickwinkel bleiben.

III. Hautzellen

Die Haut ist eine weitere neu entdeckte Stammzellquelle. Forscher des Montreal Neurological Institute (MNI) der McGill University fanden durch Versuche mit erwachsenen Nagetieren heraus, dass die Zellen aus der Haut dieser Nagetiere in der Lage sind, sich zu verschiedenen Zelltypen wie zum Beispiel Neuronen, glatten Muskelzellen und Fettzellen zu differenzieren. Tests mit Menschen ergaben, dass in der menschlichen Haut ähnliche Zellen enthalten sind. Diese Stammzellen sind weniger Beschränkungen unterworfen als adulte Stammzellen, können sich laut dem Forscherteam jedoch in verschiedene Zelltypen unterschiedlicher embryonaler Abstammung differenzieren. Außerdem können sie problemlos ein Jahr kultiviert werden ohne diese Fähigkeit zu verlieren. Sie können dem Patienten direkt entnommen werden. Dadurch entfallen die Komplikationen einer Transplantation[751].

Auch Wissenschaftlern der Universität Harvard ist es bereits gelungen, menschliche Hautzellen so umzuprogrammieren, dass sie sich wie embryonale Stammzellen verhalten. Die Wissenschaftler benutzten eine laboreigene, embryonale Stammzelllinie, welche für die staatlich geförderte Forschung freigegeben wurde. Mit Hilfe dieser Stammzelle wurden die Gene in den Hautzellen eines Menschen so reprogrammiert, dass sich diese Hautzelle selbst in eine embryonale Stammzelle umwandelt. Sie sind damit „verjüngte" Versionen der Hautzellen der betroffenen Person und haben die gleiche DNS. Die klinische Forschung soll in einigen Jahren beginnen[752].

IV. Fruchtwasserzellen

Der Embryo einer Schwangeren befindet sich während der Schwangerschaft in der mit Fruchtwasser gefüllten Fruchtblase. Das Fruchtwasser enthält unter anderem lebende Zellen des Embryo, welche nicht spezialisiert sind. *Hengstschlä-*

---

[750] http://www.merian.fr.bw.schule.de/mueller/schueler/stammzellforschung.htm#_Toc3148137.
[751] http://www.merian.fr.bw.schule.de/mueller/Schueler/stammzellenforschung.htm#_Toc3148137.
[752] Der Tagesspiegel vom 23. August 2005, S. 1 „Sensation bei Forschung mit Stammzellen"; Der Tagesspiegel vom 23. August 2005, S. 7 „Stammzellen hautnah", siehe auch: Spiegel online vom 22. August 2005, Gentechnik „Embryonale Stammzellen ohne Embryos".

ger (Universität Wien) fand heraus, dass diese Zellen von wenigen Tage alten Embryonen genauso vielseitig und anpassungsfähig sind wie embryonale Stammzellen. Auch ist die Verwendung dieser Fruchtwasser-Zellen ethisch unbedenklich, da der Embryo dadurch nicht zerstört wird. Jedoch ist der Anteil der Zellen im Fruchtwasser mit 0,1 - 0,5 Prozent relativ gering[753].

V. Adulte Stammzellen

Abschließend seien die schon oft angesprochenen adulten Stammzellen näher betrachtet:

1. Vorteile adulter gegenüber embryonalen Stammzellen

Bei der Forschung mit adulten Stammzellen gibt es keine ethischen Bedenken, denn bei ihrer Gewinnung werden keine Embryonen benötigt. Die sogenannten HSC-Zellen (hematopoetic stem cells: hämatopoetische Stammzellen) entstammen dem Knochenmark und sind für die Erneuerung der roten und weißen Blutkörperchen und für das Immunsystem zuständig.

Neuere Forschungen haben gezeigt, dass sich aus ihnen weit mehr Zelltypen entwickeln können als ursprünglich angenommen. So wurde beobachtet, dass die Stammzellen im Knochenmark auch in geschädigtes Herzgewebe einwandern und sich zu Herzmuskelzellen differenzieren. Das gleiche Phänomen wurde bei der Leber festgestellt.

Die genauen Bedingungen sowie die Funktionsweise einer solchen Umprogrammierung sind jedoch bisher nicht bekannt. Auch sind die Zellen im Labor derzeitig nur begrenzt haltbar. Es kann angenommen werden, dass zwar einzelne adulte Stammzellen nur begrenzte Fähigkeiten besitzen, jedoch eine Gemeinschaft adulter Stammzellen viele Möglichkeiten einer solchen „Umprogrammierung“ bieten[754].

2. Nachteile

Das Entwicklungspotential der embryonalen und der adulten Stammzellen unterscheidet sich, so wird bisher angenommen, deutlich. Generell nimmt das entwicklungsbiologische Potenzial mit dem ontogenetischen Alter ab[755]. Andererseits besitzen adulte Stammzellen, wie bereits angesprochen, eine viel größere entwicklungsbiologische Flexibilität als anfangs vermutet. So ist die Spezifität nicht auf einen Zelltyp allein beschränkt. Unter geeigneten Bedingungen können sich Zelltypen auch ineinander umwandeln, d.h. nicht nur Zellen des entspre-

---

753 http://www.bio-pro.de/de/life/magazin/00991/.

754 http://www.bio-pro.de/de/life/magazin/00991/index.html?lang=de&print_style=yes.

755 *Anthony D. Ho*, „Rohstoff“ für die regenerative Medizin, in: Dokumentation „PID, PND, Forschung an Embryonen“, FN 51, S. 118.

chenden Organismus hervorbringen, sondern auch Zellen anderer Gewebe und Knochen[756]. Inwieweit dies wirklich zutrifft, ist gegenwärtig Gegenstand der Forschung[757].

3. Ergebnis

In den letzten Jahren wurden auf dem Gebiet der adulten Stammzellforschung große Fortschritte erzielt. Die Gewinnung, Reinigung und Konzentration von einigen Millionen Stammzellen kann innerhalb der selben Narkose durchgeführt werden. Sämtliche heute vorweisbaren Therapieerfolge beim Menschen sind auf adulte Stammzellen zurückzuführen[758].
Es ist kaum vorstellbar, dass embryonale Stammzellen in absehbarer Zeit Vorteile gegenüber den schon heute gut erforschten adulten Stammzellen bringen könnten. Der Stammzellforscher *Oliver Brüstle* ist der Ansicht, es sollten vermehrt die Mechanismen der Zellkern-Umprogrammierung erforscht werden, um langfristig adulte Stammzellen in ein pluripotentes Stadium zu überführen. Geklonte embryonale Stammzellen bergen ein viel zu hohes Risiko, als dass man sie klinisch einsetzen könnte. Potenzielle Schäden seien im Zellkulturstadium oftmals nicht identifizierbar[759].

Adulte Stammzellen können daher möglicherweise als Alternative zu embryonalen Stammzellen dienen.

VI. Neue Methoden

Um bei der Gewinnung embryonaler Stammzellen den massiven Kritiken in bezug auf die ethische Vertretbarkeit zu begegnen, wurden zwei alternative Methoden der Gewinnung embryonaler Stammzellen vorgestellt, welche keine Zerstörung des lebensfähigen Embryo nach sich ziehen.
So ist es zwei US-amerikanischen Forscherteams in unterschiedlichen Verfahren im Tierversuch gelungen, embryonale Stammzellen zu gewinnen, ohne dabei lebensfähige Embryonen zu zerstören[760]. Falls diese Techniken auf den Menschen übertragbar wären, könnte zumindest ein erheblicher Kritikpunkt - die Zerstörung von humanen Embryonen - ausgeschaltet werden.

---

[756] *Binkhoff / Sindram*, FN 15, S. 8.

[757] http://www.bundesregierung.de/dokumente/Schwerpunkte/Gentechnik/ix5703_31848.htm.

[758] Arbeitsgemeinschaft evangelischer Ärztinnen und Ärzte der Schweiz (AGEAS), Vereinigung katholischer Ärzte der Schweiz, Weitere Therapieerfolge mit adulten Stammzellen, Bern, 01.11.2004.

[759] *Oliver Brüstle* glaubt nicht, dass der von den Südkoreanern eingeschlagene Weg jemals klinisch relevant wird: „Zu selten verläuft eine Reprogrammierung fehlerfrei.“, in: Richter-Kuhlmann, FN 747, S. A-1131.

[760] *Alexander Meissner / Rudolf Jaenisch*, Generation of nuclear transfer-derived pluripotent ES cells from cloned Cdx2-deficient blastocysts, Nature, AOP, October 2005, A. Meissner & R. Jaenisch; *Y. Chung et al.*, Embryonic and extraembryonic stem cell lines derived form single mouse blastomeres, Nature, AOP, October 2005, Y. Chung et al.

VII. Fazit

Die Alternativen der Forschung sind vielfältig und vielversprechend. Sie sollten mit aller Kraft weiterverfolgt werden.

Hans Gassen, Direktor am Institut für Biochemie der Technischen Universität Darmstadt, gibt jedoch zu bedenken, dass ohne die Zulassung des Klonens die Patienten und Wissenschaftler auf ausländische Entwicklungen zurückgreifen müssten, was enorme Kosten verursachen würde. Dies ist für die *Verfasserin* kein tragfähiges Argument, denn wenn die Forschung mit Alternativen nicht ernsthaft versucht und unterstützt wird, wird man nie wissen, ob ein Rückgriff auf embryonale Stammzellen und somit die ausländischen Forschungsergebnisse in fernerer Zukunft wirklich erforderlich sein wird.

Auch Dolly-Schöpfer *Ian Wilmut* spricht sich erneut für das Klonen menschlicher Embryonen zu Forschungszwecken aus: „Das Klonen verspräche einen so großen Nutzen, dass es unmoralisch wäre, es nicht zu tun."[761]. Hier sei erneut auf das Zitat von *Johannes Rau* verwiesen: „Fortschritt nach menschlichem Maß kennt seinen Wert und weiß um seine Werte. Das Gegenteil von unbegrenztem Fortschritt ist nicht Stillstand oder Rückschritt [...]. Es hat einen Preis, wenn wir nach ethischen Grundsätzen handeln."[762].

Eckhard Wolf gibt zu bedenken, dass die durch therapeutisches Klonen entstandenen Zellen doch vom Immunsystem abgestoßen werden können, obwohl sie den Kern einer Körperzelle des Empfängers enthalten: „Wir müssen zwischen einem echten Klon und einer genomischen Kopie unterscheiden". Nach dem Kerntransfer enthielten die Zellen zwar die identische Kern-DNA, aber die mitochondriale DNA, die hauptsächlich aus der Eizelle kommt, sei durchaus unterschiedlich[763].

Diese Einschätzung macht wiederum deutlich, dass auch die embryonale Stammzellforschung zum jetzigen Zeitpunkt mit Problemen zu kämpfen hat, die keinesfalls als gering gelten können. Insofern sollten Problematiken mit alternativen Forschungsmethoden nicht überbewertet werden.

2. Kapitel: Schlussfolgerungen

A. Grundsätzliche Möglichkeit einer rechtlichen Regelung der embryonalen Stammzellforschung

Zusammengefasst lässt sich aus den Betrachtungen zum Status des Embryo sowie den vielfältigen angrenzenden Problembetrachtungen Folgendes feststellen:

---

[761] *Ian Wilmut*, in: Richter-Kuhlmann, FN 747, S. A-1131.
[762] *Rau*, FN 734.
[763] *Eckhard Wolf*, in: Richter-Kuhlmann, FN 747, S. A-1131.

Eine allein rechtliche Lösung der Problematik erscheint nicht möglich. Zwar gibt es weitgehend Einigkeit darüber, dass ohne normative Auszeichnung des menschlichen Lebens eine lebenswerte Gesellschaftsform kaum zu erhalten wäre[764], dass jedoch dieselbe Schutzwürdigkeit, die wir für alle lebenden Menschen fordern, auch einem 8- bis 32-Zeller zugeschrieben wird, entbehrt für viele der Plausibilität[765]. Ethische und moralische Argumente haben somit erheblichen Einfluss auf dieses Forschungsgebiet. Es ist folglich bei der Forschung mit Embryonen gerade keine reine Kosten-Nutzen- bzw. Schaden-Nutzen-Analyse möglich.

Das zentrale ethische Problem des menschlichen Klonens besteht, wie gesehen, in der Reproduktion menschlicher Wesen für einen bestimmten sozialen Zweck. Es impliziert damit die Unterordnung des Individuums unter die Forderungen der Gesellschaft in dem Sinn, dass die Gene eines Menschen nicht Produkt des Zufalls, sondern einer sozialen Entscheidung sind, die basiert auf historisch akzeptierten Werten und individuellen Präzedenzen. Das Problem der Forschung mit embryonalen Stammzellen lässt sich in der willkürlichen, zweckgebundenen Zerstörung menschlichen Lebens und seiner Würde zusammenfassen.

Die Gewinnung adulter Stammzellen sowie der Stammzellen aus dem Nabelschnurblut oder andere Methoden erscheinen vielversprechend sowie ethisch und juristisch unbedenklich, so dass die Argumente für deren verstärkte Erforschung und Nutzung überwiegen. Die *Verfasserin* verkennt dabei nicht, dass es elementar für die klinische Praxis ist, dass die Stammzellen auf der einen Seite möglichst unbegrenzt auf einer bestimmten Differenzierungsstufe vermehrt werden können und andererseits ihre Differenzierung zu bestimmten Zelltypen nach Bedarf präzise gesteuert werden kann. Dies scheint jedoch auch durch adulte Stammzellen vollumfänglich möglich, zumindest nicht ausgeschlossen, und auch nicht unverhältnismäßig viel schwieriger als bei embryonalen Zellen oder gar technisch unmöglich.

B. Beweggrund für den Schutz des Embryo - Prinzipien oder Missbrauchsgefahr

Entscheidend für etwaige gesetzliche Regelungsversuche dieses komplexen Sachgebietes ist in erster Linie der jeweilige Beweggrund für den Schutz des Embryo.

Der Freiburger Strafrechtler *Albin Eser* äußerte in diesem Zusammenhang: „Wenn man meint, dass das ungeborene Leben kategorial aus prinzipiellen Gründen zu schützen sei, dann müsste man konsequenterweise dem Forscher

764 So auch: *Hauskeller*, FN 82, S. 12.

765 Anstatt vieler: *Reinhard Merkel*, Rechte für Embryonen?, Die Zeit vom 25. Januar 2001, S. 37.

sagen: Das geht bei uns nicht, Schluss aus, mit allen Konsequenzen. Wenn man dagegen meint, dass es letztlich mehr um Missbrauchsschutz gehe, dann könnte man sich eine ganz andere Regelung denken, wie etwa durch ein System von Lizenzierungen und mit Kontrollgremien."[766].

Entsprechend dieser Kategorisierung hat sich die deutsche Gesellschaftsordnung und der Gesetzgeber bisher der ersteren Kategorie angeschlossen: Der (in-vitro gezeugte) Embryo ist kategorisch aus prinzipiellen Gründen als Teil der menschlichen Gesellschaft geschützt. So sind die Regelungen des Grundgesetzes, des Embryonenschutzgesetzes und des Stammzellgesetzes eindeutig und stringent - die Gewinnung von embryonalen Stammzellen ist nach deutschem Recht generell nicht möglich. Das Stammzellgesetz regelt klar, wann und inwiefern mit embryonalen Stammzellen gearbeitet werden kann und wann sie importiert werden können. Gerade die Möglichkeit der Nutzung überzähliger Embryonen aus In-vitro-Fertilisation ist über § 2 Abs. 1 ESchG juristisch ausgeschlossen und zudem moralisch umstritten[767]. Die Nutzung von Keimzellen abgetriebener Feten ist zwar juristisch möglich, aber auch ethisch zutiefst fraglich[768].

Darüber hinaus sei an die Begründungen, die das BVerfG in beiden Abtreibungsentscheidungen gegeben hat, erinnert: eine sehr umfassende Schutzkonzeption für - alle - Embryonen stellt ein Grundprinzip unserer gesellschaftlichen Ordnung dar[769].

Zwar hat demgegenüber der ehemalige Bundeskanzler *Gerhard Schröder* am 14. Juni 2005 anlässlich der Verleihung der Ehrendoktorwürde durch die Universität Göttingen erneut seine Position zur Stammzellenforschung bekräftigt: Deutschland könne sich „der Tendenz zu einer Liberalisierung der Forschung mit embryonalen Stammzellen auf Dauer nicht entziehen" und „Wir dürfen uns in der Bio- und Gentechnik nicht vom Fortschritt in der internationalen Forschung abkoppeln". Andernfalls könne Deutschland auf ethische Fragen in der Forschung

---

766 *Albin Eser*, Beitrag zur Podiumsdiskussion, S. 128, in: Bundesministerium für Bildung und Forschung (Hrsg.): Humane Stammzellen. Perspektiven und Grenzen in der regenerativen Medizin.

767 Siehe dazu: Teil I, 4. Kap., B., II., 2. Inhaltliche Schwerpunktsetzung, S. 69 f.

768 Diese Problematik soll in diesem Rahmen nicht vertieft werden, siehe weiterführend: *Schroth / Fateh-Moghadam*, FN 697, S. 49: Vorausgesetzt wird, dass der Fötus tot ist und die Einwilligung der Mutter nach entsprechender Aufklärung - auch über die Verwendung - gegeben ist. Ethisch ist jedoch auch diese Gewinnungsmöglichkeit problematisch. Es sollte gewährleistet sein, dass Abtreibungsentscheidung mit Einwilligung in Gewinnung von Stammzellen nichts zu tun hat. Auch sollten kommerzielle Interessen ausgeschlossen sein.

769 Siehe oben, Teil I, 4. Kap. A., 2., c. Ansicht des BVerfG, S. 49 ff. sowie Teil I, 4. Kap. A., III., 3., a., dd. Sichtweise des BVerfG, S. 62 ff., dazu auch: *Holznagel*, FN 127, S. 1; sowie weiterführend: http://www.zeit.de/2001/25/Kultur/200125_replik_gen.html.

künftig keinen Einfluss mehr nehmen[770]. Die deutschen Gesetze müssten angesichts neuer wissenschaftlicher Erkenntnisse „überprüft und bei Bedarf auch angepasst werden“[771].

Dem ist im Grundsatz zuzustimmen, vorausgesetzt, der Stand der Wissenschaft erlaubt eine Liberalisierung der gesetzlichen Regelungen, ohne fundamentale Grundsätze unserer Gesellschaftsordnung zu verletzen - den prinzipiellen Schutz des ungeborenen Lebens sowie dessen Würde. Dieser Forschungsstand ist nach Ansicht der *Verfasserin* derzeit noch nicht erreicht und erscheint auch in absehbarer Zukunft nicht erreichbar.

C. Konkrete Regelungsmöglichkeiten

Die Betrachtungen lassen folgende hoheitliche Regelungsmöglichkeiten zu:

I. Auf nationaler Ebene

Die Forschung mit adulten Stammzellen ist zulässig und regelungsfähig, es stellen sich insofern weder rechtliche noch ethische Probleme. Diese Forschung sollte auch durch Wachstumsfaktoren gefördert werden, um der Befürchtung zu entgegnen, wissenschaftlich völlig abgeschlagen zu werden.
Die Forschung mit embryonalen Stammzellen über das bisher erlaubte Maß hinaus kann nicht zugelassen werden. Dem stehen - zumindest beim jetzigen Forschungsstand - prinzipielle Entscheidungen des deutschen gesellschaftlichen Werte- und Rechtssystems entgegen[772].
Therapeutisches und reproduzierendes Klonen mit embryonalen Stammzellen sind in Deutschland bereits durch das ESchG geregelt - es ist sowohl rechtlich als auch ethisch ausgeschlossen.

II. Auf regionaler Ebene

Konsens besteht zur Zulässigkeit des therapeutischen Klonens mit adulten Stammzellen. Dieses scheint auch der einzig mögliche und erreichbare verallgemeinerungsfähige Ansatz für rechtlich verbindliche Regelungen zu sein.
Weder Regelungen zur Forschung noch zum Klonen mit embryonalen Stammzellen sind konsensfähig. Aufgrund verschiedenster ethischer, kultureller und religiöser Grundhaltungen erscheinen weiterführende verbindliche Normen als unwahrscheinlich und nicht durchsetzbar. Diese Gebiete sind auf regionaler

---

770 „Dann wären wir von der Mitsprache über die Nutzung und der Kontrolle der Verfahren ausgeschlossen.“: http://www.spiegel.de/wissenschaft/mensch/0,1518,360344,00.html.

771 http://www.spiegel.de/archiv/suche/0,1518,suchcache-PB64......html .

772 Natürlich bleibt es eine Gewissensfrage, ab welchem Grad an wissenschaftlich gesichertem Fortschritt eine Würdebeeinträchtigung des Embryo nicht mehr zu befürchten ist. Nach Ansicht der *Verfasserin* ist dafür eine erste grundlegende - jedoch nicht hinreichende - Voraussetzung, dass der Wissenschaft eine Erkenntniserweiterung ohne Embryonenverbrauch möglich ist.

Ebene nicht regelungsfähig. Es verbleibt allein die Möglichkeit nicht bindender Deklarationen, welche an das Gewissen appellieren, verbunden mit der Erkenntnis, dass die Ethik anderen Handlungsebenen vorgeht.

III. Auf internationaler Ebene

Auf internationaler Ebene ist die Konsensfähigkeit noch weiter eingeschränkt. Die Direktiven sind hier, wie gezeigt, weitgehend allgemeinerer Natur und bedürften für ihre rechtspraktische Implementierung der legislatorischen Konkretisierung. Es ist wohl -entsprechend den vergeblichen Bemühungen der UN- insgesamt kein verbindlicher Standard möglich, wiederum nur nicht bindende Deklarationen, welche an das Gewissen appellieren.
Die bioethische Diskussion wird seit nunmehr bereits 25 Jahren erfolglos mit dem Ziel der internationalen Gesetzgebung geführt. Nur 30 Staaten haben nationale bioethische Gesetze, hinzu kommen bereits genannte europäische Vorgaben, die Helsinki-Deklaration, die UNESCO-Deklarationen etc. Trotz der Gefahr des Slippery-slope-Effekts ist das Setzen von Mindeststandards nach Ansicht der *Verfasserin* möglich und auch notwendig. Auch der kleinste gemeinsame Nenner, sei er auch sehr klein, ist eine notwendige Orientierungshilfe für Staaten ohne solche Gesetzgebung von welcher die internationale Forschung profitiert. Auch *Catenhusen* fordert ein pragmatisches Verhältnis zu Mindeststandards. Sie seien die einzige Alternative, andererseits werde kein Konsens zu erreichen sein, da immer wieder eine Frage im Raum stehe: Welche Bioethik brauchen wir?[773]. Das Slippery-slope-Argument stelle nach Ansicht *Catenhusens* keine Grundlage für Einschränkungen dar. Vielmehr seien Mindeststandards eine unverzichtbare Grundlage für die zwischenstaatliche Auseinandersetzung bezüglich der Grenzziehung, der Rahmenbedingungen, der Stärkung der Verantwortung anderer Staaten und der Festlegung der Verfahren[774].

IV. Fazit

Die der Europäisierung und dem Globalisierungsprozess unterworfene pluralistische Gesellschaft hat ein Recht von den Entscheidungsträgern verlässliche Rahmenbedingungen einzufordern, die den notwendigen Fortschritt zur Verbesserung der Medizin ermöglichen, bei gleichzeitiger Gewährleistung des ethisch vertretbaren und wünschenswerten[775]. Diese Rahmengesetze sind ständig zu überprüfen, insbesondere auf ihre Vereinbarkeit mit Forschungsprojekten und spezifischen Maßnahmen. Sie müssen jedoch stets die fundamentalen Grundlagen der jeweiligen gesellschaftlichen Ordnung verbürgen.

---

773 *Catenhusen*, FN 213, Rede anlässlich der Konferenz „Bioethik" am 14./15.09.2005 in Berlin.
774 *Catenhusen*, FN 213, Rede anlässlich der Konferenz „Bioethik" am 14./15.09.2005 in Berlin.
775 *Stefan Winter / Herrmann Fenger / Hans-Ludwig Schreiber (Hrsg.)*, Genmedizin und Recht, Vorwort, S. XVII.

Teil III - Abschließende Betrachtungen und Schlussfolgerungen
Nach umfassender Betrachtung der Thematik kann sich die *Verfasserin* einem Ausspruch des Ethikers *Dietmar Mieth* vollumfänglich anschließen:

„Nur wenn die Menschenwürde die Machbarkeit am Zügel hält, wird die Richtung stimmen"[776].

Neue Technologien begründen neue Herausforderungen unserer ethisch gegründeten verfassungsrechtlichen Perspektive. Dass der Staat den Menschen nicht „züchten"[777] darf, ist oberste Voraussetzung unserer ethischen Grundüberzeugungen. Die Pluralität aus Moral, Kultur und Recht ist historisch gewachsen. Es kann weder eine strikte formale und inhaltliche Zuordnung von Recht und Ethik geben, noch ist eine Gleichsetzung oder Trennung aufgrund der verschiedenen Rechtskulturen möglich[778]. Zwar liegt es in der Natur des Menschen: Was machbar ist, möchte man erreichen. Jedoch geraten dabei ethische Maßstäbe ins Rutschen. Problematisch ist insbesondere, dass das Gebiet der Embryonenforschung so neuartig ist, dass keinerlei Erfahrungen im Umgang mit den Möglichkeiten bestehen. *Reich* beschreibt die Situation folgendermaßen: „Die Bausteine gehorchen dem Befehl, das Ganze verweigert sich unserem Zugriff"[779].

Es ist Aufgabe des Rechts, diese neuen Herausforderungen zu gestalten. Es kann nicht übersehen werden, dass die aufgeworfenen Probleme, die bei Erlass des Grundgesetzes nicht zur Diskussion standen, nur schwerlich im Wege der herkömmlichen Verfassungsauslegung beantwortet werden können. Wenn aber das Verfassungsrecht seine Steuerungskraft und Wirkungskraft nicht verlieren soll, müssen sich interessengerechte Lösungen deduzieren lassen, die sich nicht als verfassungswidriger Tabubruch erweisen. Folglich sind Überlegungen aus Moral, Kultur sowie praktische Überlegungen aufgrund vernunftgeleiteter Gründe notwendig, um zu einer praktikablen Verfassungsauslegung zu gelangen. *Schwarz* ist durchaus zu folgen, wenn er fordert, dass die verfassungsrechtliche Bewertung neuer Sachverhalte, wie die des therapeutischen Klonens, eine Fortentwicklung des herkömmlichen Verfassungsverständnisses verlangt[780]. Sie erfordert jedoch nicht zwingend einen fundamentalen Wechsel in der verfassungsrechtlichen Bewertung[781]. Entscheidend ist vielmehr, dass diese Fortentwicklung immer die grundlegenden Prinzipien und diesbezüglich herrschenden

---

[776] *Dietmar Mieth*, „Die Diktatur der Gene"-Bioethik zwischen Machbarkeit und Menschenwürde, S. 1 ff.
[777] *Dreier*, in: *Dreier*, FN 90, Art. 1, Abs.1, Rdnr. 61.
[778] *Ludger Honnefelder*, Rede anlässlich der Konferenz „Bioethik - im Kontext von Recht, Moral und Kultur" am 14./15.09.2005 in Berlin
[779] *Reich*, FN 685, Rede am 14./15.09.2005 in Berlin.
[780] *Schwarz*, FN 627, S. 210.
[781] *Schwarz*, FN 627, S. 209.

Rechtsüberzeugungen unserer Gesellschaft verteidigt: Bestimmte Dinge sind und bleiben unvertretbar. Die Argumentation, dass andere Staaten dies auch tun, kann nicht überzeugen - man denke an die Todesstrafe. Art. 1 Abs. 1 GG ist hierbei als „allgemeiner Indikator der unabweisbaren ethischen Bedingungen des wissenschaftlichen Fortschritts" die entscheidende Norm[782]. Dieser Aufgabe muss er durch strikte Anwendung gerecht werden.

Solange die Sicherstellung grundlegender Prinzipien unserer Gesellschaftsordnung nicht gelingt, muss es mit dem Schutz des Lebensrechts und der Menschenwürde des Embryo auch angesichts anderer Gemeinwohlinteressen sein Bewenden haben[783].

Somit sind folgende **Schlussfolgerungen** zu ziehen:

1. Eine Nutzung embryonaler Stammzellen ist - jedenfalls beim jetzigen Forschungsstand, d.h. solange eine Tötung erfolgt - nicht vertretbar. Aufgrund des verbleibenden erheblichen Forschungsbedarfs ist sicherzustellen, dass Opfer auf dem Weg zum medizinischen Fortschritt nicht der Embryo als Forschungsobjekt ist. Die Menschenwürde als einschlägige rechtliche Grundlage verbietet eine andere Betrachtung.

2. Eine Forschung mit unproblematischen Zellen (adulte Stammzellen u.a.) ist bezüglich der möglichen Entwicklung nicht weniger erfolgversprechend und daher vorzuziehen[784]. Hier besteht ein weitreichender Forschungsbedarf. Die Argumente gegen die embryonale Stammzellforschung sind - wie gezeigt - vielfältig: wissenschaftstheoretisch (molekularbiologischer Determinismus), moralisch (Freiheit des Klons zur autonomen Entwicklung) und nicht zuletzt ethisch (humaner Selbstverlust)[785]. Hinzu kommt der Verstoß gegen das Instrumentalisierungsverbot, der Verstoß gegen das Recht auf Nichtwissen und das Recht auf Unkenntnis der eigenen Biografie, der Verstoß gegen das Selbstverständnis und nicht zuletzt die Überlegungen zum Dammbruch und zur Eugenik.
Der medizinischen Forschung wird vom Gesetzgeber das Angebot unterbreitet, sich primär auf adulte menschliche Stammzellen oder auf menschliche Stammzellen aus Nabelschnurblut zu konzentrieren. Auch wenn diese Forschung weniger spektakulär und für den Wissenschaftler weniger attraktiv sein mag, muss von den Vertretern der medizinischen Forschung erst einmal der Beweis er-

---

[782] *Kunig*, in: v. Münch / Kunig, FN 90, Art. 1 Rdnr. 36 (Stichwort: Gentechnik).
[783] *Gerhard Robbers*, in Umbach / Clemens, Art. 1 GG, Rdnr. 70.
[784] So auch: *Egle*, FN 211, S. 10.
[785] *Runterberger / Ach*, FN 38, S. 132.

bracht werden, dass diese Forschungen nur ungenügende Substitute für eine Forschung mit embryonalen Stammzellen bilden[786].

3. Vorrangig sollte im jetzigen Stadium eine Standortbestimmung sein, eine Selbstreflexion. Verantwortliche Entscheidungsträger sollten sich einer Wertediskussion stellen, welche im Hinblick auf Sensibilität, Rationalität und Wertepluralismus, unter Berücksichtigung von Forschung, Diskussion und internationalem Kontext sowie stärkerer Vernetzung wissenschaftlicher Arbeiten einen nationalen, europaweiten und internationalen Diskurs voranbringt.

Es bleibt festzuhalten, dass der Umgang mit Embryonen bereits jetzt schon so versachlicht ist, dass man zu vergessen scheint, was dieser Embryo eigentlich ist. Man spricht immer nur davon, sie „herzustellen", zu „benutzen", zu „produzieren", und verwendet dabei Ausdrücke, die in der produzierenden Industrie verwendet werden. Es wird dabei übersehen, dass zwischen der Blastozyste und einem geborenen Menschen, den Niemand benutzen will, nur neun Monate liegen. Der Embryo ist keine fremde Sache, die man einfach besitzen kann, es ist vielmehr eine Entwicklungsstufe, die jeder von uns durchlebt hat[787].

Dem Eingangszitat entsprechend hat Richard von Weizsäcker zutreffend formuliert:

„ Unsere Nachfahren werden nicht fragen, welche Zukunftsvisionen wir für sie bereithielten; sie werden wissen wollen, nach welchen Maßstäben wir unsere eigene Welt eingerichtet haben, die wir ihnen hinterlassen haben."

(Richard v. Weizsäcker)

---

[786] *Joachim Hagel*, Unparteilichkeit im Spiel der Natur. Ein alternatives Argument für den Embryonenschutz, SaThZ 6 (2002) S. 31 f.

[787] So in: http://www.ruhr-uni-bochum.de/burgi/de/lehre/semi02s0/segeth00.doc.

Literaturverzeichnis

1. Kommentare / Monographien / Aufsätze

Ach, Johann S. / Bedenbecker-Busch, Mechthild / Kayß, Matthias (Hrsg.), Grenzen des Lebens - Grenzen der Medizin, Münster, 1997

Antretter, Robert, „Recht auf ein gesundes Kind"?, online verfügbar unter: http://www.proinfirmis.ch/service/pdf/lebenshilfe.pdf

Aquin, Thomas v., Summa theologiae, Wissenschaftliche Buchgesellschaft, 2004

Beckmann, Rainer, Embryonenschutz und Grundgesetz, ZRP 1987, S. 80 ff.

Beckmann, Rainer / Löhr, Mechthild (Hrsg.), Der Status des Embryos. Medizin - Ethik - Recht, Würzburg, 2003

Beinert, Wolfgang (Hrsg.), Texte zur Theologie, Bd. 8, Graz / Wien / Köln, 1998

Blankenagel, Alexander, Wissenschaftsfreiheit aus der Sicht der Wissenschaftssoziologie, AöR 105 (1980), S. 35 ff.

Blechschmidt, Erich, Wie beginnt das menschliche Leben, Stein am Rhein, 1984

Böckenförde, Ernst-Wolfgang, Das Tor zur Selektion ist geöffnet, Gespräch mit der Süddeutschen Zeitung vom 16.05.2001, S. 11

Bodendiek, Frank / Nowrot, Kasten, Bioethik und Völkerrecht, AVR, Bd. 37 (1999), S. 177 ff.

Boetius, Contra Eutychen et Nestorium, 6. Jhd.

Braun, Kathrin, Menschenwürde und Biomedizin, Frankfurt/Main, 2000

Braun, Volkmar /Mieth, Dietmar / Steigleder, Klaus (Hrsg.), Ethische und rechtliche Fragen der Gentechnologie und Reproduktionsmedizin, Gentechnologie - Chancen und Risiken, Bd. 13, München, 1987, S. 263 ff.

Breuer, Clemens, Mensch von Anfang an, Der Mensch aus der Retorte und die Frage nach dem Beginn des menschlichen Lebens, 2. Auflage, Paderborn, 2003

Brock, Dan W., Auch ein Klon ist frei geboren, Die Zeit vom 19. August 2004, S. 9

Brohm, Winfried, Forum: Humanbiotechnik, Eigentum und Menschenwürde, JuS 1998, S. 197 ff.

Brüning, Christoph, Voraussetzungen und Inhalt eines grundrechtlichen Schutzanspruches - BVerwG, NVwZ 1999, 1234, JuS 2000, S. 955 ff.

Büchner, Franz, Der Mensch in der Sicht der modernen Medizin, Freiburg, 1985

Bülow, Detlev v. / Fritsche, Paul, Menschenrechte in der modernen Medizin, Arbeitstagung vom 13. - 15.Juni 1986 in Kiel, 2. Teil, Heidelberg, 1987

Calliess, Christian / Ruffert, Matthias (Hrsg.), Kommentar des Vertrages über die Europäische Union und des Vertrages zur Gründung der Europäischen Gemeinschaft: EUV / EGV, 2. Auflage, Neuwied, 2002

Canaris, Claus-Wilhelm, Grundrechtseinwirkungen und Verhältnismäßigkeit in der richterlichen Anwendung und Fortbildung des Privatrechts, JuS 1989, S. 161 ff.

Catenhusen, Wolf-Michael, Staatssekretär, Bundesministerium für Bildung und Forschung in seiner Rede anlässlich der Konferenz „Bioethik - im Kontext von Recht, Moral und Kultur“ am 14./15.09.05 in Berlin

Chien, Kenneth R. / Moretti, Alessandra / Laugwitz, Karl-Heinz, ES Cells to the Rescue, Science 8 October 2004 , Vol 306, Issue 5694, S. 239 ff.

Chung, Y. et al., Embryonic and extraembryonic stem cell lines derived form single mouse blastomeres, Nature, AOP, October 2005, Y.Chung et al.

Classen, Claus Dieter, Die Forschung mit embryonalen Stammzellen im Spiegel der Grundrechte, DVBl. 2002, S. 141 ff.

ders., Verfassungsrechtliche Rahmenbedingungen der Forschung mit Embryonen“, WissR 1989, S. 235 ff.

Dederer, Hans-Georg, Menschenwürde des Embryo in vitro?, AöR 127 (2002), S. 1 ff.

Degener, Theresia, Chronologie der Bioethik-Konvention und ihre Streitpunkte, KritV 1998, S. 7 ff.

Denninger, Erhard (Hrsg.), Kommentar zum Grundgesetz für die Bundesrepublik Deutschland (AK-GG), 3. Auflage, Losebl.-Ausg., Neuwied, 2001

Deutsch, Erwin, Medizinrecht - Arztrecht, Arzneimittelrecht und Medizinprodukterecht, 4. Auflage, Berlin, 1999

Djie, Susanne Sioe San, Präimplantationsdiagnostik aus rechtlicher Sicht, Aachen, 2001

Dreier, Horst (Hrsg.), Grundgesetz-Kommentar, Bd. 1, Präambel, Artikel 1-19, 2. Auflage, Mohr - Siebeck, 2004

ders., Stufungen des vorgeburtlichen Lebensschutzes, ZRP 2002, S. 377 ff.

Dreier, Ralf, Forschungsbegrenzung als verfassungsrechtliches Problem, DVBl. 1980, S. 471 ff.

Eberbach, Wolfram H., Forschung an menschlichen Embryonen: Konsensfähiges und Begrenzungen, ZRP 1990, S. 217 ff.

Edinger, Thomas, Bioethik-Konvention stößt auf Kritik, DRiZ 95, S.149 ff.

Egle, Christoph, Zur Problematik der Forschung mit humanen embryonalen Stammzellen, in: Handout des Arbeitskreises Bioethik zur Mitgliederversammlung des Kreisverbandes Heidelberg zum Thema Stammzellenforschung, 22. Januar 2002, S. 9 ff.

Eser, Albin, Neuartige Bedrohungen ungeborenen Lebens, Heidelberg, 1990

ders. (Hrsg.), Biomedizin und Menschenrechte. Die Menschenrechtskonvention des Europarates zur Biomedizin-Dokumentation und Kommentare, Frankfurt a.M., 1999

Eser, Albin / Koch, Hans-Georg / Wiesenbart, Thomas (Hrsg.), Regelungen der Fortpflanzungsmedizin und Humangenetik - Eine internationale Dokumentation gesetzlicher und berufsständischer Rechtsquellen, Bd. 2, Frankfurt a.M., 1990

Farenhorst, Irene, Fortpflanzungstechnologien und Europäische Menschenrechtskonvention, EuGRZ 1988, S. 125 ff.

Fisahn, Andreas, Ein unveräußerliches Grundecht am eigenen genetischen Code, ZRP 2001, S. 49 ff.

Flach, Ulrike, Stammzellforschung in Deutschland stärken, Pressemitteilung vom 17. Mai 2004, online verfügbar unter: www.ulrike-flach.de/presse.php ?id=3455

Forkel, Hans, Verfügungen über Teile des menschlichen Körpers, JZ 1974, S. 593 ff.

Forsthoff, Ernst, Der Staat in der Industriegesellschaft, München, 1970

Fraidenraich, Diego / Stillwell, Elizabeth / Romero, Elizabeth / Wilkes, David / Manova, Katia / Basson, Craig T. / Benezra, Robert, Rescue of Cardiac Defects in Id Knockout Embryos by Injection of Embryonic Stem Cells, Science, 8 October 2004, Vol 306, Issue 5694, S. 247 ff.

Fuchs, Christoph (Hrsg.), Möglichkeiten und Grenzen der Forschung an Embryonen - Symposium der Akademie für Ethik in der Medizin, Göttingen in Verbindung mit der Akademie der Wissenschaften und der Literatur am 17. und 18.12.1989 in Mainz, Mainz, 1990

Ganten, Detlev (Hrsg.), Gene, Neutrone, Qubits & Co. - Unsere Welten der Information, Stuttgart, 1999

Geisler, Linus S., Stammzellen - Rechtliche Aspekte, Vortrag anlässlich der Tagung „Deutscher Arzt Recht Tag 2002" am 09. März 2002 in Frankfurt a.M.

Giesen, Richard, Internationale Maßstäbe für die Zulässigkeit medizinischer Heil- und Forschungseingriffe, MedR 1995, S. 353 ff.

Graf, Viktor Roland, Embryonenadoption - Ausweg aus der Sackgasse?, HLI - Report, Human Life International Schweiz, Nr. 43, Juni 2003, S. 3 ff.

Groeben, Hans v.d. / Thiesing, Jochen / Ehlermann, Claus-Dieter (Hrsg.), Kommentar zum EU- / EG-Vertrag, 5. Auflage, Baden-Baden, 1997

Grünwaldt, Klaus / Hahn, Udo (Hrsg.), Was darf der Mensch? Neue Herausforderungen durch Gentechnik und Biomedizin, Aufsatzsammlung, Hannover, 2001

Gruss, Peter, Stammzellen: Stammkapital einer neuen Medizin?, Magazin der Max-Planck Gesellschaft, Max Planck Forschung 2/2001, S. 66 ff.

Häberle, Peter, Die Freiheit der Wissenschaften im Verfassungsstaat, AöR 110 (1985), S.329 ff.

Haedicke, Maximilian, Kein Patent auf Leben? - Grundlagen des Patentrechts und der Schutz biotechnologischer Erfindungen, JuS 2002, S.113 ff.

Hagel, Joachim, Unparteilichkeit im Spiel der Natur. Ein alternatives Argument für den Embryonenschutz, SaThZ 6 (2002) S. 25 ff.

Hauskeller, Christine, Die Stammzellforschung - Sachstand und ethische Problemstellungen, Das Parlament, „Aus Politik und Zeitgeschichte“, B 27/2001, S. 7 ff.

Have, Henk ten, Die Allgemeine Erklärung über Bioethik und Menschenrechte der UNESCO-Entstehungsprozess und Bedeutung, in: Allgemeine Erklärung über Bioethik und Menschenrechte, Wegweiser für die Internationalisierung der Bioethik, Deutsche UNESCO-Kommission, 2006, S. 27 ff.

Haverkate, Görg, Verfassungslehre, München, 1992

Hawkes, David, Der Fakt Mensch im Gentechnikrecht, Frankfurt a.M., 1995

Hendriks, Aart, Article 17 of the European Convention on Human Rights and Biomedicine: incompatible with international human rights law? KritV 1998, S. 111 ff.

Hennen, Leonhard / Sauter, Arnold, Präimplantationsdiagnostik, Praxis und rechtliche Regulierung in sieben ausgewählten Ländern, Sachstandsbericht Februar 2004, Büro für Technikfolgen - Abschätzung (TAB) beim Deutschen Bundestag, Arbeitspapier Nr. 94, online verfügbar unter: http://www.tab.fzk.de/de/projekt/zusammenfassung/ab94.pdf

Herdegen, Matthias, Die Menschenwürde im Fluss des bioethischen Diskurses, JZ 2001, S. 773 ff.

ders., Die Erforschung des Humangenoms als Herausforderung für das Recht, JZ 2000, S. 633 ff.

ders., Die Patentierbarkeit von Stammzellenverfahren nach der Richtlinie 98/44/EG, GRUR Int. 2000, Heft 10, S. 859 ff.

Herzog, Roman / Scholz, Rupert / Herdegen, Matthias / Klein, Hans-H. (Hrsg.), Maunz-Dürig, Grundgesetz, Kommentar, Bd. 1, Art. 1-5 GG, 45. Ergänzungslieferung, München, 2005

Hillgruber, Christian, „Die Bundesjustizministerin und die Menschenwürde und der Embryonenschutz" - Anmerkungen zum amtlichen Bruch eines Tabus, NJW aktuell, Heft 50/2003, S. XIV

Hoerster, Norbert, Forum: Abtreibungsverbot - Religiöse Voraussetzungen und rechtspolitische Konsequenzen, JuS 1991, S. 190 ff.

ders., Abtreibung, Reformfragen, JuS 1989, S. 172 ff.

Höffe, Ottfried, Wessen Menschenwürde, Die Zeit 6/2001, S. 12

Höfling, Wolfram, Verfassungsrechtliche Aspekte der Verfügung über menschliche Embryonen und humanbiologisches Material, Gutachten für die Enquete-Kommission des Deutschen Bundestages „Recht und Ethik der modernen Medizin", Mai 2001, S. 103 ff.

ders., Menschen mit Behinderungen, das „Menschenrechtsübereinkommen zur Biomedizin" und die Grund- und Menschenrechte, KritV 1998, S. 99 ff.

Hofmann, Hasso, Biotechnik, Gentherapie, Genmanipulation - Wissenschaft im rechtsfreien Raum?, JZ 1986, S. 253 ff.

ders., Menschenrechtliche Autonomieansprüche, JZ 1992, S. 165 ff.

Holznagel, Bernd, Fachgruppe „Rechtswissenschaften" zur Forschung an embryonalen Stammzellen, Forschungsstelle Bioethik, Westfälische Wilhelm-Universität Münster, Münster, 2002

Honnefelder, Ludger, Intention und Charakter des Übereinkommens über Menschenrechte und Biomedizin, in: Honnefelder, Ludger / Taupitz, Jochen / Winter, Stefan, Das Übereinkommen über Menschenrechte und Biomedizin des Europarates - Argumente für einen Beitritt. Hrsg.: Konrad-Adenauer-Stiftung, Interne Studien 171/1999, S. 9 ff.

ders., Das Menschenrechtsübereinkommen zur Biomedizin des Europarates, Zur zweiten und endgültigen Fassung des Dokuments, JbWissEthik 2 (1997), S. 305 ff.

ders., Rede anlässlich der Konferenz „Bioethik - im Kontext von Recht, Moral und Kultur“ am 14./15.09.05 in Berlin

Honnefelder, Ludger / Taupitz, Jochen / Winter, Stefan (Hrsg.), Das Übereinkommen über Menschenrechte und Biomedizin des Europarates - Argumente für einen Beitritt. Hrsg.: Konrad-Adenauer-Stiftung, Interne Studien 171/1999

Hüppe, Hubert, Stellungnahme vom 11.März 2002, S. 6; online verfügbar unter: http://www.huberthueppe.de/bio/020311.shtml

Huxley, Aldous, Schöne neue Welt, 62. Auflage, Frankfurt, 1981

Iliadou, Ekaterini, Forschungsfreiheit und Embryonenschutz, Berlin, 1999

Ipsen, Jörn, Staatsrecht II - Grundrechte, 4. Auflage, Neuwied, 2001

ders., Der „verfassungsrechtliche Status“ des Embryos in vitro, JZ 2001, S. 989 ff.

Isensee, Josef / Kirchhof, Paul, Handbuch des Staatsrechts, Bd. 1, Grundlagen von Staat und Verfassung, Heidelberg, 2003, Bd. 4, Freiheitsrechte, 2. Auflage, Heidelberg, 2001

Jachertz, Norbert, Am Rande der schiefen Bahn, in: Dokumentation „PID, PND, Forschung an Embryonen“ vom 23. Mai 2002, S.9 ff., online verfügbar unter: http://www.dggg.de/pdf/bundesaerztekammer-pnd-pid-2000-2002.pdf

Jahn, Andreas, Erklärung der Fachbegriffe: Was sind Stammzellen?, Handout des Arbeitskreises Bioethik zur Mitgliederversammlung des Kreisverbandes Heidelberg zum Thema Stammzellenforschung, 22.01.2002

Janis, Mark W. / Kay, Richard S. / Bradley, Anthony W., European Human Rights Law-Text and Materials, Oxford, 1995

Jarass, Hans D. / Pieroth, Bodo, Grundgesetz für die Bundesrepublik Deutschland, 6. Auflage, München, 2002

Jonas, Hans, Technik, Medizin und Ethik, Zur Praxis des Prinzips Verantwortung, Frankfurt a.M., 1985

Jürgens, Andreas, Fremdnützige Forschung an einwilligungsunfähigen Personen nach deutschem Recht und nach dem Menschenrechtsübereinkommen für Biomedizin, KritV 1998, S. 34 ff.

Kaminsky, Carmen, Embryonen, Ethik und Verantwortung, Mohr Siebeck, 1998

Kamp, Ilka, Die Europäische Bioethik-Konvention. Medizinische Versuche an einwilligungsfähigen Menschen unter besonderer Berücksichtigung der Vorgaben im nationalen und internationalen Recht, Frankfurt a.M., 2000

Kant, Immanuel, Grundlegung der Metaphysik der Sitten (1785), Ditzingen, 1986

Keller, Rolf / Günther, Hans-Ludwig / Kaiser, Peter, Kommentar zum Embryonenschutzgesetz, Bd. 1, Stuttgart, 1992

Kerkule', Alexander S., „Meinungen"-Provokation im Schafspelz, Tagesspiegel vom 16. März 2005, S. 8

Kern, Bernd-Rüdiger, Die Bioethik-Konvention des Europarates - Bioethik versus Arztrecht?, MedR 1998, S. 485 ff.

Kienle, Thomas, Die neue EU-Richtlinie zum Schutz biotechnologischer Erfindungen - rechtliche und ethische Probleme der Patentierung biologischer Substanzen, EWS 1998, S. 156 ff.

Kirchenamt der EKD / Sekretariat der Deutschen Bischofskonferenz (Hrsg.), Gott ist ein Freund des Lebens. Gütersloh, 1989

Klein, Eckart, Grundrechtliche Schutzpflichten des Staates, NJW 1989, S. 1633 ff.

ders., Das Gesetz zur Neuregelung von Luftsicherheitsaufgaben (LuftSiG) auf dem Prüfstand, ZG 2005, S. 289 ff.

ders., Der entschlüsselte Mensch - Die Internationalen Rahmenbedingungen, Bitburger Gespräche, Jahrbuch 2002 / II, München 2003, S. 81 ff.

Klein, Eckart / Menke, Christoph (Hrsg.), Menschenrechte und Bioethik, Berlin, 2004

Klein, Oliver, Das Untermaßverbot - Über die Justiziabilität grundrechtlicher Schutzpflichterfüllung, JuS 2006, S. 960 ff.

Klinkhammer, Gisela, Biomedizin: Präzisere Vorschriften, DÄBl. 102 (Jg. 05), S. A-176

Kloepfer, Michael, Humangentechnik als Verfassungsfrage, JZ 2002, S. 417 ff.

Koch, Hans-Georg, Fortpflanzungsmedizin im europäischen Rechtsvergleich, Das Parlament, „Aus Politik und Zeitgeschichte", B 27/2001, S. 2 ff.

Koechlin Büttiker, Monica, Schranken der Forschungsfreiheit bei der Forschung an menschlichen Embryonen, Basel und Frankfurt a.M., 1997

Koenig, Christian / Müller, Eva-Maria, EG - Rechtlicher Schutz biotechnologischer Erfindungen am Beispiel von Klonverfahren an menschlichen Stammzellen, EuZW 1999, S. 681 ff.

Kopetzki, Christian / Mayer, Heinz (Hrsg.), Biotechnologie und Recht, Veröffentlichungen des Ludwig-Boltzmann-Institutes für Gesetzgebungspraxis und Rechtsanwendung, Band 11, Wien 2002

Körner, Uwe, Die Menschenwürde des Embryos, Fortpflanzungsmedizin und menschlicher Lebensbeginn, 1. Auflage, Dortmund, 1999

Körtner, Ullrich, Menschenrecht im Reagenzglas. Therapeutisches Klonen: Fortschritt oder Irrweg der Medizin?, Zeitzeichen (2001) 3, S. 15 ff.

Koslowski, Peter / Kreuzer, Philipp / Löw, Reinhard (Hrsg.), Die Verführung durch das Machbare, Ethische Konflikte in der modernen Medizin und Biologie, Stuttgart, 1983

Kretzmer, David / Klein, Eckart (eds.), The concept of human dignity in human rights discourse, The Hague, 2002

Kübler, Heidrun, Verfassungsrechtliche Aspekte der Organentnahme zu Transplantationszwecken, Berlin, 1977

Langmann, Jan, Medizinische Embryologie, 8. Auflage, Stuttgart, 1989

Laufs, Adolf, Fortpflanzungsmedizin und Arztrecht, Berlin, 1992

ders., Das Menschenrechtsübereinkommen zur Biomedizin und das deutsche Recht, NJW 1997, S. 776 ff.

Lejeune, Jérome, Genetik, Ethik und Manipulation, Schriftenreihe der Juristen-Vereinigung Lebensrecht e.V. zu Köln, Nr. 3, S. 15 ff.

Lippert, Hans-Dieter / Eisenmenger, Wolfgang (Hrsg.), Forschung am Menschen, Berlin, 1999

Luttermann, Claus, Patentschutz für Biotechnologie, RIW 1998, S. 916 ff.

MacKellar, Robin C. (Hrsg.), Reproductive Medicine and Embryological Research - A European Handbook of Bioethical Legislation, European Bioethical Research, 1997

Mack, Elke, Ist der Mensch immer zugleich Person? Zu anthropologischen Prämissen christlicher Sozialethik, Die Neue Ordnung, Jg. 55, Nr. 4/2001, S. 268 ff.

Mangoldt, Hermann v. / Klein, Friedrich / Starck, Christian (Hrsg.), Das Bonner Grundgesetz, Kommentar, Band 1, 5. Auflage, München, 2005

Meissner, Alexander / Jaenisch, Rudolf, Generation of nuclear transfer-derived pluripotent ES cells from cloned Cdx2-deficient blastocysts, in: Nature, AOP, October 2005, A. Meissner & R. Jaenisch

Merkel, Reinhard, Rechte für Embryonen?, Die Zeit vom 25.1.2001, S. 37

Meyer-Abich, Klaus, Die gesellschaftliche Menschenwürde des Embryos in der Naturgeschichte, ZRP 2002, S. 219 ff.

Mieth, Dietmar, „Die Diktatur der Gene“. Biotechnik zwischen Machbarkeit und Menschenwürde, Freiburg i. Br., 2001

Mieth, Dietmar / Düwell, Marcus, Überblick über einige kritische Punkte der „Konvention über Menschenrechte und Biomedizin“ (Entwurf des CdBI vom 6. Juni 1996), in: Vorbereitung zur Sitzung der Bioethik-Kommission Rheinland-Pfalz am 02.10.1996, S. 1 ff.

Mitscherlich, Alexander / Mielke, Fred (Hrsg.), Medizin ohne Menschlichkeit., Frankfurt a. M., 1978

Molinski, Waldemar, Ethische Probleme des reproduktiven und therapeutischen Klonens, Die Neue Ordnung, Jg. 55, Nr. 1/2001, S. 12 ff.

Müller, Rolf, Die kommerzielle Nutzung menschlicher Körpersubstanzen – Rechtliche Grundlagen und Grenzen, Berlin, 1997

Münch, Ingo v. / Kunig, Philip (Hrsg.), Grundgesetz - Kommentar, Bd. 1, Präambel, Art. 1-19, 5. Auflage, München, 2000

Murphy, Sean D., Biotechnology and international law, 42 Harv. Int'l L. J. 47, 2001, S. 47 ff.

Nickel, Lars Christoph / Schmidt-Preisigke, Angelika / Sengler, Helmut, Transplantationsgesetz, Kommentar mit einer umfassenden Einführung, Stuttgart, 2001

Nida-Rümelin, Julian, Wo die Menschenwürde beginnt, Tagesspiegel vom 3. Januar 2001, S. 27

Nielsen, Linda, Legal consensus and divergence in Europe in the area of human embryology - room for harmonisation?, Holland, 1996

Oppermann, Thomas, Europarecht, 3. Auflage, München, 2005

Petersen, Niels, The Legal Status of the Human Embryo in vitro: General Human Rights Instruments, ZaöRV 65 (2005), S. 447 ff.

Pichler, Johannes W. (Hrsg.), Embryonalstammzelltherapie versus „alternative" Stammzelltherapien, Wien, 2002

Pieroth, Bodo / Schlink, Bernhard, Grundrechte - Staatsrecht II, 21. Auflage, Heidelberg, 2005

Pschyrembel, Willibald, Medizinisches Wörterbuch, bearbeitet von der Wörterbuch-Redaktion des Verlages unter Leitung von Helmut Hildebrandt, 260. Auflage, Hamburg, 2005

Quaas, Michael / Zuck, Rüdiger, Medizinrecht, München 2005,

Quintana-Trias, Octavi, Internationale Bioethik: Die Rolle des Europarates, JbWissEthik 1 (1996), S. 199 ff.

Randzio-Plath, Christa, Gentechnologie im europäischen Vergleich, Rede vor dem Akademikerinnenbund Hamburg e.V. in Hamburg am 28. Januar 2002

Rau, Johannes, Rede vom 18. Mai 2005, online verfügbar unter: http://www.bundespraesident.de/top/dokumente/Rede/ix_41073.htm

Reich, Jens G., Max-Delbrück-Centrum für Molekulare Medizin Berlin, Rede anlässlich der Konferenz „Bioethik - im Kontext von Recht, Moral und Kultur“ am 14./15.09.2005 in Berlin

Richter, Eva, Stammzellgesetz - Tauziehen um Definitionen, DÄBl. 02 (Jg. 99), S. A-760 f.

Richter-Kuhlmann, Eva, Klonen/Stammzellen I: Forschen an den Grenzen, DÄBl. 101 (Jg. 04), S. A-1131

Riedel, Ulrike, Präimplantationsdiagnostik: Plädoyer für eine unvoreingenommene, offene Debatte, DÄBl. 10 (Jg. 00), S. A-586

Roitzheim, Gudrun, Viele Fragen bleiben offen, DRiZ 1997, S. 92

Ruff, Jürgen, Eine populärwissenschaftliche Facheinführung in ein aktuelles und kontroverses biomedizinisches Thema, SPD-Nachrichten vom 16.Oktober 2001, S. 2 ff.

Sachs, Michael (Hrsg.), Grundgesetz, 3. Auflage, München, 2003

Sacksofsky, Ute, Der verfassungsrechtliche Status des Embryos in vitro, Gutachten für die Enquete-Kommission des Deutschen Bundestages „Recht und Ethik der modernen Medizin“, Berlin, 2001

Sass, Hans-Martin, Hirntod und Hirnleben, Die Zeit vom 30. November 1990, S. 95

ders. (Hrsg.), Medizin und Ethik, Stuttgart, 1999

Schirmer, Günter, Status und Schutz des frühen Embryos bei der „In-vitro“-Fertilisation, Frankfurt a.M., 1987

Schmahl, Stefanie, Volenti non fit iniuria - Der Verzicht im Öffentlichen Recht, Manuskript Habilitation, Potsdam, Mai 2005

Schmalz, Dieter, Grundrechte, 4. Auflage, Baden-Baden, 2001

Schmid-Bleibtreu, Bruno / Klein, Franz (Hrsg.), Kommentar zum Grundgesetz, 10. Auflage, Bonn, 2004

Schmidt-Didczuhn, Andreas, Transplantationsmedizin in Ost und West im Spiegel des Grundgesetzes, ZRP 1991, S. 264 ff.

Schmidt-Elsäßer, Eberhard, Medizinische Forschung an Kindern und Geisteskranken, 1. Auflage, Frankfurt a.M., 1987

Schmidt-Jortzig, Edzard, Systematische Bedingungen der Garantie unbedingten Schutzes der Menschenwürde in Art. 1 GG (unter besonderer Berücksichtigung der Probleme am Anfang des Lebens), DÖV 2001, S. 925 ff.

Schmuhl, Hans-Walter, FAZ vom 05. September 1996, Feuilleton, „Ich war eine Rohstofftonne", S. 35

Schneider, Jens-Peter, Recht und Forschung am Menschen, in: Rechtspolitischer Kongress der Friedrich-Ebert-Stiftung vom 26. bis 28. April 2002 in Karlsruhe, online verfügbar unter: www.rechtspolitischer-kongress.dekoo/k-po2-i.htm

Schreiber, Hans-Ludwig, Von richtigen rechtlichen Voraussetzungen ausgehen, in: Dokumentation „PID, PND, Forschung an Embryonen" vom 23. Mai 2002, S. 25 ff., online verfügbar unter: http://www.dggg.de/pdf/bundesaerztekammer-pnd-pid-2000-2002.pdf

Schröder, Gerhard, Der neue Mensch - Beitrag zur Gentechnik, Die Woche vom 20. Dezember 2000, online verfügbar unter: http://www.bundesregierung.de/dokumente /Artikel/ix_26979.htm

Schröder, Michael / Taupitz, Jochen, Menschliches Blut: verwendbar nach Belieben des Arztes?, Stuttgart, 1991

Schroth, Ulrich / Fateh-Moghadam, Bijan, Rechtsgutachten für das Max-Dehlbrück-Centrum für molekulare Medizin „Strafrechtliche und rechtsphilosophische Aspekte der aktuellen Genmedizin", September 2002

Schulz, Stefan F., Die Biomedizin im Europa- und Völkerrecht, Institut für Rechtspolitik an der Universität Trier, Rechtspolitisches Forum Nr. 7, Trier, 2002

Schwarz, Kyrill-Alexander, „Therapeutisches Klonen" - ein Angriff auf Lebensrecht und Menschenwürde des Embryos?, KritV 84 (2001), S. 182 ff

Schwarze, Jürgen, EU-Kommentar, 1. Auflage, Baden-Baden, 2000

Seesing, Heinz, Anmerkung, Deutscher Bundestag, Plenarprotokoll 11/230, Stenographischer Bericht, 230. Sitzung, 24.10.1990, 18208

Segbers, Klaus / Lullies, Dirk (Hrsg.), Designing Human Beings, Die politische Dimension der Biotechnologie, Arbeitspapiere des Osteuropa-Instituts der Freien Universität Berlin Arbeitsbereich Politik und Gesellschaft, Heft 40, Berlin, 2002

Simon, Jürgen, Rechtliche Aspekte der Präimplantationsdiagnostik in Europa, EthikMed 11 (1999) 5, S. 62 ff.

Singer, Peter, Praktische Ethik, Stuttgart, 1984

Spaemann, Robert, Gezeugt, nicht gemacht, Die Zeit vom 18. Januar 2001, S. 37 f.

Spranger, Matthias, Ethische Aspekte bei der Patentierung menschlichen Erbguts nach der Richtlinie 98/44/EG, GRUR Int. 1999, S. 595 ff.

Starck, Christian, Hört auf unser Grundgesetz zerreden zu wollen, FAZ vom 30. Mai 2001, S. 55

ders., Verfassungsrechtliche Grenzen der Biowissenschaft und Fortpflanzungsmedizin, JZ 2002, S. 1065 ff.

Stern, Klaus, Staatsrecht, Band III/1: Allgemeine Lehren der Grundrechte: Grundlagen und Geschichte, nationaler und internationaler Grundrechtskonstitutionalismus, juristische Bedeutung der Grundrechte, Grundrechtsberechtigte, Grundrechtsverpflichtete, München, 1998

Sternberg-Lieben, Detlev, Gentherapie und Strafrecht, JuS 1986, S. 673 ff.

Tannert, Christof, Der Schritt zum Menschen, Der Tagesspiegel vom 15. Dezember 2005, S. 25

Taupitz, Jochen, Die neue Deklaration von Helsinki, DÄBl. 98 (Jg. 01), S. A-2413 ff.

ders., Der rechtliche Rahmen des Klonens zu therapeutischen Zwecken, NJW 2001, S. 3433 ff.

ders., Vereinbarungen zur Bioethik - Ziele, Möglichkeiten und Grenzen aus juristischer Sicht, in: Honnefelder, Ludger / Taupitz, Jochen / Winter, Stefan, Das Übereinkommen über Menschenrechte und Biomedizin des Europarates - Argumente für einen Beitritt. Hrsg.: Konrad-Adenauer-Stiftung, Interne Studien 171/1999, S. 17 ff.

ders., Die Menschenrechtskonvention zur Biomedizin - akzeptabel, notwendig oder unannehmbar für die Bundesrepublik Deutschland?, VersR 1998, S. 542 ff.

ders., Das Recht im Tod: freie Verfügbarkeit der Leiche, Berliner Medizinethische Schriften Heft 10, Berlin, 1996

Taupitz, Jochen / Fröhlich, Uwe, Medizinische Forschung mit nichteinwilligungsfähigen Personen - Stellungnahme der zentralen Ethikkommission, VersR 1997, S. 911 ff.

Umbach, Dieter C. / Clemens, Thomas (Hrsg.), Grundgesetz, Mitarbeiterkommentar, Bd. 1, Art. 1-37 GG, Heidelberg, 2002

Vöneky, Silja / Petersen, Niels, Der rechtliche Status des menschlichen extrakorporalen Embryos: Das Recht der Europäischen Union, EuR 2006, S. 340 ff.

Vultejus, Ulrich, Bioethik, ZRP 1995, S. 47 ff.

Wachlin, Klaus Dietrich (Hrsg.), Klonen, Akademie für Technikfolgenabschätzung in Baden-Württemberg, Stuttgart, 2001

Wassermann, Rudolf (Hrsg.), Reihe Alternativkommentare, Kommentar zum Grundgesetz für die Bundesrepublik Deutschland in zwei Bänden, Bd. 1 (Art. 1-37), 2. Auflage, Neuwied, 1989

Wessel, Johannes / Schneider, Volkmar / Löffler, Martin, Strafrechtliche Stellung des Ungeborenen, Perinatalmedizin 5, 1993, S. 49 ff.

Winnacker, Ernst- Ludwig, Klonen/Stammzellen I: Forschen an den Grenzen, DÄBl. 101 (Jg. 04), S. A-1131

ders., Statement des DFG-Präsidenten zur Rede des Bundeskanzlers Gerhard Schröder in Göttingen am 14.06.2005, online verfügbar unter: http://www.dfg.de/aktuelles_presse/reden_stellungnahmen/2005/download/statement_winnacker_050614.pdf *ders.*, Interview im Westdeutschen Rundfunk, online verfügbar unter: www.dfg.de/aktuell/stellungnahmen/dokumentation_1.html

Winter, Stefan, Gesundheitspolitische Analyse der Europäischen Menschenrechtskonvention zur Biomedizin, in: Honnefelder, Ludger / Taupitz, Jochen / Winter, Stefan, Das Übereinkommen über Menschenrechte und Biomedizin des Europarates - Argumente für einen Beitritt. Hrsg.: Konrad-Adenauer-Stiftung, Interne Studien 171/1999, S. 33 ff.

Winter, Stefan / Fenger, Hermann / Schreiber, Hans-Ludwig (Hrsg.), Genmedizin und Recht, Rahmenbedingungen und Regelungen für Forschung, Entwicklung, Klinik und Verwaltung, München, 2001

Wolfrum, Rüdiger, Forschung an humanen Stammzellen: ethische und juristische Grenzen, Das Parlament, Beilage „Aus Politik und Zeitgeschichte", B 27/2001, S. 3 ff.

Wolfslast, Gabriele, Einwilligungsfähigkeit im Lichte der Bioethik-Konvention, KritV 1998, S. 74 ff.

Wolfslast Gabriele / Rosenau, Henning, Zur Anwendung des Arzneimittelgesetzes auf die Entnahme von Organ- und Gewebetransplantaten, NJW 1993, S. 2348 ff.

Zimmermann, Mirjam / Zimmermann Ruben, Gibt es das Recht auf ein gesundes Kind?, DÄBl. 51/52 (Jg. 97), S. A - 3487 ff.

2. Studien / Berichte / Dokumentationen

Arbeitsgemeinschaft evangelischer Ärztinnen und Ärzte der Schweiz (AGEAS), Vereinigung katholischer Ärzte der Schweiz, Weitere Therapieerfolge mit adulten Stammzellen, Bern, 01. November 2004

Bericht des online-Journals: „E-biomed", zur US-amerikanischen Forschungsentwicklung, online verfügbar unter: www.learn-line.nrw.de/angebote/agenda21/thema/es-chronik.htm.......Bericht

Bericht des Department of Health, Medical Progress with Responsibility, A report from the chief medical officer's expert group reviewing the potential of developments in stem cell research and cell nuclear replacement to benefit human health, 2000, online verfügbar unter: http://www.dh.gov.uk/assetRoot/04/06/50/85/04065085.pdf

Bericht der Bioethikkommission beim Bundeskanzleramt, Präimplantationsdiagnostik (PID), online verfügbar unter: http://www.austria.gv.at/2004/11/25/bid_bericht_endfassung.pdf

Bundesministerium für Bildung und Forschung (Hrsg.), Humane Stammzellen. Perspektiven und Grenzen in der regenerativen Medizin, Schattauer 2001

Bundesministerium der Justiz, Das Übereinkommen zum Schutz der Menschenrechte und der Menschenwürde im Hinblick auf die Anwendung von Biologie und Medizin - Übereinkommen über Menschenrechte und Medizin - des Europarates vom 04. April 1997, Januar 1998/2

Bundesregierung, Dokumente, Einfuhr embryonaler Stammzellen unter strengen Auflagen, vom 31. Mai 2002, online verfügbar unter: www.text. bundesregierung.de/nurtext/dokumente/Artikel/ix_82796.htm

Bundesvereinigung Lebenshilfe, Stellungnahme zum Entwurf der Konvention zum Schutz der Menschenrechte und der Menschenwürde im Hinblick auf die Anwendung von Biologie und Medizin: Konvention über Menschenrechte und Biomedizin des Europarates, Straßburg Juni 1996 (DIR / Jur (96) 7) vom 05. September 1995

DFG-Veröffentlichung, Mensch nach Maß - Fragen an die Medizin der Zukunft, online verfügbar unter: http://www.dfg.de/aktuell/das_neueste/wissenschaftsgespraech_hintergrund.html#2d

ders., Dokumentationen und Stellungnahmen zum Thema Lebenswissenschaften, online verfügbar unter: http://www.dfg.de/aktuell/stellungnahmen/ dokumentation_1.html

Dokumentation, „PID, PND, Forschung an Embryonen" vom 23. Mai 2002, online verfügbar unter: http://www.dggg.de/pdf/bundesaerztekammer-pnd-pid-2000-2002.pdf

Dokumentation eines Expertengespräches am 20. Oktober 1993 im Konrad-Adenauer-Haus in Bonn, Die Novellierung des Gentechnikgesetzes, Sankt Augustin, 1993

Enquete-Kommission des Deutschen Bundestages, „Recht und Ethik der modernen Medizin", Forschung an importierten embryonalen Stammzellen, Kurzfassung vom 12. November 2001

Erklärung des Europäischen Rates zum Verbot des Klonens von Menschen, 17. Juni 1997, Anlage IV des Bulletin EU 6-1997, Internet URL: http://europa.eu.int/abc/doc/off/bull/de/9706/i1031.htm

Erklärung der Staats- und Regierungschefs der Mitgliedstaaten der Europäischen Union zur Ratifizierung des Vertrags über eine Verfassung für Europa, Tagung des Europäischen Rates am 16./17. Juni 2005 in Brüssel, Sn 117/05, online verfügbar unter: http://ue.eu.int/ueDocs/cms_Data/docs/pressData/de/ec/85329.pdf

European Group on Ethics in Science and New Technologies (EGE), Ethische Aspekte der Stammzellforschung und deren Gebrauch, Stellungnahme Nr. 15 vom 14. November 2000, online verfügbar unter: http://europa.eu.int/comm/european_group_ethics/docs/avis15_en.pdf.

ders., Ethische Aspekte von Forschungstätigkeit am menschlichen Embryo, die durch das fünfte Rahmenprogramm gefördert werden, Stellungnahme Nr. 12 vom 23. November 1998, online verfügbar unter: http://europa.eu.int/comm/european_group_ethics/docs/avis12_en.pdf.

ders., Ethische Aspekte der Klontechniken, Stellungnahme Nr. 9 vom 18. Mai 1997, online verfügbar unter: http://europa.eu.int/comm/european_group_ethics/avis_en.htm.

Europäisches Parlament, Dokumentation: Klonen von menschlichen Lebewesen verstößt gegen öffentliche Ordnung und gute Sitten / Achtung der Menschenrechte als Ziel der Gesetzgebung, EuGRZ 2000, S. 495 ff.

Europa-Report, Schutz biotechnologischer Erfindungen, EuZW 1997, S. 611

„Grafenecker Erklärung", FAZ vom 05. September 1996, S. 12

HFEA, Third annual report (1994), online verfügbar unter: http://www.hfea.gov.uk/HFEAPublications/AnnualReport

HUGO, Ethics Committee - statement on cloning, online verfügbar unter: http://www.biol.tsukuba.ac.jp/~macer/hugoclone.html

Nationaler Ethikrat, Stellungnahme: Klonen zu Fortpflanzungszwecken und Klonen zu biomedizinischen Forschungszwecken, Berlin 2004,

ders., Stellungnahme: Zum Import menschlicher embryonaler Stammzellen, Berlin, 2001,

Positionspapier der Deutschen Gesellschaft für Gynäkologische Endokrinologie und Fortpflanzungsmedizin (DGGEF) e.V., der Deutschen Gesellschaft für Gynäkologie und Geburtshilfe (DGGG), der Deutschen Gesellschaft für Reproduktionsmedizin (DGRM) und des Bundesverbandes Reproduktionsmedizinischer Zentren (BRZ) zu den Vorbereitungen für ein Fortpflanzungs-Medizingesetz (FMG) als Ergebnis einer Konsensustagung am 06. Oktober 2000 in Freiburg i. Br.

Statement des DFG-Präsidenten Prof. Ernst-Ludwig Winnacker zur Rede des Bundeskanzlers Gerhard Schröder in Göttingen am 14. Juni 2005, online verfügbar unter: http://www.dfg.de/aktuelles_presse/reden_stellungnahmen/2005/download/statement_winnacker_050614.pdf

Zentrale Ethikkommission, Stellungnahme zur Stammzellforschung, II. Die verfassungsrechtliche Lage, online verfügbar unter: http://www.zentrale-ethikkommission.de/10/34Stammzell/EJuristisch/20Verfassungsrecht.html

3. Tageszeitungen und Internet - URL

FAZ vom 31. Juli 2003, Erlaubnis steht bevor - Embryonenforschung in Spanien, S. 30

Frankfurter Rundschau vom 3. Januar 1998, Braunataler Werkstätten, S. 5

Der Tagesspiegel vom 16. Dezember 2005, „Ergebnisse manipuliert", S. 28

Der Tagesspiegel, vom 19. Dezember 2005, „Aufstieg und Fall des Dr. Hwang", S. 25

Der Tagesspiegel vom 23. August 2005, „Sensation bei Forschung mit Stammzellen" S. 1

Der Tagesspiegel vom 23. August 2005, „Stammzellen hautnah", S. 7

die Tageszeitung vom 8. November 1996, Mindeststandards sind sehr hilfreich, S. 4

Die Welt vom 25. Juli 2002, Europa darf embryonale Stammzellen nicht patentieren, S. 1

Spiegel online vom 22. 08.2005, Gentechnik „Embryonale Stammzellen ohne Embryos"

http://www.bundesregierung.de/dokumente/Schwerpunkte/Gentechnik/ix5703_31 848.ht
http://www.dfg.de/aktuell/das_neueste/wissenschaftsgespraech_hintergrund.html
http://www.kinderwunsch-hh.de/verein/mitgliederzeitung/europa_ tabelle.htm
http://www.gyn.de/kinderwunsch/pid.php3
http://www.austria.gv.at/2004/11/25/bid_bericht_endfassung.pdf (zur PID in Österreich)
http://www.krref.Krefeld.schulen.net/referate/ethik/r0766t00.htm (Stand: 24.07.2002)
http://www.zeit.de/2001/25/Kultur/200125_replik_gen.html
http://www.bundesregierung.de/-,413.549807/artikel/Justizministerin-Zypries-disku.htm
http://www.bundesaerztekammer.de/30/Ethik/10FortGenetik/20PID.pdf
http://www.izkf.uni-ulm.de/PRESSE1.htm
http://www.legifrance.gouv.fr/texteconsolide/SPEBX.htm
http://www.epd.de/index_39881.html
http://www.european-patent-office.org/news/pressrel/2002_07_24_d.htm
http://www.text.bundesregierung.de/frameset/
http://www.legal.coe.int/bioethics/gb/html/txt_prepa.htm
http://www.merian.fr.bw.schule.de/mueller/Schueler/stammzellenforschung.htm
http://www.biopro.de/de/life/magazin/00991/index.html?lang=de&print_style= yes
http://www.zeit.de/2001/25/Kultur/200125_replik_gen.html
http://www.spiegel.de/wissenschaft/mensch/0,1518,360344,00.html
http://www.spiegel.de/archiv/suche/0,1518,suchcache-PB64….. _3_3,00.html
http://www.ruhr-uni-bochum.de/burgi/de/lehre/semi02s0/segeth00.doc
http://www.gen-ethisches-netz-werk.de/gid/TEXTE/ARCHIV/PRESSEDIENST_GID144/MEDIZIN144.HTML#Anker938532.
http://www.europarl.eu.int/stoa/publi/pdf/briefings/14_de.pdf
http://www.bioethikdiskurs.de/documents/archiv/News/News_2003/48KW20032/view

STUDIEN ZUM ÖFFENTLICHEN RECHT, VÖLKER- UND EUROPARECHT

Herausgegeben von Prof. Dr. Eckart Klein

Band 1 Ulrike Suchsland-Maser: Menschenrechte und die Politik multilateraler Finanzinstitute. Eine Untersuchung unter völkerrechtlichen Gesichtspunkten an den Beispielen der Weltbank, des Währungsfonds und regionaler Entwicklungsbanken. 1999.

Band 2 Jean Angelov: Grundlagen und Grenzen eines staatsbürgerlichen Informationszugangsanspruchs. 2000.

Band 3 Norman Weiß: Objektive Willkür. Zu einem Prüfungskriterium im Verfahren der Urteilsverfassungsbeschwerde. 2000.

Band 4 Eva Tanuschev: Entwicklung, Stand und Perspektiven eines freien Personenverkehrs in Europa. 2001.

Band 5 Heiner Baab: GATT und WTO im Recht der USA. Die Integration des Völkervertragsrechts in die Rechtsordnung der USA am Beispiel der GATT-Abkommen und der WTO-Übereinkommen. 2001.

Band 6 Malte Graßhof: Die Vollstreckung von Normenkontrollentscheidungen des Bundesverfassungsgerichts. Ein Beitrag zum Verhältnis zwischen Bundesverfassungsgericht und Gesetzgeber. 2003.

Band 7 Christof Berthold: Die Europäische Politische Gemeinschaft (EPG) 1953 und die Europäische Union (EU) 2001. Eine rechtsvergleichende Betrachtung. 2003.

Band 8 Felix Bark: Das gemeinschaftsrechtliche Defizitverfahren. Reformansätze und ihre rechtlichen Umsetzungsmöglichkeiten. 2004.

Band 9 Astrid Ihns: Entwicklung und Grundlagen der europäischen Rechtsangleichung. 2005.

Band 10 Stefanie Klein: Recht zu erben - Pflicht zu teilen. Das Grundrecht Angehöriger auf Nachlaßteilhabe. Zugleich ein Beitrag zur Dogmatik des Verfassungserbrechts. 2006.

Band 11 Matthias Schlotmann: Interessenvertretung bei der Europäischen Kommission. Am Beispiel des Rechtsetzungsverfahrens im Bereich der Umweltpolitik. 2006.

Band 12 Claudia Kissling: Die Interparlamentarische Union im Wandel. Rechtspolitische Ansätze einer repräsentativ-parlamentarischen Gestaltung der Weltpolitik. 2006.

Band 13 Marten Breuer / Norman Weiß (Hrsg.): Das Vertragswerk von Locarno und seine Bedeutung für die internationale Gemeinschaft nach 80 Jahren. Ergebnisse eines interdisziplinären Rundtischgesprächs. 2007.

Band 14 Franca Fülle: Embryonenforschung und Embryonenschutz. Rechtliche Rahmenbedingungen sowie nationale, regionale und internationale Standards der pränatalen Biomedizin. 2007.

www.peterlang.de

MIX
Papier | Fördert gute Waldnutzung
FSC® C083411

Kolibri 360 GmbH
Ferdinand-Jühlke-Straße 7
99095 Erfurt, Deutschland
produktsicherheit@kolibri360.de

Druck:
CPI Druckdienstleistungen GmbH
im Auftrag der
Kolibri 360 GmbH
Ferdinand-Jühlke-Str. 7
99095 Erfurt